Sch\
Matl
Wirt
Band 1: Grundlagen

Vorrede.

Der Zweck bey der Ausfertigung des gegenwärtigen Buches war, denenjenigen, welche sich die Anfangsgründe der Mathematic durch eigenen Fleiß, oder unter der Anführung eines Lehrmeisters, der selbst nicht allzuweit in denselben gekommen ist, bekant machen wollen, dazu beförderlich zu seyn: andern aber die Wiederhohlung des mündlichen Vortrages zu erleichtern, und denselben, wo es nöthig ist, zu ergänzen. Man hat sich zu dem Ende einer an einander hangenden, deutlichen, weitläuftigen und ungezwungenen Schreibart bedienet: und, da man sich den Leser als neu in dieser Wissenschaft, und der geometrischen Schlüsse ungewohnet, vorstellen müssen; so ist man, sonderlich im Anfange, beflissen gewesen, die meisten Dinge von mehr als einer Seite vorzustellen, und durch verschiedene, aus verschiedenen Quellen hergehohlete Beweise, recht verständlich zu machen. Doch hat man sich dabey gehütet, den Zusammenhang der Sätze zu unterbrechen, und die Kette der Schlüsse, welche vom Anfange an durch das ganze Buch reichet, zu zerreissen. Selbst die Erklärungen der Wörter sind hievon nicht ausgenommen; welche nicht ehe angebracht worden sind, als, nachdem man, als bereits bekant, voraus setzen konte, daß dasjenige, so das Wort bedeuten soll, möglich sey, und nichts wiedersprechendes enthalte.

Entnommen aus:

Deutliche und vollständige Vorlesungen über die Rechenkunst und Geometrie

Zum Gebrauche derjenigen, welche sich in diesen Wissenschaften durch eigenen Fleiß üben wollen, ausgefertigt von D. Joh. Andreas HEGNER

Lemgo, Gedruckt bey Johann Heinrich Meyer, Hof-Buchdrucker, 1747

NWB-Studienbücher · Wirtschaftswissenschaften

Mathematik für Wirtschaftswissenschaftler

Band 1: Grundlagen

Von
Professor Dr. Jochen Schwarze

12. Auflage

Verlag Neue Wirtschafts-Briefe
Herne/Berlin

ISBN 3-482-**51562**-X – 12. Auflage 2005

© Verlag Neue Wirtschafts-Briefe GmbH & Co. KG, Herne/Berlin, 1974
http://www.nwb.de

Alle Rechte vorbehalten.

Dieses Buch und alle in ihm enthaltenen Beiträge und Abbildungen sind urheberrechtlich geschützt. Mit Ausnahme der gesetzlich zugelassenen Fälle ist eine Verwertung ohne Einwilligung des Verlages unzulässig.

Druck: Stürtz GmbH, Würzburg

Vorwort zur 12. Auflage

Mathematik ist heute integrierter Bestandteil der Wirtschaftswissenschaften. Ohne fundierte mathematische Grundkenntnisse ist ein wirtschaftswissenschaftliches Studium heute kaum möglich, da in vielen Bereichen wirtschaftstheoretischer Analysen mathematische Werkzeuge benötigt werden. Aber auch in der wirtschaftlichen Praxis werden Mathematikkenntnisse verlangt, ganz zu Schweigen von guten Rechenfähigkeiten.

Die dreibändige Mathematik für Wirtschaftswissenschaftler vermittelt das für Studium und Beruf erforderliche mathematische Grundwissen. Der Text ist aus Vorlesungen und Übungen entstanden, die ich in über 23 Jahren gehalten habe. Außerdem konnten Lehr-Erfahrungen an verschiedenen Verwaltungs- und Wirtschafts-Akademien und Berufs-Akademien berücksichtigt werden. Besonderer Wert wurde auf eine anschauliche Darstellung mit wirtschaftswissenschaftlichen Anwendungen gelegt. Auf Beweise wurde weitgehend verzichtet. Außer zahlreichen Beispielen im Text sind jedem Abschnitt Übungsaufgaben beigefügt, die bei selbständiger Durcharbeitung der Lernkontrolle dienen können, und zu denen die Lösungen am Ende zusammengestellt sind.

Der vorliegende Band 1 behandelt mathematische Grundlagen. Dabei beschränken sich einige Abschnitte auf eine schwerpunktartige Wiederholung.

Band 2 behandelt Differential- und Integralrechnung und Band 3 Lineare Algebra, Lineare Optimierung und Graphentheorie.

Da es Studenten der Wirtschaftswissenschaften häufig an elementaren mathematischen Grundkenntnissen mangelt, ist ein gesonderter Band der Wiederholung dieses Stoffes gewidmet: *Mathematik für Wirtschaftswissenschaftler - Elementare Grundlagen für Studienanfänger*. Gebiete, die dort ausführlich behandelt wurden, werden hier nur noch durch kurze Formelzusammenstellungen berücksichtigt. Hingewiesen sei auch auf die *Aufgabensammlung zur Mathematik für Wirtschaftswissenschaftler*, die zu den 3 Bänden umfangreiches Übungsmaterial enthält. Beide Bücher sind ebenfalls im NWB-Verlag erschienen.

Für die nunmehr vorliegende 12. Auflage wurde der gesamte Text erneut einer kritischen Durchsicht unterzogen. Bei den erforderlichen Revisionen hat mich Herr Dipl.-Phys. Daniel Gundelfinger mit gewohnter

Sorgfalt und Zuverlässigkeit wieder unterstützt, wofür ich ihm zu sehr großem Dank verpflichtet bin. Meine Dackelhündin Nanna erwies sich bei der Überarbeitung, wie so oft, wieder als mathematikignoranter Störfaktor.

Jochen Schwarze

Hinweise für die Durcharbeitung dieses Buches

Definitionen, Regeln, Beispiele, Figuren (Abbildungen) und Aufgaben sind abschnittsweise fortlaufend nummeriert und durch vorangestellte große Buchstaben kenntlich gemacht:

B Beispiel,
D Definition,
F Figur,
G Gleichung
R Regel,
T Tabelle,
Ü Übungsaufgabe.

Die fortlaufende Nummerierung führt dazu, dass z.B. D 4.6.23 (eine Definition), B 4.6.24 (ein Beispiel) und F 4.6.25 (eine Figur) aufeinanderfolgen.

Inhaltsverzeichnis

1 Einführung

1.1 Bedeutung der Mathematik für die Wirtschaftswissenschaften

Wirtschaftswissenschaftliche Untersuchungen befassen sich zu einem großen Teil mit der Analyse wirtschaftlicher Größen, wie z.B. Volkseinkommen, Konsumausgaben, Nachfrage, Kosten, Erlös und Gewinn, sowie mit der Darstellung und Untersuchung von Zusammenhängen, die zwischen ökonomischen Größen bestehen. Die rein verbale Darstellung von Zusammenhängen und deren verballogische Untersuchung ist im Allgemeinen unanschaulich und verhältnismäßig schwierig, vor allem bei komplizierten Zusammenhängen, bei denen verbale Beschreibungen und Untersuchungen häufig sogar unmöglich sind. Es liegt deshalb nahe, anstelle verbaler Hilfsmittel Techniken, Methoden und Formalismen zu verwenden, die eine einfache und übersichtliche Darstellung und Analyse ökonomischer Phänomene ermöglichen oder sogar unterstützen. In den Naturwissenschaften, insbesondere der Physik, hat man sich dazu seit jeher der Mathematik bedient. Auch in den Wirtschaftswissenschaften ist die Mathematik seit langem ein unentbehrliches Instrument der Darstellung und Analyse. Einige der in den Wirtschaftswissenschaften zur Anwendung gelangenden mathematischen Verfahren sind sogar speziell für die Lösung wirtschaftlicher Probleme entwickelt worden. Das darf aber nicht darüber hinwegtäuschen, dass die Mathematik für die Wirtschaftstheorie nur eine Hilfswissenschaft ist, und zwar in dreierlei Hinsicht:

(1) Die Mathematik ist ein Hilfsmittel bei der **Darstellung** ökonomischer Zusammenhänge und Sachverhalte. Sie dient der kurzen und übersichtlichen Darstellung, wobei vor allem auf Funktionen und ihre grafische Veranschaulichung hinzuweisen ist.

Um darzustellen, dass die gesamten Kosten K eines Betriebes, der nur ein Produkt herstellt, von der produzierten Menge x abhängen, schreibt man kurz $K = K(x)$. Die Beziehungen zwischen der Produktionsmenge x und der für die Produktion dieser Menge einzusetzenden Arbeitsstunden (a), Maschinenstunden (m) und Materialmenge (r) kann man kurz durch $x = f(a, m, r)$ ausdrücken.

(2) Die Mathematik ist ein Hilfsmittel für die **Analyse und Interpretation** ökonomischer Zusammenhänge und Sachverhalte. Grundlage dafür ist die Darstellung der Sachverhalte oder Zusammenhänge durch Funktionen oder andere mathematische Instrumente.

Aus einer Funktion, die beschreibt, wie die von einem Gut nachgefragte Menge von dem Preis des Gutes abhängt, kann man Informationen darüber gewinnen, wie die Nachfragemenge auf Preisänderungen reagiert.

Mit Ansätzen der Finanzmathematik kann man untersuchen, wie z.B. die Finanzierungskosten für einen Hausbau auf Zinsänderungen reagieren.

(3) Die Mathematik ist ein Hilfsmittel der **Entscheidung und Optimierung**. Dazu formuliert man für das ökonomische Problem ein mathematisches Modell oder einen mathematischen Ansatz. Dieser Ansatz wird dann mit geeigneten Algorithmen gelöst.

Mit mathematischen Verfahren der Investitionsrechnung kann beispielsweise die wirtschaftlichste Maschine (wenn mehrere zur Auswahl stehen) bestimmt werden.

Stellt ein Betrieb mehrere Produkte auf seinen Anlagen her, dann kann mit den Verfahren der mathematischen Optimierung ein optimales, d.h. gewinngünstigstes, Produktionsprogramm bestimmt werden.

Auf weitere Beispiele für Anwendungsbereiche der Mathematik in den Wirtschaftswissenschaften muss an dieser einführenden Stelle verzichtet werden.

Wie bereits deutlich wurde, hat die Mathematik für die Wirtschaftspraxis ebenfalls eine erhebliche Bedeutung. Die Behandlung von durch Zahlen ausgedrückten Geldgrößen oder Mengengrößen ist ohne Verwendung mathematischer Verfahren undenkbar. Dabei ist vor allem auf sämtliche Bereiche des Rechnungs- und Finanzwesens hinzuweisen. Außer elementaren Rechenoperationen (Addition, Subtraktion, Multiplikation, Division) treten hier aber auch Probleme auf, die schwierigere Operationen erfordern, wie z.B. die Bestimmung von Verteilungsschlüsseln für Kostenumlagen, von Verrechnungspreisen, die Aufstellung von Tilgungsplänen für Schulden oder Kredite oder die Analyse der Wirtschaftlichkeit von Investitionsobjekten. Mathematische Verfahren werden jedoch auch in der Produktionsplanung und -steuerung, in der Markt- und Meinungsforschung und anderen Bereichen angewendet. Als Beispiele seien hier erwähnt: Bestimmung einer optimalen Losgröße bei der Produktion oder im Einkauf, Aufstellung eines kostengünstigsten Versandplans, Behandlung von Standortproblemen, Absatzprognosen, Analyse von Käuferverhalten.

Bei der Anwendung der Mathematik in der betrieblichen Praxis geht es nicht nur um die Aufbereitung irgendwelcher Zahlen, sondern sehr häufig dient die Mathematik zur Vorbereitung und Untermauerung von Entscheidungen. In diesem Zusammenhang ist vor allem auf die Anwendung mathematischer Methoden im Rahmen des **Operations Research** hinzuweisen.

Um dem Leser einen Einblick in die Anwendung der Mathematik auf wirtschaftliche Fragestellungen zu geben, werden im folgenden Abschnitt wirtschaftlich wichtige Teilgebiete der Mathematik skizziert und typische Aufgabenstellungen behandelt.

1.2 Wirtschaftlich wichtige Teilgebiete der Mathematik

a) Grundrechenarten

Der Hinweis auf die Anwendung der Grundrechenarten in der Wirtschaft erfolgt hier nur der Vollständigkeit halber. Nahezu jeder Umgang mit Zahlen erfordert die Durchführung von Rechenoperationen der Grundrechenarten, und seien es nur einfache Additionen. Auf Anwendungsbeispiele kann hier verzichtet werden.

b) Traditionelles Wirtschaftsrechnen

Unter Wirtschaftsrechnen fasst man alle elementaren Rechenverfahren zusammen, die speziell für die Behandlung wirtschaftlicher Fragestellungen eine Rolle spielen. Dazu gehören insbesondere:

Mischungsrechnung: Im Handel und in der Industrie erfolgt eine Mischung von Gütern mit unterschiedlichen Preisen. Dazu ist ein Durchschnittspreis der Mischung zu berechnen. Es kann aber auch sein, dass das Mischungsverhältnis zweier oder mehrerer Güter mit verschiedenen Preisen so zu bestimmen ist, dass die Mischung einen vorgegebenen Preis erhält.[1]

Kalkulation: Sämtliche Spielarten von Kalkulationen, d.h. der Bestimmung der Kosten für Produkte oder Leistungen, gehören zum Wirtschaftsrechnen.

Verhältnisrechnung: Die Aufteilung von Gewinnen auf Gesellschafter nach der Höhe des Kapitalanteils oder die Aufteilung von Kosten auf Kostenstellen nach einem bestimmten Schlüssel sind Beispiele für Verhältnisrechnungen.

---

[1] Hierzu sei auf die Textaufgaben im Kapitel 7 in SCHWARZE, J.: Mathematik für Wirtschaftswissenschaftler, Elementare Grundlagen für Wirtschaftswissenschaftler, Herne/Berlin, NWB-Verlag, hingewiesen.

Abschreibungen: Die Abschreibung langlebiger Wirtschaftsgüter im Rahmen der Kostenrechnung (mit gleichen, steigenden oder fallenden Raten) erfordert die Anwendung einfacher mathematischer Operationen. Vgl. dazu auch die Ausführungen in Abschnitt 8.6.

Terminrechnung: Werden Kapitalbeträge mit gleichen oder unterschiedlichen Zinsen zu verschiedenen Terminen fällig, dann besteht die Aufgabe der Terminrechnung darin, einen mittleren Fälligkeitstermin zu berechnen.

Prozentrechnung: Bei vielen Fragestellungen in unterschiedlichen Aufgabenbereichen geht es um die Bestimmung prozentualer Zu- oder Abschläge oder um prozentuale Anteile, z.b. bei der Ermittlung der Umsatzsteuer oder bei der Bestimmung des Gemeinkostenzuschlags bei der Kalkulation durch einen prozentualen Aufschlag auf die Einzelkosten. In solchen Fällen wird die Prozentrechnung angewendet.[2]

Zinsrechnung und Diskontrechnung: Die Zinsrechnung ist eine spezielle Form der Prozentrechnung. Bei der Diskontrechnung geht es vor allem um die Berechnung von Gegenwartswerten von in der Zukunft fälligen Zahlungen. So hat z.b. ein Betrag von EURO 110.000,–, der in einem Jahr fällig ist, bei einem Zinssatz von 10% heute einen „Gegenwartswert" von EURO 100.000,–. Hierzu wird auf Kapitel 9 in diesem Band verwiesen.

Wertpapierrechnung: Bei der Wertpapierrechnung ist vor allem auf Rentabilitäts- und Zinsberechnungen sowie auf die rechnerische Bestimmung des Wertes von Bezugsrechten junger Aktien hinzuweisen.

Arbitragerechnung: Unter Arbitragerechnung versteht man die rechnerische Ermittlung der Kursunterschiede an verschiedenen Börsenplätzen mit dem Ziel, die Kursunterschiede auszunutzen.

In den folgenden Ausführungen wird auf Wirtschaftsrechnen nicht besonders eingegangen.

c) Finanzmathematik

Die Finanzmathematik liefert das technisch-rechnerische Instrumentarium für die Behandlung langfristiger Kapitalvorgänge, d.h. der Hergabe, Verzinsung und Rückzahlung von Kapital. Dabei werden besondere mathematische Ansätze durch den Einfluss der Zinsen und Zinseszinsen auf den zeitlichen Verlauf der Geld- und Zahlungsströme erforderlich.

Zu den Aufgaben der Finanzmathematik im Rahmen betrieblicher Dispositionen und Entscheidungen gehören u.a.:

---

[2] Vgl. dazu den entsprechenden Abschnitt in SCHWARZE, J.: Mathematik für Wirtschaftswissenschaftler, Elementare Grundlagen für Studienanfänger, Herne/Berlin, NWB-Verlag.

- Bestimmung des Barwertes laufender Leistungen oder Erträge,
- Bewertungen von Kapitalanlagen und Unternehmungen,
- Abschreibungen vom Buchwert,
- Vergleich verschiedener zukünftiger Leistungen und die Berechnung des Zeitwertes unterschiedlich fällig werdender Beträge,
- Aufstellung von Plänen zur Tilgung von Hypotheken und Anleihen und die Bestimmung der Tilgungsdauer,
- Ermittlung der Rentabilität von Kapitalanlagen.

Grundzüge der Finanzmathematik werden im Kapitel 9 in diesem Band behandelt.

d) Versicherungsmathematik

Versicherungen dienen der Deckung von Schäden oder Vermögensverlusten, die durch bestimmte, in der Regel nicht vorhersehbare Ereignisse hervorgerufen werden. Das damit verbundene Risiko für den Einzelnen wird zu einem Teil dadurch aufgefangen, dass die Lasten auf einen größeren Personenkreis verteilt werden. Die rechnerische Behandlung aller damit im Zusammenhang stehenden Fragen ist Aufgabe der Versicherungsmathematik, in der stark auf Verfahren der mathematischen Statistik und Wahrscheinlichkeitstheorie zurückgegriffen wird. Auf Versicherungsmathematik wird in dieser Einführung nicht eingegangen.

e) Funktionen

Bei der Beschreibung von Beziehungen zwischen wirtschaftlichen Größen bedient man sich sehr stark mathematischer Funktionen, deren Formalismus eine detaillierte Analyse der bestehenden Zusammenhänge erlaubt. Auf Funktionen wird in den Kapiteln 6 und 7 in diesem Band eingegangen.

f) Differential- und Integralrechnung

Wirtschaftliche Anwendungen der Differentialrechnung liegen vor allem im Bereich der wirtschaftswissenschaftlichen Theorie. Sehr häufig handelt es sich dabei um eine mathematische Diskussion wirtschaftlicher Funktionen und eine Interpretation der Ergebnisse. In der Praxis kann die Differentialrechnung nur selten zur Lösung von Entscheidungsproblemen beitragen.

Der Differential- und Integralrechnung ist der zweite Band gewidmet.

g) Matrizenrechnung

Eine Matrix ist ein geordnetes rechteckiges Zahlenschema, welches aus einer bestimmten Anzahl von Zeilen und Spalten besteht. Im Folgenden sind einige Beispiele für Matrizen zusammengestellt.

(1) *Die Außenhandelsbeziehungen von 4 Ländern während eines Zeitraumes lassen sich übersichtlich wie folgt darstellen:*

$$
\text{Land} \quad
\begin{array}{c}
 \\
\text{I} \\
\text{II} \\
\text{III} \\
\text{IV}
\end{array}
\begin{array}{cccc}
\text{I} & \text{II} & \text{III} & \text{IV} \\
\left(\begin{array}{cccc}
0 & 28 & 19 & 37 \\
14 & 0 & 25 & 46 \\
45 & 9 & 0 & 50 \\
5 & 17 & 80 & 0
\end{array}\right)
\end{array}
$$

In den Zeilen stehen die Exporte des betreffenden Landes in die jeweils anderen Länder. In den Spalten stehen die Importe von den anderen Ländern.

(2) *Ein Warenhaus, das 4 Lagerhäuser und 7 Filialen besitzt, kann die Kosten für den Transport einer Tonne Ware von den Lagerhäusern zu den Filialen in einer Matrix zusammenstellen:*

$$
\text{Lagerhaus} \quad
\begin{array}{c}
1 \\
2 \\
3 \\
4
\end{array}
\begin{array}{ccccccc}
1 & 2 & 3 & 4 & 5 & 6 & 7 \\
\left(\begin{array}{ccccccc}
12 & 6 & 5 & 4 & 1 & 9 & 18 \\
7 & 12 & 9 & 7 & 4 & 8 & 14 \\
4 & 3 & 6 & 2 & 3 & 1 & 3 \\
9 & 17 & 5 & 2 & 9 & 4 & 2
\end{array}\right)
\end{array}
$$

(3) *In einer Volkswirtschaft gebe es drei Industriezweige. In jedem Industriezweig werden eigene Produkte und Produkte aus den anderen Industriezweigen im Produktionsprozess als Input eingesetzt. Alle Produkte (Output), die nicht wieder für die Produktion verwendet werden, gehen an Endnachfrager bzw. Konsumenten (Staat, private Haushalte, Export). Die Beziehungen zwischen dem Input und dem Output kann man in einer so genannten Input-Output-Matrix zusammenstellen:*

$$
\text{Industriezweig} \quad
\begin{array}{c}
A \\
B \\
C
\end{array}
\begin{array}{ccc|c}
A & B & C & \text{frage} \\
\left(\begin{array}{ccc}
1 & 2 & 1 \\
3 & 1 & 0 \\
1 & 2 & 1
\end{array}\right.
&
&
&
\left.\begin{array}{c}
4 \\
2 \\
3
\end{array}\right)
\end{array}
\quad
\begin{array}{c}
\text{Gesamt} \\
\text{output} \\
\text{Vektor} \\
\left(\begin{array}{c}
8 \\
6 \\
7
\end{array}\right)
\end{array}
$$

Die Elemente geben den Output an, der von dem zu der Zeile gehörenden Industriezweig zu dem der Spalte entsprechenden Industriezweig bzw. Endnachfrager geht.

In einer ähnlichen Matrix kann man die Leistungsverflechtungen zwischen den Abteilungen oder Bereichen eines Betriebes darstellen. Mit Verfahren der Matrizenrechnung kann man dann z.B. innerbetriebliche Verrechnungspreise bestimmen.

Im Rahmen der Matrizenrechnung wird auch die Auflösung linearer Gleichungssysteme behandelt. Dafür folgendes Beispiel:

Der Student Paul kauft an einem Morgen 3 Brötchen und 1 l Milch und bezahlt dafür EURO 3,10. Als er zu Hause feststellen will, wieviel 1 Brötchen und wieviel 1 l Milch kostet, kommt er zu keinem Ergebnis. Am nächsten Tag kauft er 5 Brötchen und 2 l Milch und bezahlt EURO 5,70. Jetzt kann Paul folgende Gleichungen aufstellen (B ~ Brötchenpreis, M ~ Milchpreis):

$$3B + 1M = 3{,}10$$
$$5B + 2M = 5{,}70.$$

Dieses lineare Gleichungssystem löst er auf und erhält

$$B = 0{,}50; \quad M = 1{,}60.$$

Auf Matrizenrechnung und lineare Gleichungssysteme wird in Band 3 eingegangen.

h) Lineare Optimierung

Die **Lineare Optimierung**, für die man häufig auch die Bezeichnung **Lineare Planungsrechnung** oder **Lineare Programmierung** findet, hat ein äußerst weites Anwendungsgebiet.

Anwendungen der Linearen Optimierung besitzen in allen Fällen die gleiche Struktur: Man hat eine **Zielgröße**, z.B. den Gewinn, die Kosten oder die Produktivität, die einen möglichst großen oder einen möglichst kleinen Wert annehmen soll. Diese Zielgröße hängt von anderen wirtschaftlichen Größen, den Entscheidungsvariablen (Produktionsmengen, Lagermengen usw.), **linear** ab. Es existiert eine **lineare Zielfunktion**. Die wirtschaftlichen Gegebenheiten, z.B. begrenzt verfügbare Ressourcen, führen bei den Entscheidungsvariablen zu **Beschränkungen** (Nebenbedingungen) in Form linearer Gleichungen und/oder Ungleichungen, die bei der Maximierung oder Minimierung der Zielgröße beachtet werden müssen. Solche Beschränkungen können z.B. sein: beschränkt verfügbare Rohstoffmengen, Produktionskapazitäten und Transportmittel; Kosten des Transports; Länge von Transportstrecken; Lagerkapazitäten und Lagerkosten; Termin- oder Zeitvorgaben für Einkauf, Verarbeitung, Lagerung und Versand; Bedingungen über physikalische, chemische oder technologische Eigenschaften; finanzielle Beschränkungen beim Kapital oder bei den liquiden Mitteln. Die Nebenbedingungen erhalten vor allem durch Kapazitätsbeschränkungen Ungleichungsform: Die in einem Monat herstellbare Menge wird nach oben durch die Produktionskapazität begrenzt, sie kann aber durchaus niedriger sein; die liquiden Mittel sind nach unten begrenzt, da andernfalls die Unternehmung in Liquiditätsschwierigkeiten geraten kann; der Produktion sind durch Beschränkungen im Beschaffungsbereich Grenzen gesetzt, die nicht überschritten werden können.

Charakteristisch für die Verfahren der Linearen Optimierung ist, dass die gesuchte optimale Lösung des Entscheidungsproblems im Allgemeinen nicht in einem Schritt gefunden wird, sondern dass man mehrere Rechengänge (Iterationen) durchführen muss, um die Lösung zu erhalten. Auf die Grundzüge der Linearen Optimierung wird im 3. Band eingegangen.

Liegen nichtlineare Beziehungen vor, d.h. sind Zielfunktion und/oder die Nebenbedingungen nichtlinear, so hat man ein Entscheidungsproblem, das mit Hilfe der Verfahren der **Nichtlinearen Optimierung** gelöst werden kann. Darauf wird nicht eingegangen.

i) Graphentheorie
Die Graphentheorie findet in zunehmendem Maße Anwendung auf wirtschaftliche und soziale Fragestellungen. Meistens geht es dabei um Probleme, denen die Betrachtung gewisser formaler Strukturen und ihrer Eigenschaften zugrunde liegt. Derartige Strukturen lassen sich fast immer als Graph formulieren.

Unter einem Graph versteht man eine Menge von Knoten, die durch eine Menge von Kanten einander zugeordnet sind.

Beispiele dafür sind:
Kompetenz- und Informationssysteme in Unternehmungen (Probleme: Kriterien für die Effektivität eines solchen Systems zu bestimmen; kürzeste Informationswege zwischen verschiedenen Stellen des Systems zu ermitteln).
Arbeitsabläufe in Fertigung und Verwaltung (Probleme: Abstimmung von Kapazitäten; optimaler Materialfluss).
Komplexe Arbeitsabläufe von Projekten (Probleme: Projektplanung und Steuerung der Durchführung. Dazu verwendet man die Verfahren der **Netzplantechnik**[3]*).*
Verkehrsnetze (Problem: Bestimmung von kürzesten Wegen zwischen Orten).
Auf Grundzüge der Graphentheorie wird ebenfalls im Band 3 eingegangen.

j) Sonstiges
Die genannten Gebiete der Mathematik können, wie bereits oben erwähnt wurde, keinen Anspruch auf Vollständigkeit erheben. Für die Lösung bzw. Behandlung wirtschaftlicher Fragestellungen gibt es noch zahlreiche andere Verfahren. In diesem Zusammenhang ist vor allem auf die Methoden des **Operations Research** hinzuweisen. Auch **Wahrscheinlichkeitstheorie** und **Statistik** müssen hier genannt werden.

---

[3] Vgl. dazu SCHWARZE, J.: Projektmanagement mit Netzplantechnik. Herne/Berlin, NWB-Verlag.

Weiterhin sind **Logik** und **Mengenlehre** zu erwähnen, die jedoch mehr Grundlagencharakter haben, als dass sie direkte Anwendungsmöglichkeiten bieten. Zahlreiche Anwendungen ergeben sich aus der **Kombinatorik.**

Grundlagen der Logik, Mengenlehre und Kombinatorik werden im vorliegenden ersten Band der Mathematik für Wirtschaftswissenschaftler behandelt.

1.3   Grenzen der Mathematik in den Wirtschaftswissenschaften

Die Anwendung der Mathematik zur Lösung wirtschaftswissenschaftlicher oder wirtschaftspraktischer Probleme ist heute weit verbreitet. Die Mathematik hat Eingang in alle Bereiche von Theorie und Praxis gefunden, insbesondere dort, wo es um Entscheidungsaufgaben geht. So elegant allerdings manches Problem in der Theorie mittels mathematischer Verfahren gelöst werden kann, so wenig ist oft eine praktische Verwertbarkeit gegeben.

Aus der Sicht der Praxis ergeben sich vor allem zwei Probleme, die die Grenzen für die Anwendung mathematischer Methoden im wesentlichen abstecken:

– Die meisten wirtschaftlichen Zusammenhänge sind derart komplex, dass sie sich nicht in überschaubaren und handhabbaren mathematischen Modellen fassen lassen. Die verfügbaren mathematischen Verfahren verlangen für die Anwendung oft so starke Vereinfachungen, dass die Behandlung praktischer Problemstellungen sinnlos wird.

– Häufig ist es prinzipiell unmöglich oder zu kostspielig bzw. zu teuer, die für eine exakte mathematische Behandlung eines Problems erforderlichen Informationen zu beschaffen. Bei unvollständigen, schlechten und/oder ungenauen Ausgangswerten kann man aber auch trotz exakter Berechnungen keine genauen Ergebnisse erwarten.

Trotz dieser Einschränkungen ist die Mathematik für Wirtschaftstheorie und Wirtschaftspraxis bei der Lösung zahlreicher Probleme ein unentbehrliches Hilfsmittel.

2 Elementare Grundlagen

In diesem Kapitel sind wichtige Definitionen, Formeln und Regeln aus den elementaren mathematischen Grundlagen zusammengestellt.[1] Auf Erläuterungen, Beispiele und Aufgaben zu den dort behandelten Bereichen wird hier deshalb verzichtet. Zur Erleichterung für den Leser ist die Nummerierung der Regeln usw. aus diesem Buch jeweils in Klammern mit angegeben. Die Verwendung des Summenzeichens, des Produktzeichens und die absoluten Beträge, die in dem o.a. Buch nicht behandelt wurden, werden ausführlich dargestellt. Ebenso Zahlensysteme, die im Hinblick auf ihre Verwendung in der Informatik ergänzt wurden. Zu diesen Gebieten werden auch Aufgaben gestellt.

2.1 Zahlbegriffe

Natürliche Zahlen $\mathbb{N}$: Die Zahlen $1, 2, 3, 4, 5, \ldots$, die man beim Abzählen irgendwelcher Gegenstände verwendet.

Ist n eine natürliche Zahl, so ist $2n$ eine **gerade** und $2n - 1$ eine **ungerade** Zahl.

Ganze Zahlen $\mathbb{Z}$: Die Zahlen $\ldots, -4, -3, -2, -1, 0, 1, 2, 3, \ldots$.

Rationale Zahlen $\mathbb{Q}$: Die Zahlen, die sich als nicht mehr zu kürzender Quotient $\frac{p}{q}$ zweier ganzer Zahlen p und q $(q \neq 0)$ darstellen lassen.

Alle nichtrationalen Zahlen heißen **irrational** (z.B. $\sqrt{2}$ und π).

Reelle Zahlen $\mathbb{R}$: Rationale und irrationale Zahlen.

Positive oder negative ganze, rationale bzw. reelle Zahlen werden mit $\mathbb{Z}^+$, $\mathbb{Q}^+$ bzw. $\mathbb{R}^+$ oder $\mathbb{Z}^-$, $\mathbb{Q}^-$ bzw. $\mathbb{R}^-$ bezeichnet.

$\mathbb{R}_0^+$ bezeichnet die nicht negativen reellen Zahlen (also positive reelle Zahlen mit Null). Entsprechend ist der Index Null an den übrigen Symbolen zu interpretieren.

---

[1] Eine ausführliche Behandlung der meisten Bereiche enthält das Buch SCHWARZE, J.: Mathematik für Wirtschaftswissenschaftler, Elementare Grundlagen für Studienanfänger, Herne/Berlin, NWB-Verlag.

2.2 Binomische Formeln

R 2.2.1
(4.3.1)

$$(a + b)^2 = a^2 + 2ab + b^2$$
$$(a - b)^2 = a^2 - 2ab + b^2$$
$$(a + b)(a - b) = a^2 - b^2$$

2.3 Potenzen und Wurzeln

D 2.3.1
(5.1.1)

Das n-fache Produkt einer Zahl mit sich selbst ergibt die n-te **Potenz** dieser Zahl:
$$\underbrace{a \cdot a \cdot a \cdot \ldots \cdot a}_{n-\text{mal}} = a^n$$
a heißt Grundzahl oder **Basis** und n Hochzahl oder **Exponent** der Potenz.

D 2.3.2
(5.1.2)

Es ist $a^{-n} = \dfrac{1}{a^n}$; $a \neq 0$, $n \in \mathbb{N}$.

R 2.3.3
(5.2.1)

$a^n a^m = a^{n+m}$; $n, m \in \mathbb{Z}$

R 2.3.4
(5.2.2)

$\dfrac{a^n}{a^m} = a^{n-m}$; $a \neq 0$, $n, m \in \mathbb{Z}$

R 2.3.5
(5.2.3)

a) $a^n b^n = (ab)^n$; $n \in \mathbb{N}$

b) $\dfrac{a^n}{b^n} = \left(\dfrac{a}{b}\right)^n$; $b \neq 0$; $n \in \mathbb{N}$

R 2.3.6
(5.2.4)

$(a^n)^m = a^{nm}$; $n, m \in \mathbb{Z}$

R 2.3.7
(5.2.5)

$a^0 = 1, a \neq 0$; 0^0 ist **nicht definiert.**

D 2.3.8
(5.3.2)

$\sqrt[n]{b} = b^{\frac{1}{n}}$; $n \in \mathbb{N}$

2.4 Logarithmen

D 2.4.1
(6.1.1)

> **Logarithmus**
> Gilt $a^y = x, a > 0, a \neq 1$, so heißt y auch **Logarithmus**
> **von x zur Basis a**, geschrieben $y = \log_a x$.

D 2.4.2
(6.1.5)
(6.1.6)

> **Dekadischer und natürlicher Logarithmus**
> Logarithmen zur Basis 10 heißen **dekadische Logarith-**
> **men** (auch Briggsche- oder Zehner-Logarithmen) und wer-
> den mit $\log x$ bezeichnet.
> Logarithmen zur Basis e heißen **natürliche Logarithmen**
> und werden mit $\ln x$ bezeichnet. Mit e wird die Eulersche
> Zahl bezeichnet, die den Wert $2{,}7182\ldots$ hat.

R 2.4.3
(6.2.1)

> $\log(ab) = \log a + \log b$

R 2.4.4
(6.2.2)

> $\log\left(\frac{a}{b}\right) = \log a - \log b$

R 2.4.5
(6.2.3)

> $\log(a^n) = n \log a$

R 2.4.6
(6.2.4)

> $\log\left(\sqrt[n]{a}\right) = \frac{1}{n} \log a$

Hinweis: R 2.4.3 bis 2.4.6 gelten für Logarithmen zu einer beliebigen
Basis.

2.5 Gleichungen mit einer Variablen

D 2.5.1
(7.2.1)

> **Äquivalente Umformung**
> Die Lösungsmenge einer Bestimmungsgleichung bleibt un-
> verändert, wenn auf beiden Seiten die gleiche Rechenopera-
> tion mit der gleichen Zahl durchgeführt wird. Man spricht
> dabei von einer **äquivalenten Umformung** der Glei-
> chung. Nicht zulässig ist die Multiplikation mit Null und
> die grundsätzlich verbotene Division durch Null.

R 2.5.2
(7.5.1)

Aus $\dfrac{a}{b} = \dfrac{c}{d}$ $(a, b, c, d \neq 0)$ folgt

a) $\dfrac{a}{c} = \dfrac{b}{d}$, $\dfrac{c}{a} = \dfrac{d}{b}$ und $\dfrac{b}{a} = \dfrac{d}{c}$;

b) $\dfrac{a+b}{b} = \dfrac{c+d}{d}$, $\dfrac{a-b}{b} = \dfrac{c-d}{d}$, $\dfrac{a+b}{a-b} = \dfrac{c+d}{c-d}$,

$\dfrac{a}{a+b} = \dfrac{c}{c+d}$, $\dfrac{a}{a-b} = \dfrac{c}{c-d}$,

wobei die Nenner nicht Null sein dürfen.

R 2.5.3
(7.9.2)

Potenzgleichung
Die (positive) Lösung der Potenzgleichung $x^a = b$ ergibt sich aus $x = \sqrt[a]{b} = b^{\frac{1}{a}}$.

R 2.5.4
(7.9.8)

Exponentialgleichung
Als Lösung einer Exponentialgleichung $a^x = b$ ergibt sich
$x = \dfrac{\log b}{\log a}$.

R 2.5.5
(9.2.1)

Die **reinquadratische Gleichung** $ax^2 + c = 0$ ist lösbar, falls $\dfrac{-c}{a} \geq 0$. Sie hat dann die Lösungen
$x_1 = +\sqrt{-\dfrac{c}{a}}$ und $x_2 = -\sqrt{-\dfrac{c}{a}}$.

R 2.5.6
(9.2.4)

Die **quadratische Gleichung** $ax^2 + bx = 0$ hat die Lösungen
$x_1 = 0$ und $x_2 = -\dfrac{b}{a}$.

R 2.5.7
(9.3.4)

Die **Lösungen der Normalform** $x^2 + px + q = 0$ **einer quadratischen Gleichung** ergeben sich aus
$x_{1,2} = -\dfrac{p}{2} \pm \sqrt{\dfrac{p^2}{4} - q}$, für $\dfrac{p^2}{4} - q \geq 0$.
Für $\dfrac{p^2}{4} - q < 0$ ist die Gleichung nicht lösbar.

R 2.5.8
(9.3.8)

Lösung einer quadratischen Gleichung
Die quadratische Gleichung $ax^2 + bx + c = 0$ kann wie folgt gelöst werden:
(1) Zu $ax^2 + bx$ die quadratische Ergänzung bestimmen $\frac{b^2}{4a}$.
(2) Die Gleichung unter Hinzufügen der quadratischen Ergänzung auf die Form $ax^2 + bx + \frac{b^2}{4a} = \frac{b^2}{4a} - c$ bringen.

(3) Die linke Seite als Quadrat eines Binoms schreiben und auf beiden Seiten die Wurzel ziehen:
$$(\sqrt{a}x + \frac{b}{2\sqrt{a}})^2 = \frac{b^2}{4a} - c \Rightarrow \sqrt{a}x + \frac{b}{2\sqrt{a}} = \pm\sqrt{\frac{b^2}{4a} - c}.$$
(4) Die letzte Gleichung aus (3) nach x auflösen
$$\sqrt{a}x = -\frac{b}{2\sqrt{a}} \pm \sqrt{\frac{b^2}{4a} - c} \Rightarrow x = -\frac{b}{2a} \pm \sqrt{\frac{b^2}{4a^2} - \frac{c}{a}}.$$

R 2.5.9
(9.3.10)

Gegeben sei eine **quadratische Gleichung**
$ax^2 + bx + c = 0$ und die **Grundmenge** $\mathbb{R}$.

a) Ist $\frac{b^2}{4a} - c > 0$, so gibt es **zwei** Lösungen.

b) Ist $\frac{b^2}{4a} - c = 0$, so gibt es **eine** Lösung.

c) Ist $\frac{b^2}{4a} - c < 0$, so gibt es **keine** Lösung.

R 2.5.10
(9.5.3)

Biquadratische Gleichung
Eine biquadratische Gleichung $ax^4 + bx^2 + c = 0$ kann wie folgt gelöst werden:
(1) Setzen Sie $x^2 = y$.
(2) Lösen Sie die quadratische Gleichung $ay^2 + by + c = 0$.
(3) Bestimmen Sie für die Lösung(en) y der quadratischen Gleichung $x = \pm\sqrt{y}$.

R 2.5.11
(9.6.6)

Die Gleichung $ax^n + bx^{n-1} = 0$ kann durch Ausklammern von x^{n-1} gelöst werden, indem man in $x^{n-1}(ax + b) = 0$ jeden der beiden Faktoren auf der linken Seite Null setzt. Man erhält als Lösungen $x = 0$ und $x = -\frac{b}{a}$.

R 2.5.12
(9.6.4)

Die Gleichung $ax^n + bx^{n-1} + cx^{n-2} = 0$ kann durch Ausklammern von x^{n-2} gelöst werden, indem man in $x^{n-2}(ax^2 + bx + c) = 0$ jeden der beiden Faktoren auf der linken Seite Null setzt. Man erhält als Lösungen $x = 0$ und $x = -\frac{b}{2a} \pm \sqrt{\frac{b^2}{4a^2} - \frac{c}{a}}$.

2.6 Ungleichungen

R 2.6.1
(10.2.1)

> Aus $a < b$ und $b < c$ folgt $a < c$.

R 2.6.2
(10.2.2)

> Aus $a < b$ folgt $a + c < b + c$ für beliebiges c.

R 2.6.3
(10.2.3)

> Aus $a < b$ und $c < d$ folgt $a + c < b + d$.

R 2.6.4
(10.2.4)

> Aus $a < b$ und $c > 0$ folgt $ac < bc$.

R 2.6.5
(10.2.5)

> Aus $a < b$ und $c < 0$ folgt $ac > bc$.

R 2.6.6
(10.2.7)

> Aus $a < b$ folgt $-a > -b$.

R 2.6.7
(10.2.9)

> Aus $a < b, b > 0$ und $0 < c < d$ folgt $ac < bd$.

R 2.6.8
(10.2.11)

> Aus $0 < a < b$ folgt $a^2 < b^2$.

R 2.6.9
(10.2.13)

> Aus $0 < a < b$ oder $a < b < 0$ folgt $\frac{1}{a} > \frac{1}{b}$.

R 2.6.10
(10.2.15)

> Aus $a < 0 < b$ folgt $\frac{1}{a} < \frac{1}{b}$.

D 2.6.11
(10.1.4)

> Gelten für eine Zahl b die Ungleichungen $b > a$ und $b < c$, so schreibt man auch $a < b < c$. Eine solche Beziehung heißt **doppelte Ungleichung** oder **Ungleichungskette**.

$a < x < b$ bedeutet, dass x Werte zwischen a und b (ausschließlich der beiden Grenzen) annehmen kann. Bei $a \leq x \leq b$ sind auch die beiden Randwerte als Werte für x zugelassen. Bei $a \leq x < b$ und $a < x \leq b$ ist jeweils nur ein Randwert (a bzw. b) für x zugelassen. Während also eine einfache Ungleichung mit einer Variablen ein **einseitig begrenztes Intervall** für die Variable beschreibt, gibt eine doppelte Ungleichung mit einer Variablen ein **zweiseitig begrenztes Intervall** an.

Je nachdem, ob die Intervallgrenzen mit zum Intervall gehören oder nicht, unterscheidet man

offenes Intervall $a < x < b$, auch bezeichnet mit $)a, b($

geschlossenes Intervall $a \leq x \leq b$, auch bezeichnet mit (a, b)

halboffenes Intervall $a \leq x < b$, auch bezeichnet mit $(a, b($

oder $a < x \leq b$, auch bezeichnet mit $)a, b)$.

Anstelle der runden Klammern werden auch eckige oder spitze Klammern verwendet. Für ein halboffenes Intervall $a < x \leq b$ findet man deshalb auch folgende Schreibweisen: $(a, b],]a, b], < a, b]$. Für die anderen Intervalle ergibt sich entsprechendes.

Die folgende Tabelle enthält die Lösungen einer quadratischen Ungleichung der Form $ax^2 + bx + c < 0$ bzw. > 0. Dabei sind die aufgeführten Fallunterscheidungen zu beachten.

Die Gleichung $ax^2 + bx + c = 0$ hat die folgenden reellen Lösungen	Lösungsmengen der quadratischen Ungleichung			
	$ax^2 + bx + c > 0$ für		$ax^2 + bx + c < 0$ für	
	$a > 0$	$a < 0$	$a > 0$	$a < 0$
keine	$\mathbb{R}$	$\emptyset$	$\emptyset$	$\mathbb{R}$
x_1	$\mathbb{R} \setminus \{x_1\}$	$\emptyset$	$\emptyset$	$\mathbb{R} \setminus \{x_1\}$
x_1 und x_2 mit $x_1 < x_2$	$x < x_1$ $\vee \, x > x_2$	$x_1 < x < x_2$	$x_1 < x < x_2$	$x < x_1$ $\vee \, x > x_2$

Hinweis: Man beachte, dass die reellwertigen Lösungsmengen einer quadratischen Ungleichung auch leicht grafisch bestimmt bzw. veranschaulicht werden können. Dazu betrachtet man die grafische Darstellung der Parabel $y = ax^2 + bx + c$. Die Lösungsmenge einer Ungleichung $ax^2 + bx + c > 0$ bzw. < 0 ist die Teilmenge reeller Zahlen, für die $y > 0$ bzw. $y < 0$ gilt.

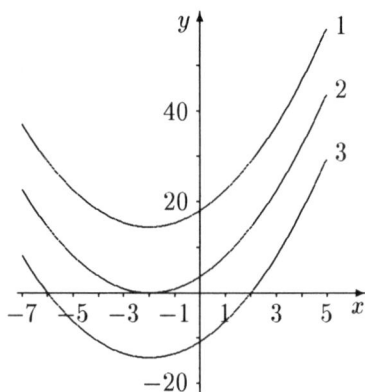

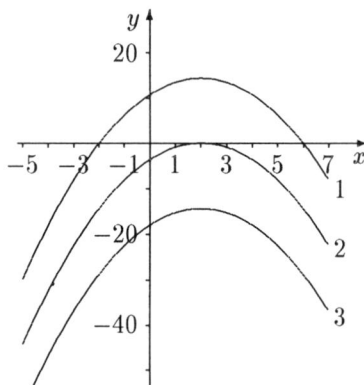

F 2.6.12   F 2.6.13

In Figur 2.6.12 sind die drei möglichen Fälle nach oben geöffneter Parabeln veranschaulicht. Die Parabeln haben die Gleichungen $y = 0{,}9x^2 + 3{,}6x + c$ mit $c = 18$ für Parabel 1, $c = 3{,}6$ für Parabel 2, und $c = -10{,}8$ für Parabel 3. Als Lösungsmengen der Ungleichung $0{,}9x^2 + 3{,}6x + c > 0$ ergeben sich $\mathbb{R}$ im Fall 1, $\mathbb{R}\setminus\{-2\}$ im Fall 2 und $\{x|x < -6 \vee x > 2\}$ im Fall 3. Für $0{,}9x^2 + 3{,}6x + c < 0$ ergibt sich, wie F 2.6.12 veranschaulicht, in den Fällen 1 und 2 als Lösungsmenge $\emptyset$ und im Fall 3 $\{x| -6 < x < 2\}$.

In F 2.6.13 sind 3 nach unten geöffnete Parabeln mit der Gleichung $y = -0{,}9x^2 + 3{,}6x + c$ dargestellt mit $c = 10{,}8$; $c = -3{,}6$ bzw. $c = -18$ in den Fällen 1, 2 bzw. 3. Hierfür gilt das Entsprechende.

R 2.6.14 (10.6.19)	Zur Bestimmung der Lösungsmenge $\mathbb{L}$ von $ax^n + bx^{n-1} > 0$ $(n > 1)$ wird x^{n-1} ausgeklammert: $x^{n-1}(ax + b) > 0$. Es gilt dann $\mathbb{L} = \{x|(x^{n-1} > 0 \wedge ax + b > 0) \vee (x^{n-1} < 0 \wedge ax + b < 0)\}$. Für $ax^n + bx^{n-1} < 0$ bzw. $x^{n-1}(ax + b) < 0$ gilt $\mathbb{L} = \{x|(x^{n-1} > 0 \wedge ax + b < 0) \vee (x^{n-1} < 0 \wedge ax + b > 0)\}$.

R 2.6.15 (10.6.22)	Zur Bestimmung der Lösungsmenge von $ax^n + bx^{n-1} + cx^{n-2} > 0$ $(n > 2)$ wird x^{n-2} ausgeklammert: $x^{n-2}(ax^2 + bx + c) > 0$. Es gilt dann $\mathbb{L} = \{x|(x^{n-2} > 0 \wedge ax^2 + bx + c > 0)$ $\vee (x^{n-2} < 0 \wedge ax^2 + bx + c < 0)\}$. Für $ax^n + bx^{n-1} + cx^{n-2} < 0$ ergibt sich entsprechend $\mathbb{L} = \{x|(x^{n-2} > 0 \wedge ax^2 + bx + c < 0)$ $\vee (x^{n-2} < 0 \wedge ax^2 + bx + c > 0)\}$.

2.7 Strahlensätze

Vielfach werden bei grafischen bzw. geometrischen Veranschaulichungen die folgenden Strahlensätze benötigt.

R 2.7.1 | **Strahlensätze**
(11.5.1) | Wird ein Strahlenbüschel (mehrere Geraden, die sich in einem Punkt schneiden) von einer Schar paralleler Geraden geschnitten, dann gilt:
a) Gleichliegende Abschnitte auf je zwei Strahlen stehen im gleichen Verhältnis zueinander.
b) Die von je zwei Strahlen gebildeten Abschnitte auf je zwei Parallelen stehen im gleichen Verhältnis zueinander, wie die zugehörigen, vom Scheitelpunkt gemessenen Strahlenabschnitte.
c) Gleichliegende Abschnitte auf je zwei Parallelen stehen im gleichen Verhältnis zueinander.

An der Zeichnung in Figur 2.7.2 können die Strahlensätze leicht veranschaulicht werden. Es gilt z.B.:

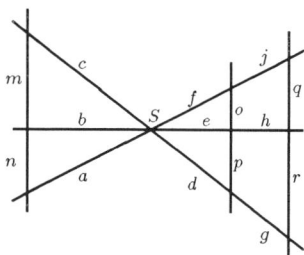

a) $a : b = f : e = j : h$
$= (f + j) : (e + h)$;
$b : c = e : d = h : g = (e+h) : (d+g)$;
$a : f = b : e = c : d$.

b) $n : o = a : f = b : e$;
$m : p = b : e = c : d$;
$m : r = b : (e + h) = c : (d + g)$.

c) $m : p = n : o$;
$o : p = q : r = n : m$.

F 2.7.2

2.8   Winkelfunktionen

Von den nachfolgenden Winkelfunktionen spielt für die Wirtschaftswissenschaften vor allem der Tangens (tan) und seine grafische Bestimmung eine Rolle.

D 2.8.1 | **Winkelfunktionen**
(13.1.1) | In einem rechtwinkligen Dreieck ist

$$\sin \alpha = \frac{\text{Gegenkathete}}{\text{Hypotenuse}}; \quad \cos \alpha = \frac{\text{Ankathete}}{\text{Hypotenuse}};$$

$$\tan \alpha = \frac{\text{Gegenkathete}}{\text{Ankathete}}; \quad \cot \alpha = \frac{\text{Ankathete}}{\text{Gegenkathete}}.$$

(Lesen Sie: „sinus", „cosinus", „tangens" bzw. „cotangens".)

Es gelten folgende Regeln:

R. 2.8.2
(13.2.1)

> a) $\sin^2 \alpha + \cos^2 \alpha = 1$, b) $\tan \alpha = \frac{\sin \alpha}{\cos \alpha}$, c) $\tan \alpha = \frac{1}{\cot \alpha}$.

R. 2.8.3
(13.2.3)

> a) $\sin(90° \pm \alpha) = \cos \alpha$, $\sin(180° \pm \alpha) = \mp \sin \alpha$,
> b) $\cos(90° \pm \alpha) = \mp \sin \alpha$, $\cos(180° \pm \alpha) = -\cos \alpha$,
> c) $\tan(90° \pm \alpha) = \mp \cot \alpha$, $\tan(180° \pm \alpha) = \pm \tan \alpha$,
> d) $\cot(90° \pm \alpha) = \mp \tan \alpha$, $\cot(180° \pm \alpha) = \pm \cot \alpha$.

Die Strahlensätze ermöglichen eine einfache grafische Bestimmung von $\tan \alpha$ bei einem rechtwinkligen Dreieck. In Figur 2.8.4 gilt:

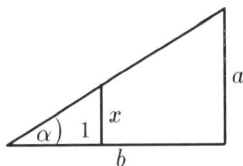

$\tan \alpha = \frac{a}{b} = \frac{x}{1} = x$. Es wird also von dem zu α gehörigen Eckpunkt im Abstand 1 auf der Ankathete zu α eine Senkrechte errichtet. Die Strecke zwischen Hypotenuse und Ankathete auf dieser Senkrechten entspricht dann (s.o.) $\tan \alpha$.

F 2.8.4

2.9   Summenzeichen

Häufig hat man es mit Summen von sehr vielen Summanden zu tun. Zur vereinfachten Schreibweise solcher Summen kann das so genannte **Summenzeichen** verwendet werden.

D 2.9.1

> **Summenzeichen**
>
> $a_1 + a_2 + a_3 + \ldots + a_{n-1} + a_n = \sum\limits_{i=1}^{n} a_i$
>
> (lesen Sie: Summe aller a_i für i von 1 bis n).
> $\sum$ heißt **Summenzeichen**, a_i ist das allgemeine Glied der Summe, i heißt **Summationsindex**, 1 ist die **untere** und n die **obere Summationsgrenze**.

$\sum$ ist das große **Sigma** des griechischen Alphabets und entspricht dem lateinischen S. Der Summationsindex kann **beliebig** gewählt werden. Meistens nimmt man i oder j.

Das Summenzeichen $\sum$ ist ein Rechenbefehl, der die Addition mehrerer Größen verlangt. $\sum\limits_{i=1}^{n} a_i$ ist die Summe der zu addierenden Größen.

Anstelle von 1 findet man auch 0 oder irgendeine andere natürliche Zahl k als untere Summationsgrenze.

Ist die Summationsvorschrift aus dem Zusammenhang heraus eindeutig, dann wird häufig auf die Angabe des Summationsindex und/oder der Summationsgrenzen verzichtet. Man schreibt dann $\sum a_i$ oder $\sum\limits_{i} a_i$.

Die Darstellung von Summen mit Hilfe des Summenzeichens hat den Vorteil, dass Summen mit beliebig vielen Summanden kurz und übersichtlich geschrieben werden können.

Hat man lauter gleiche Summanden, so gilt:

R 2.9.2
$$\sum_{i=1}^{n} a = na$$

Für den allgemeinen Fall wird nachfolgend k als untere Summationsgrenze verwendet. Unter Verwendung bekannter Regeln für die Addition reeller Zahlen ergeben sich bei Benutzung des Summenzeichens verschiedene Rechenregeln. Zunächst wird der Fall eines konstanten Faktors in jedem Summanden betrachtet.

$$\sum_{i=k}^{n} ca_i = ca_k + ca_{k+1} + \ldots + ca_n = c(a_k + a_{k+1} + \ldots + a_n) = c\sum_{i=k}^{n} a_i.$$

Es gilt also:

R 2.9.3
$$\sum_{i=k}^{n} ca_i = c\sum_{i=k}^{n} a_i$$

B 2.9.4 *Ein Unternehmen hat in den 12 Monaten eines Jahres die Mengen $x_1, x_2, \ldots, x_{12}$ zu dem gleichen Preis p verkauft. Den (wertmäßigen) Umsatz des Jahres kann man dann durch Addition der Monatsumsätze $(\sum\limits_{i=1}^{12} px_i)$ oder durch Multiplikation der Jahresverkaufsmenge mit dem Preis $(p\sum\limits_{i=1}^{12} x_i)$ bestimmen. Also: $\sum\limits_{i=1}^{12} px_i = p\sum\limits_{i=1}^{12} x_i$.*

Es ist

$$\sum_{i=k}^{n} (a_i + b_i) = a_k + b_k + a_{k+1} + b_{k+1} + \ldots + a_n + b_n$$

$$= a_k + a_{k+1} + \ldots + a_n + b_k + b_{k+1} + \ldots + b_n$$

$$= \sum_{i=k}^{n} a_i + \sum_{i=k}^{n} b_i.$$

Daraus ergibt sich die Regel:

R 2.9.5

$$\sum_{i=k}^{n} (a_i + b_i) = \sum_{i=k}^{n} a_i + \sum_{i=k}^{n} b_i$$

B 2.9.6 *Eine Unternehmung produziert zwei Güter und erzielt damit in einem Jahr die Monatsumsätze u_i und v_i $(i = 1, \ldots, 12)$. Den Gesamtumsatz des Jahres kann man als Summe der Monatsumsätze $(u_i + v_i)$ oder durch Addition der Jahresumsätze der beiden Güter bestimmen:*

$$\sum_{i=1}^{12} (u_i + v_i) = \sum_{i=1}^{12} u_i + \sum_{i=1}^{12} v_i.$$

Für jede natürliche Zahl m mit $k \leq m < n$ gilt:

$$\sum_{i=k}^{n} a_i = a_k + a_{k+1} + \ldots a_m + a_{m+1} + \ldots + a_n = \sum_{i=k}^{m} a_i + \sum_{i=m+1}^{n} a_i,$$

also:

R 2.9.7

$$\sum_{i=k}^{n} a_i = \sum_{i=k}^{m} a_i + \sum_{i=m+1}^{n} a_i; \quad k \leq m < n$$

B 2.9.8 *Den Gesamtumsatz eines Gutes für ein Jahr kann man durch Addition aller 12 Monatsumsätze u_i $(i = 1, \ldots, 12)$ oder als Summe der Umsätze aus dem ersten und zweiten Halbjahr bekommen:*

$$\sum_{i=1}^{12} u_i = \sum_{i=1}^{6} u_i + \sum_{i=7}^{12} u_i.$$

Bei manchen Additionen unterscheiden sich die Summanden durch zwei Indizes.

B 2.9.9 *Eine Unternehmung produziert n Güter. Die Umsätze der einzelnen Güter in m Monaten sind in der folgenden Tabelle zusammengestellt:*

Güter	Monate 1	2	...	j	...	m	Gesamtum- satz je Gut
1	u_{11}	u_{12}	...	u_{1j}	...	u_{1m}	$\sum_{j=1}^{m} u_{1j}$
2	u_{21}	u_{22}	...	u_{2j}	...	u_{2m}	$\sum_{j=1}^{m} u_{2j}$
$\vdots$	...	...	...	...	...	...	...
i	u_{i1}	u_{i2}	...	u_{ij}	...	u_{im}	$\sum_{j=1}^{m} u_{ij}$
$\vdots$	...	...	...	...	...	...	...
n	u_{n1}	u_{n2}	...	u_{nj}	...	u_{nm}	$\sum_{j=1}^{m} u_{nj}$
monatl. Gesamt- umsatz	$\sum_{i=1}^{n} u_{i1}$	$\sum_{i=1}^{n} u_{i2}$	...	$\sum_{i=1}^{n} u_{ij}$	...	$\sum_{i=1}^{n} u_{im}$	$\sum_{j=1}^{m} \sum_{i=1}^{n} u_{ij}$

u_{ij} *bezeichnet den Umsatz für das i-te Gut im j-ten Monat. Den Ge-*
samtumsatz aller Güter während des betrachteten Zeitraums erhält man
dann, indem man zunächst den Gesamtumsatz je Monat bestimmt, d.h.
über i summiert, und diese Umsatzzahlen dann für die m Monate ad-
diert, d.h. über j summiert:

$$\sum_{j=1}^{m} \left(\sum_{i=1}^{n} u_{ij} \right).$$

Dabei wird über zwei Indizes summiert.

D 2.9.10

> **Doppelsumme**
> Die Summe $a_{11} + a_{12} + \ldots + a_{1m} + a_{21} + a_{22} + \ldots + a_{2m} +$
> $\ldots + a_{ij} + \ldots + a_{n1} + a_{n2} + \ldots + a_{nm} = \sum_{j=1}^{m} \sum_{i=1}^{n} a_{ij}$
> heißt **Doppelsumme**.

In Beispiel 2.9.9 ist es für die Bestimmung des Jahresumsatzes gleichgültig, ob man zunächst die Monatsumsätze aller Güter bestimmt und
diese dann addiert, oder ob man zuerst die Jahresumsätze pro Gut und
dann deren Summe bestimmt. Das führt zu folgender Regel:

R 2.9.11

> $$\sum_{j=1}^{m} \sum_{i=1}^{n} a_{ij} = \sum_{i=1}^{n} \sum_{j=1}^{m} a_{ij}$$

Eine entsprechende Beziehung gilt auch, wenn man über drei oder mehr Indizes zu summieren hat.

Aufgaben

Ü 2.9.1 *Gegeben sind die Zahlen*

i	1	2	3	4	5
x_i	5	3	2	1	6
y_i	2	3	4	1	0

Berechnen Sie:

a) $\sum\limits_{i=1}^{5} x_i$; b) $\sum\limits_{i=1}^{5}(x_i + y_i)$; c) $\sum\limits_{i=1}^{5} x_i y_i$; d) $\sum\limits_{i=1}^{5} x_i \sum\limits_{i=1}^{5} y_i$.

Ü 2.9.2 *Schreiben Sie die folgende Summe aus:* $\sum\limits_{i=0}^{5} a^i b^{5-i}$.

Ü 2.9.3 *Berechnen Sie:* a) $\sum\limits_{i=1}^{10} i$; b) $\sum\limits_{i=5}^{8} 6i$; c) $\sum\limits_{i=1}^{10}(i+2)$; d) $\sum\limits_{i=0}^{5}(m+i)$.

Ü 2.9.4 *Berechnen Sie:* $\sum\limits_{i=1}^{20}(6a - 2i + 3) + \sum\limits_{i=1}^{20}(4i - 8a - 2) + \sum\limits_{i=1}^{20}(2a - 2i)$.

Ü 2.9.5 *Schreiben Sie die folgenden Summen unter Verwendung des Summenzeichens:* a) $2+4+6+8+10+12$; b) $\frac{1}{2}+\frac{2}{3}+\frac{3}{4}+\frac{4}{5}+\frac{5}{6}+\frac{6}{7}+\frac{7}{8}$; c) $4 + 7 + 10 + 13 + 16 + 19 + 22 + 25 + 28$.

Ü 2.9.6 *Gegeben sei der folgende Ausdruck:* $\sum\limits_{i=1}^{n} a_i$. *Die Indizierung des Ausdrucks soll nun so verändert werden, dass die untere Summationsgrenze $i = k$ lautet, und trotzdem die gleichen Summanden addiert werden wie vorher.*

Ü 2.9.7 *Es ist zu zeigen, dass allgemein gilt:* $\sum\limits_{i=1}^{n} a_i \sum\limits_{i=1}^{n} b_i \neq \sum\limits_{i=1}^{n} a_i b_i$.

(Dazu schreiben Sie die beiden Summen auf der linken Seite der Ungleichung ausführlich hin und multiplizieren die Klammern aus.)

Ü 2.9.8 *Gegeben sei folgende Tabelle von n^2 Zahlen:*

a_{11}	a_{12}	a_{13}	$\ldots$	a_{1j}	$\ldots$	a_{1n}
a_{21}	a_{22}	a_{23}	$\ldots$	a_{2j}	$\ldots$	a_{2n}
$\ldots$			$\ldots$			
a_{i1}	a_{i2}	a_{i3}	$\ldots$	a_{ij}	$\ldots$	a_{in}
$\ldots$			$\ldots$			
a_{n1}	a_{n2}	a_{n3}	$\ldots$	a_{nj}	$\ldots$	a_{nn}

Geben Sie unter Verwendung des Summenzeichens folgende Summen an:

a) *Summe aller Elemente der 2. bis $(n-k)$-ten Spalte;*

b) *Summe aller Elemente der k-ten bis n-ten Zeile;*

c) *Summe aller Elemente auf der Hauptdiagonalen (das sind die Elemente, für die $i = j$ gilt, also $a_{11}, a_{22}, a_{33}, \ldots, a_{nn}$);*

d) *Summe aller Elemente auf der Hauptdiagonalen und sämtlicher Elemente darunter.*

2.10   Produktzeichen

Im vorhergehenden Abschnitt wurde das Summenzeichen zur abkürzenden Schreibweise von Summen eingeführt. Etwas Ähnliches gibt es auch für **Produkte**.

D 2.10.1

> **Produktzeichen**
> $$a_1 \cdot a_2 \cdot a_3 \cdot \ldots \cdot a_{n-1} \cdot a_n = \prod_{i=1}^{n} a_i$$
> (lesen Sie: **Produkt aller a_i für i von 1 bis n**).
> $\prod$ heißt **Produktzeichen**, a_i ist das **allgemeine Glied**, i heißt **Multiplikationsindex**, 1 die **untere** und n die **obere Multiplikationsgrenze**.

Das Zeichen $\prod$ ist das große Pi des griechischen Alphabets.

Für Produkte gelten die folgenden Rechenregeln, die ähnlich abgeleitet werden können wie die Rechenregeln für Summen:

R 2.10.2

> $$\prod_{i=1}^{n} c a_i = c^n \prod_{i=1}^{n} a_i; \quad c = \text{const.}$$

R 2.10.3

> $$\prod_{i=1}^{n} (a_i b_i) = \prod_{i=1}^{n} a_i \prod_{i=1}^{n} b_i$$

Speziell gilt für $b_i = a_i$:

R 2.10.4

> $$\prod_{i=1}^{n} a_i^2 = \left(\prod_{i=1}^{n} a_i \right)^2$$

Aufgaben

Ü 2.10.1 *Berechnen Sie:* **a)** $\prod_{i=1}^{6} (i+2)$; **b)** $\prod_{i=1}^{4} (i-2)$; **c)** $\prod_{i=1}^{5} i$.

Ü 2.10.2 *Gegeben sind die Zahlen*

i	1	2	3	4
x_i	5	2	1	2
y_i	1	4	3	1

Berechnen Sie: **a)** $\prod_{i=1}^{4} x_i$; **b)** $\prod_{i=1}^{4} x_i y_i$.

Ü 2.10.3 *Schreiben Sie die folgenden Produkte unter Verwendung des Produktzeichens:* **a)** $2 \cdot 4 \cdot 6 \cdot 8 \cdot 10 \cdot 12 \cdot 14 \cdot 16$; **b)** $8 \cdot 15 \cdot 22 \cdot 29 \cdot 36 \cdot 43$.

2.11 Absolute Beträge

Stellt man die reellen Zahlen auf der so genannten Zahlengeraden grafisch dar (Figur 2.11.1), dann haben beispielsweise die beiden Zahlen -5 und $+5$ vom Punkt 0 den gleichen Abstand. Man sagt, -5 und $+5$ haben den gleichen **absoluten Betrag** und schreibt $|-5| = |+5| = 5$.

$$\dots \; -7 \quad -6 \quad -5 \quad -4 \quad -3 \quad -2 \quad -1 \quad 0 \quad 1 \quad 2 \quad 3 \quad 4 \quad 5 \quad 6 \; \dots$$

F 2.11.1 Zahlengerade

Allgemein gilt folgende Definition:

D 2.11.2

> **Absoluter Betrag**
> Für den absoluten Betrag $|a|$ einer reellen Zahl a gilt:
> $$|a| = \begin{cases} a & \text{falls} & a > 0 \\ 0 & \text{falls} & a = 0 \\ -a & \text{falls} & a < 0 \end{cases}$$

Man liest $|a|$ „a absolut" oder „Betrag a". $|a|$ ist also immer eine nichtnegative Zahl, d.h., es gilt stets $|a| \geq 0$.
Für das Rechnen mit absoluten Beträgen gelten die folgenden Regeln:

R 2.11.3

> $|-a| = |a|$

R 2.11.4

> $|a \cdot b| = |a| \cdot |b|$

R 2.11.5 $\left|\frac{a}{b}\right| = \frac{|a|}{|b|}$

Außerdem gelten die so genannten

R 2.11.6   **Dreiecksungleichungen**
$|a+b| \le |a| + |b|$ und $|a-b| \ge |a| - |b|$.

Aufgaben

Ü 2.11.1 *Gegeben seien die Zahlen* $8, 4, 13, 7, 6, 2, 16$. *Bestimmen Sie die Summe der absoluten Abweichungen dieser Zahlen von 10.*

Ü 2.11.2 *An einer Straße von* A_1 *nach* A_{10} *liegen die Orte* $A_1, A_2, A_3, A_4, A_5, A_6, A_7, A_8, A_9, A_{10}$, *die von* A_1 *die Entfernungen* $a_2 = 8$, $a_3 = 10$, $a_4 = 15$, $a_5 = 18$, $a_6 = 25$, $a_7 = 28$, $a_8 = 32$, $a_9 = 40$, $a_{10} = 50$ *haben. Ein Handelsvertreter, der in einem an der gleichen Straße gelegenen Ort B wohnt, besucht täglich alle zehn Orte derart, dass er nach dem Besuch eines Ortes zunächst wieder nach B zurückkehrt und dann erst den nächsten Ort besucht. B liegt zwischen* A_1 *und* A_{10} *und hat von* A_1 *die Entfernung* $b = 30$ *km. Wieviel Kilometer legt der Handelsvertreter täglich zurück?*

Ü 2.11.3 *Gegeben seien die der Größe nach geordneten Zahlen* $a_1, a_2, \ldots, a_i, \ldots, a_n$. *Geben Sie die Summe der absoluten Abweichungen dieser Zahlen von der Zahl* a_i **a)** *mit Verwendung der absoluten Beträge,* **b)** *ohne Verwendung der absoluten Beträge an.*

2.12 Zahlensysteme

Für die Darstellung von Zahlen und beim Rechnen verwendet man üblicherweise das so genannte **Dezimalsystem** oder **Zehnersystem**. Dabei werden die zehn Ziffern $0, 1, 2, 3, 4, 5, 6, 7, 8, 9$ benutzt.

Bei der Darstellung einer Zahl spielen nun nicht nur die Ziffern eine Rolle, sondern es ist auch von Bedeutung, an welcher Stelle eine Ziffer steht. Der Wert einer Ziffer setzt sich deshalb zusammen aus **Nennwert**, d.h. dem „eigentlichen" Wert der Ziffer im Dezimalsystem, also $0, 1, 2, 3, 4, 5, 6, 7, 8$ oder 9, und **Stellenwert**, d.h. dem Wert der Stelle, an der die Ziffer steht, wobei man üblicherweise von rechts nach links zählt.

Beim Dezimalsystem sind die Stellenwerte Potenzen von Zehn, und es gilt:

Stelle:	n-te	...	5	4	3	2	1
Stellenwert:	10^{n-1}	...	10^4	10^3	10^2	10^1	10^0
Stellen-bezeichnung:			zehn-tausend	tausend	hundert	zehn	eins

Der **Wert einer Ziffer innerhalb einer Zahl** ergibt sich als Produkt aus „Nennwert" und „Stellenwert":
Ziffernwert = Nennwert × Stellenwert.
Der **Zahlenwert** ergibt sich als Summe der Ziffernwerte:
Zahlenwert = Summe der Ziffernwerte
= Summe (Nennwert × Stellenwert).
Das folgende Beispiel verdeutlich die Zusammenhänge:

B 2.12.1

$$6720834 = 6 \cdot 10^6 + 7 \cdot 10^5 + 2 \cdot 10^4 + 0 \cdot 10^3 + 8 \cdot 10^2 + 3 \cdot 10^1 + 4 \cdot 10^0$$

$$\begin{aligned}
&= 6000000\\
&+\quad 700000\\
&+\quad\ 20000\\
&+\quad\ \ \ \ 800\\
&+\quad\ \ \ \ \ 30\\
&+\quad\ \ \ \ \ \ 4
\end{aligned}$$

Zahlensysteme wie das beschriebene Dezimalsystem nennt man **Stellenwertsysteme**. Allgemein gilt für Stellenwertsysteme Folgendes:

D 2.12.2

Aufbau eines Stellenwertsystems
Es stehen N Ziffern zur Verfügung. a_i sei die an i-ter Stelle (von rechts) stehende Ziffer einer Zahl.
Für eine $(n+1)$-stellige Zahl

$$a_n a_{n-1} \ldots a_i \ldots a_2 a_1 a_0$$

gilt dann Folgendes:

Nennwert: a_i;   **Stellenwert:** N^{i-1};

Ziffernwert: $a_i N^{i-1}$;   **Zahlenwert:** $\sum\limits_{i=1}^{n} a_i N^{i-1}$.

Neben Stellenwertsystemen gibt es andere Systeme, z.B. **Additionssysteme**, bei denen jede Ziffer einen bestimmten Wert ausdrückt, unabhängig von der Stelle, an der diese Ziffer steht. Bei den römischen Zahlen handelt es sich um ein solches Additionssystem, wobei zu beachten ist, dass die Ziffern prinzipiell nach absteigendem Wert geordnet werden. Steht eine Ziffer abweichend von dieser Regel, erhält sie einen negativen Wert bzw. ein negatives Vorzeichen. So hat die römische Zahl MCDXXIX, den Wert $1000 - 100 + 500 + 10 + 10 - 1 + 10 = 1429$ im Dezimalsystem.

Dualsystem

Beim **Dualsystem** werden nur die Ziffern „0" und „1" verwendet. Die Stellenwerte ergeben sich als Potenzen von 2.

D 2.12.3

> **Dualsystem**
> Ein Stellenwertsystem mit den Ziffern 0 und 1 und den Stellenwerten 2^{i-1} heißt **Dualsystem**.

Beim Dualsystem ergeben sich folgende Stellenwerte:

Stelle:	n-te	...	9	8	7	6	5	4	3	2	1
Stellenwert:	2^{n-1}	...	2^8	2^7	2^6	2^5	2^4	2^3	2^2	2^1	2^0
Stellenwert als Dezimalzahl:			256	128	64	32	16	8	4	2	1

Die beiden folgenden Beispiele zeigen Dualzahlen und ihren Wert im Dezimalsystem.

B 2.12.4   a) $101111 = 1 \cdot 2^5 + 0 \cdot 2^4 + 1 \cdot 2^3 + 1 \cdot 2^2 + 1 \cdot 2^1 + 1 \cdot 2^0$
$$= 32 + 8 + 4 + 2 + 1 = 47$$
   b) $1100011 = 1 \cdot 2^6 + 1 \cdot 2^5 + 1 \cdot 2^1 + 1 \cdot 2^0 = 64 + 32 + 2 + 1 = 99$

Diese Beispiele zeigen zugleich, wie Dualzahlen in Dezimalzahlen umgewandelt werden können.

Um die zu einer Dezimalzahl gehörige Dualzahl zu bestimmen, wird diese so oft wie möglich durch 2 dividiert. Die Reste dieser Division ergeben dann die Ziffern der entsprechenden Dualzahl, wobei die Reste bzw. Ziffern dazu entgegengesetzt zur Reihenfolge geschrieben werden, in der sie bestimmt wurden.

B 2.12.5   a) $47 : 2 = 23$ *Rest* 1   b) $137 : 2 = 68$ *Rest* 1
              $23 : 2 = 11$ "   1 $68 \; : 2 = 34$ "   0
              $11 : 2 = 5$ "   1 $34 \; : 2 = 17$ "   0
              $5 \; : 2 = 2$ "   1 $17 \; : 2 = 8$ "   1
              $2 \; : 2 = 1$ "   0 $8 \;\;\; : 2 = 4$ "   0
              $1 \; : 2 = 0$ "   1 $4 \;\;\; : 2 = 2$ "   0
              Dezimalzahl 47 $2 \;\;\; : 2 = 1$ "   0
              Dualzahl 101111 $1 \;\;\; : 2 = 0$ "   1
                                        Dezimalzahl 137
                                        Dualzahl 10001001.

Mit Dualzahlen kann im Prinzip genauso gerechnet werden wie mit Dezimalzahlen.

B 2.12.6 a) *Addition*:

		b) *Multiplikation*:	
10011	19	$\underline{10011 \cdot 11101}$	$\underline{19 \cdot 29}$
111000	56	10011	171
$\underline{11101}$	$\underline{29}$	10011	38
1101000	104	10011	551
		$\underline{10011}$	
		1000100111	

Das Dualsystem spielt heute vor allem im Bereich der Informationsver-
arbeitung und -übertragung eine Rolle, da bei allen digital arbeiten-
den Systemen Daten bzw. Informationen nur dual dargestellt werden
können.
Ebenfalls in der Informatik spielt das **Hexadezimalsystem** eine Rolle.

D 2.12.7

> **Hexadezimalsystem**
> Ein Stellenwertsystem mit 16 Ziffern und den Stellenwerten
> 16^{i-1} heißt **Hexadezimalsystem**.

Beim Hexadezimalsystem ergeben sich folgende Stellenwerte:

Stelle:	n-te	...	4	3	2	1
Stellenwert:	16^{n-1}	...	16^3	16^2	16^1	16^0
Stellenwert als Dezimalzahl:			4096	256	16	1

Für die Ziffern des Hexadezimalsystems verwendet man üblicherweise
die zehn Ziffern des Dezimalsystems $0, 1, \ldots, 9$ und dazu die ersten 6
großen Buchstaben des lateinischen Alphabets:

Ziffer im Hexa-dezimalsystem:	0	1	2	3	4	5	6	7	8	9	A	B	C	D	E	F
Wert der Ziffer im Dezimalsystem:	0	1	2	3	4	5	6	7	8	9	10	11	12	13	14	15

Das folgende Beispiel zeigt einen Vergleich der Zahlendarstellung in den
verschiedenen Zahlensystemen.

B 2.12.8 *Dezimalzahl*: 539; *Dualzahl*: 1000011011;
Hexadezimalzahl: 21B.

In der folgenden Tabelle 2.12.9 sind einige Dezimalzahlen und die entsprechenden Dual- und Hexadezimalzahlen gegenübergestellt.

Dezi-mal	Dual	Hexa-dez.	Dezi-mal	Dual	Hexa-dez.	Dezi-mal	Dual	Hexa-dez.
0	0	0	17	10001	11	34	100010	22
1	1	1	18	10010	12	35	100011	23
2	10	2	19	10011	13	36	100100	24
3	11	3	20	10100	14	37	100101	25
4	100	4	21	10101	15	38	100110	26
5	101	5	22	10110	16	39	100111	27
6	110	6	23	10111	17	40	101000	28
7	111	7	24	11000	18	41	101001	29
8	1000	8	25	11001	19	42	101010	2A
9	1001	9	26	11010	1A	43	101011	2B
10	1010	A	27	11011	1B	44	101100	2C
11	1011	B	28	11100	1C	45	101101	2D
12	1100	C	29	11101	1D	46	101110	2E
13	1101	D	30	11110	1E	47	101111	2F
14	1110	E	31	11111	1F	48	110000	30
15	1111	F	32	100000	20	49	110001	31
16	10000	10	33	100001	21	50	110010	32

T 2.12.9 Zahlen im Dezimal-, Dual- und Hexadezimalsystem

Aufgaben

Ü **2.12.1** *Bestimmen Sie zu den folgenden Dualzahlen die entsprechenden Dezimalzahlen:* a) 1100011; b) 101000100; c) 1001011; d) 10011; e) 11000111.

Ü **2.12.2** *Bestimmen Sie zu den folgenden Dezimalzahlen die entsprechenden Dualzahlen:* a) 20; b) 55; c) 100; d) 150; e) 333.

Ü **2.12.3** *Bestimmen Sie folgende Summen von Dualzahlen:* a) 110011 + 1001110 + 1110010; b) 111111 + 1000111 + 11101010.

Ü **2.12.4** *Bestimmen Sie die folgenden Produkte von Dualzahlen:* a) 110 · 101; b) 10101 · 1111.

Ü **2.12.5** *Bestimmen Sie zu den folgenden Hexadezimalzahlen die entsprechenden Dezimalzahlen:* a) 5C; b) AA; c) F1; d) ABC.

Ü **2.12.6** *Bestimmen Sie zu den folgenden Dezimalzahlen die entsprechenden Hexadezimalzahlen:* a) 100; b) 1000; c) 310; d) 3806.

3 Grundbegriffe der Logik

In diesem Kapitel werden in den Abschnitten 3.1 und 3.2 die wichtigsten enthaltenen Symbole und Begriffe aus der Logik wiederholt und durch einige zusätzliche Bemerkungen ergänzt.[1] In Abschnitt 3.3 wird auf Beweisführungen eingegangen. Anschließend werden in Abschnitt 3.4 noch einige Grundzüge der Schaltalgebra behandelt.

3.1 Aussagen und Aussageformen

In einer Sprache, mit der sich Menschen miteinander verständigen, treten verschiedene Formen von Sätzen auf, z.B. Fragesätze (*Welches Buch liest Du?*), Wunschsätze (*Ich möchte gern zum Mond fliegen.*), Aussagesätze (*Es regnet.*) oder Befehlssätze (*Gehe nach Hause!*).

D 3.1.1
(1.1.1)

> **Aussage**
> Eine **Aussage** ist ein Satz, der entweder **wahr** (w) oder **falsch** (f) ist.

Kehrt man eine Aussage in ihr Gegenteil um, dann wird sie **negativ**, man erhält die **Negation** der Aussage.

R 3.1.2
(1.1.5)

> **Negation einer Aussage**
> Die **Negation** $\overline{A}$ der Aussage A ist wahr, wenn A falsch ist, und sie ist falsch, wenn A wahr ist.

Die Definition der Aussage besagt, dass Aussagen nur den **Wahrheitswert** wahr oder falsch haben können (**Prinzip vom ausgeschlossenen Dritten**) und dass keine Aussage sowohl wahr als auch falsch sein kann (**Prinzip vom ausgeschlossenen Widerspruch**).

---

[1] In Klammern sind, wie im vorhergehenden Kapitel, die Definitions- und Regelnummern aus SCHWARZE, J.: Mathematik für Wirtschaftswissenschaftler, Elementare Grundlagen für Studienanfänger, Herne/Berlin, NWB Verlag, aufgeführt.

Aussagen werden allgemein mit großen lateinischen Buchstaben bezeichnet.

D 3.1.3
(1.1.8)

> **Aussageform**
> Eine **Aussageform** $A(x)$ ist ein Satz mit wenigstens einer Leerstelle oder **Variablen**, der durch Einsetzen eines Wertes in die Leerstelle bzw. für die Variable zu einer Aussage wird.

Die Elemente, die sinnvoll in die Aussageform eingesetzt werden können, ergeben die **Grundmenge** oder **Definitionsmenge**. Die Elemente der Grundmenge, für die die Aussage wahr wird, ergeben die **Lösungsmenge** $\mathbb{L}$.

Aufgaben

Ü 3.1.1 *Welche der folgenden Sätze sind Aussagen?*

a) *Prost!*

b) *Wieviel Uhr ist es?*

c) *Gustav liebt Hilda.*

d) *Morgen ist Sonntag.*

e) *Mach doch bitte die Tür hinter Dir zu.*

f) *Mein Name ist Hase.*

g) *Gute Nacht, Freunde!*

h) *Es gibt keine gerade Primzahl.*

i) *Wie spät ist es?*

j) *Das Auto ist 3 Jahre alt.*

k) *Alle Menschen sind verheiratet.*

l) *$5 + 4 = 9$.*

m) *Das Regal wiegt 80 kg.*

Ü 3.1.2 *Welche der folgenden Aussagen sind wahr?*

a) *Paris ist eine Hauptstadt.*

b) *Alle Primzahlen sind gerade.*

c) *1970 ist eine ganze Zahl.*

d) *$10 > 100$.*

e) *$6 \leq 7 \leq 5$.*

f) *$\sqrt{7} = 3$.*

g) *Berlin liegt in Bayern.*

h) *Braunschweig liegt an der Weser.*

i) *Alle Menschen sind gesund.*

j) *Die Quadratur des Kreises ist mit Zirkel und Lineal möglich.*

k) *Alle Rechtecke sind Parallelogramme.*

Ü 3.1.3 *Bestimmen Sie zu den folgenden Aussageformen $A(x)$ und den angegebenen Definitionsmengen D die Lösungsmengen $\mathbb{L}$.*

a) *$A(x) = $ „x ist eine Primzahl";* $D = \{2, 3, 4, 5, 6\}$.

b) *$A(x) = $ „x ist kleiner als 12";* $D = \mathbb{N}$.

c) *$A(x) = $ „x + 10 = −20";* $D = \mathbb{N}$.

d) *$A(x) = $ „10 ist ganzzahlig durch x teilbar";* $D = \{1, 2, 4, 5\}$.

e) *$A(x) = $ „x ist ein Metall";* $D = \{$Butter, Eisen$\}$.

3.2 Verknüpfungen von Aussagen

Aussagen können zu **zusammengesetzten** Aussagen verknüpft werden.

D 3.2.1 (1.2.1)	**Konjunktion** Die **Konjunktion** $A \wedge B$ (lesen Sie: „A und B") ist wahr, wenn **sowohl** A **als auch** B wahr ist. Sie ist falsch, wenn wenigstens eine der beiden Aussagen falsch ist.

Das logische „und" ($\wedge$) ist also im Sinne des umgangssprachlichen „sowohl ... als auch ..." zu verstehen.

D 3.2.2 (1.2.3)	**Disjunktion** Die **Disjunktion** $A \vee B$ (lesen Sie: „A oder B") ist wahr, wenn wenigstens eine der beiden Aussagen wahr ist. Sie ist falsch, wenn beide Aussagen falsch sind.

Das logische „oder" ($\vee$) ist als „entweder A oder B oder beides" zu verstehen und **nicht** im Sinne des umgangssprachlichen „entweder A (dann aber nicht B) oder B (dann aber nicht A)". Das logische „oder" ($\vee$) wird deshalb auch als „inklusiv-oder" bezeichnet im Gegensatz zum „exklusiv-oder", bei dem A und B nicht gleichzeitig wahr sein können und das hier als „entweder ... oder ..." geschrieben wird.

Durch $\wedge$ und $\vee$ können auch mehr als zwei Aussagen miteinander verknüpft werden: „Franz studiert Mathematik und Physik oder hat einen Bruder und eine Schwester." Diese Aussage ist von der allgemeinen Form $(A \wedge B) \vee (C \wedge D)$. Auf Einzelheiten zu solchen mehrfach zusammengesetzten Aussagen wird hier nicht eingegangen.

Ebenso wie für einfache Aussagen gibt es auch für durch Konjunktion bzw. Disjunktion verknüpfte Aussagen Negationen.

Aus „Franz studiert Mathematik und Physik" wird durch Negation „Franz studiert nicht Mathematik und Physik". Während „$A \wedge B$" nur wahr ist, wenn beide Teilaussagen wahr sind, ist die Negation „$\overline{A \wedge B}$" wahr, wenn wenigstens eine der beiden Teilaussagen falsch ist bzw. wenigstens die Negation einer der beiden Teilaussagen wahr ist. $\overline{A \wedge B}$ hat also den gleichen Wahrheitswert wie $\overline{A} \vee \overline{B}$, d.h. es gilt $\overline{A \wedge B} = \overline{A} \vee \overline{B}$. Für die Disjunktion „$A \vee B$" gilt, dass sie wahr ist, wenn eine der beiden Aussagen A, B oder beide wahr sind, und falsch, wenn sowohl A als auch B falsch sind. Die Negation $\overline{A \vee B}$ ist wahr, wenn sowohl A als auch B falsch sind, und sie ist falsch, wenn eine der Aussagen A, B oder beide zugleich wahr sind. Es ist also $\overline{A \vee B} = \overline{A} \wedge \overline{B}$.

R 3.2.3 | **Negation von Konjunktion und Disjunktion**
Für die Negation von Konjunktion bzw. Disjunktion zweier Aussagen A und B gilt:
$$\overline{A \wedge B} = \overline{A} \vee \overline{B}$$
$$\overline{A \vee B} = \overline{A} \wedge \overline{B}$$

B 3.2.4 *Die Disjunktion der Aussage „Mein Auto hat Scheibenbremsen"
und „Mein Auto hat Trommelbremsen" ist wahr, wenn das Auto nur
Scheibenbremsen oder nur Trommelbremsen hat, aber auch dann, wenn
das Auto z.b. vorn mit Scheibenbremsen und hinten mit Trommelbremsen ausgerüstet ist, also beide Aussagen wahr sind. Die Verneinung
dieser Disjunktion ist nur wahr, wenn beide Aussagen falsch sind, d.h.
wenn das Auto weder über Scheibenbremsen noch über Trommelbremsen
verfügt.*

D 3.2.5 | **Implikation**
(1.2.7) | Die Implikation oder Folgerung $A \Rightarrow B$ ist falsch, wenn A
wahr und B falsch ist. In allen anderen Fällen ist sie wahr.
A heißt **hinreichende Bedingung** für B und B **notwen-
dige Bedingung** für A.
Die Aussage A heißt auch **Prämisse** oder **Voraussetzung**
für B. B wird auch als **Konklusion** oder **Folgerung** bezeichnet.

Eine Implikation ist nur dann falsch, wenn aus einer wahren Prämisse
eine falsche Folgerung gezogen wird.
Die Implikation kann auch auf Aussageformen angewendet werden:
„Wenn x durch 4 teilbar ist, dann ist x auch durch 2 teilbar". Allgemein ergibt sich dafür $A(x) \Rightarrow B(x)$. Die Lösungsmenge von $A(x)$
ist dann in der Lösungsmenge von $B(x)$ enthalten.
Zur Veranschaulichung kann folgendes Beispiel dienen.

B 3.2.6 *Es sei $A(x) = $ „x ist durch 4 teilbar" und $B(x) = $ „x ist durch
2 teilbar". $A(x) \Rightarrow B(x)$ bedeutet dann: wenn A wahr ist, so auch B,
d.h. A ist „hinreichend" für B. **Jede** durch 4 teilbare Zahl ist auch
durch 2 teilbar.
Wenn B falsch ist, so auch A. Damit A wahr sein kann, muss auch
B wahr sein. B ist „notwendig" für A. Nur gerade (durch 2 teilbare)
Zahlen können durch 4 teilbar sein. Ist eine Zahl ungerade, kann sie
nicht durch 4 teilbar sein. Dass B wahr ist, reicht aber für „A ist wahr"
nicht aus. Es gibt gerade Zahlen, die nicht durch 4 teilbar sind.*

D 3.2.7 (1.2.9)	**Äquivalenz** Gilt $A \Rightarrow B$ und $B \Rightarrow A$, so heißen A und B **äquivalent**. Man schreibt dafür $A \Leftrightarrow B$.

Man spricht auch von der **Äquivalenz** von Aussagen.

Der Wahrheitsgehalt der Verknüpfung von Aussagen kann mit Hilfe einer so genannten **Wahrheitstafel** übersichtlich dargestellt werden.

A	B	$A \wedge B$	$A \vee B$	Entweder A oder B	$A \Rightarrow B$	$A \Leftrightarrow B$
w	w	w	w	f	w	w
w	f	f	w	w	f	f
f	w	f	w	w	w	f
f	f	f	f	f	w	w

Aufgaben

Ü 3.2.1 *Sind die folgenden verknüpften Aussagen wahr oder falsch?*
a) 5 *ist eine natürliche Zahl und* 10 *ist ganzzahlig durch* 6 *teilbar.*
b) 17 *ist eine Primzahl und* $1000 = 10^3$.
c) $(3 = 5) \vee (3 < 5)$.
d) $(2 > 7) \vee (2$ *ist eine ungerade Zahl)*.

Ü 3.2.2 *Bestimmen Sie die Lösungsmengen der folgenden Aussageformen. Die Definitionsmenge sei in allen Fällen* ℕ.
a) $(x < 2) \wedge (x = 7)$; **b)** $(x > 3) \wedge (x = 5)$; **c)** $(x < 10) \vee (x = 5)$.

Ü 3.2.3 *Zeigen Sie anhand einer Wahrheitstafel* $\overline{A \wedge B} = \overline{A} \vee \overline{B}$.

Ü 3.2.4 *Zeigen Sie anhand einer Wahrheitstafel* $\overline{A \vee B} = \overline{A} \wedge \overline{B}$.

Ü 3.2.5 *Sind die folgenden verknüpften Aussagen bzw. Aussageformen wahr oder falsch?*
a) 18 *ist durch* 6 *teilbar* $\Rightarrow$ 18 *ist durch* 16 *teilbar.*
b) 18 *ist durch* 7 *teilbar* $\Rightarrow$ 18 *ist durch* 3 *teilbar.*
c) 18 *ist durch* 6 *teilbar* $\Rightarrow$ 18 *ist durch* 3 *teilbar.*
d) 18 *ist durch* 4 *teilbar* $\Rightarrow$ 18 *ist durch* 12 *teilbar.*
e) $5 = 6 \Leftrightarrow 0 = 1$.
f) $x > 5 \Leftrightarrow 5 < x$.
g) x *ist eine natürliche Zahl* $\Leftrightarrow$ x *ist eine reelle Zahl.*

Ü 3.2.6 *Gegeben sind folgende Aussageformen mit* ℕ *als Definitionsmenge.*
$A(x)$: x *ist eine gerade Zahl.*
$B(x)$: x *ist durch* 2 *teilbar.*
$C(x)$: x *ist durch* 6 *teilbar.*
In welcher Weise können je zwei der Aussageformen zur Implikation bzw. Äquivalenz verknüpft werden?

Ü 3.2.7 *Zeigen Sie mit Hilfe einer Wahrheitstafel, dass die folgende Aussage immer wahr ist:* $(A \Rightarrow B) \Leftrightarrow (\overline{B} \Rightarrow \overline{A})$.

Ü 3.2.8 *Gegeben sei das beliebige Viereck V und die Aussagen:*
X : *V besitzt vier gleichlange Seiten und mindestens einen rechten Winkel*
Y : *V ist ein Quadrat.*
Z : *V hat vier rechte Winkel.*
Für jede der drei Aussagen ist anzugeben, welche der verbleibenden zwei Aussagen für sie notwendig, hinreichend oder notwendig und hinreichend sind.

3.3   Beweisführungen

In diesem Abschnitt werden einige Grundbegriffe mathematischer Beweisführungen behandelt. Dabei wird grundsätzlich immer von den Wahrheitswerten verknüpfter Aussageformen Gebrauch gemacht. Die zu beweisenden Sachverhalte oder Zusammenhänge bezeichnet man in der Mathematik als **Satz** bzw. **Lehrsatz**.
In einem mathematischen Satz werden wahre oder als wahr angenommene Aussagen zu einer neuen Aussage verknüpft.

B 3.3.1 $(f(x)$ *ist zweimal stetig differenzierbar*$) \wedge (f'(x_0) = 0) \wedge (f''(x_0) < 0) \Rightarrow f(x)$ *hat an der Stelle x_0 ein Maximum.*

In einem **Beweis** wird mit Hilfe bereits als wahr bekannter Aussagen gezeigt, dass die Aussage des zu beweisenden Satzes wahr ist. Dabei ist streng auf die Allgemeingültigkeit der Beweisführung zu achten.

B 3.3.2 *Jeder Leser kennt den als einen der binomischen Lehrsätze an der Schule gelehrten Zusammenhang (Äquivalenz zweier Aussageformen in einer Gleichung)*
$$(a + b)^2 = a^2 + 2ab + b^2.$$
Um diesen Satz zu beweisen, könnte man geneigt sein, die Richtigkeit der Aussage an einem Zahlenbeispiel zu zeigen, etwa für $a = 3$ und $b = 5$. Es ergibt sich dann:
$a^2 + 2ab + b^2 = 3^2 + 2 \cdot 3 \cdot 5 + 5^2 = 9 + 30 + 25 = 64$
und $(a + b)^2 = (3 + 5)^2 = 8^2 = 64$,
also ist $(3 + 5)^2 = 3^2 + 2 \cdot 3 \cdot 5 + 5^2$.
Der Satz ist damit jedoch keinesfalls bewiesen, seine Gültigkeit ist nur für das spezielle Zahlenbeispiel gezeigt.

R 3.3.3 | Die allgemeine Gültigkeit eines mathematischen Satzes kann niemals nur durch ein Beispiel bewiesen werden.

Das folgende Beispiel zeigt, welche Unsinnigkeiten sonst beweisbar wären.

B 3.3.4 *$2a = a^2 = a^a$ ist richtig für $a = 2$, denn es gilt $2 \cdot 2 = 4$, $2^2 = 4$ und $2^2 = 4$. Für $a = 3$ ergeben aber alle drei Ausdrücke verschiedene Werte.*

Für einen Beweis ist es erforderlich, die Richtigkeit der Aussage in ihrer allgemeinen Form zu zeigen.

B 3.3.5 *Für den binomischen Lehrsatz aus B 3.3.2 kann man z.B. unter Verwendung der bekannten Regeln*
$$c(a + b) = ca + cb, ba = ab \text{ und } a^2 = aa$$
so vorgehen:
$$(a + b)^2 = (a + b)(a + b) = a(a + b) + b(a + b)$$
$$= a^2 + ab + ba + b^2 = a^2 + 2ab + b^2.$$
Damit ist die Richtigkeit des binomischen Lehrsatzes bewiesen.

Es ist üblich, Beweise mit **w.z.b.w.** (was zu beweisen war) oder **q.e.d.** (quod erat demonstrandum) abzuschließen.

Beweise mathematischer Sätze können auf unterschiedliche Art geführt werden. Dabei werden aus als wahr oder falsch erkannten Aussagen oder Aussageformen durch „logische Schlüsse", bei denen die im vorhergehenden Abschnitt behandelten Verknüpfungen benutzt werden, neue Erkenntnisse über andere Aussagen gewonnen. Nachfolgend werden einige wichtige Ansätze für Beweisführungen behandelt.

Direkter Beweis
Ein direkter Beweis ist in B 3.3.5 geführt worden. Dabei wird von folgender Regel Gebrauch gemacht.

R 3.3.6 | $[A \wedge (A \Rightarrow B)] \Rightarrow B$ ist immer **wahr**.

Das lässt sich mit einer Wahrheitstafel zeigen:

A	B	$A \Rightarrow B$	$A \wedge (A \Rightarrow B)$	$[A \wedge (A \Rightarrow B)] \Rightarrow B$
w	w	w	w	w
w	f	f	f	w
f	w	w	f	w
f	f	w	f	w

Aus R 3.3.6 ergibt sich somit:

R 3.3.7 | Wenn A wahr ist und $A \Rightarrow B$ wahr ist, so ist auch B wahr.

Auf B 3.3.5 angewendet ergibt sich Folgendes:

B 3.3.8   *Gegeben seien die folgenden, als wahr bekannten Aussagen.*
$A_1 : c(a + b) = ca + cb;$
$A_2 : ba = ab;$
$A_3 : a^2 = aa.$
$A = A_1 \wedge A_2 \wedge A_3$ *ist wahr, da die entsprechenden Regeln als wahr vorausgesetzt wurden. Es sei ferner B: $(a + b)^2 = a^2 + 2ab + b^2$.*
In B 3.3.5 wurde gezeigt, dass $A \Rightarrow B$ wahr ist. Da A wahr ist, ist nach R 3.3.7 auch B wahr.

Beim direkten Beweis geht man also von einer als wahr bekannten Aussage A aus. Dann zeigt man, dass die Implikation $A \Rightarrow B$ wahr ist. Daraus ergibt sich dann, dass auch B wahr ist.

Eine andere Möglichkeit des direkten Beweises stellt die so genannte Kettenschlussregel dar.

R 3.3.9 | **Kettenschlussregel**
| Wenn $A \Rightarrow B$ und $B \Rightarrow C$ wahr sind, so ist auch
| $A \Rightarrow C$ wahr.

B 3.3.10 *Es sei $A(x)$: „x ist durch 4 teilbar", $B(x)$: „x ist eine gerade Zahl" und $C(x)$: „x ist durch 2 teilbar". Dann gilt $A(x) \Rightarrow B(x)$ und $B(x) \Rightarrow C(x)$.*
Nach R 3.3.9 gilt dann auch $A(x) \Rightarrow C(x)$, d.h. „wenn x durch 4 teilbar ist, so ist x auch durch 2 teilbar".

Indirekter Beweis
Bei einem **indirekten Beweis** geht man von der Negation der zu beweisenden Aussage aus und zeigt, dass diese falsch ist. Daraus folgt dann die Richtigkeit der ursprünglichen Aussage.
Dem indirekten Beweis liegt folgende Regel des logischen Schließens zugrunde:

R 3.3.11 | $\left[A \wedge (\overline{B} \Rightarrow \overline{A}) \right] \Rightarrow B$ ist immer wahr.

Das lässt sich ebenfalls an einer Wahrheitstafel zeigen:

A	B	$\overline{A}$	$\overline{B}$	$\overline{B} \Rightarrow \overline{A}$	$A \wedge (\overline{B} \Rightarrow \overline{A})$	$\left[A \wedge (\overline{B} \Rightarrow \overline{A})\right] \Rightarrow B$
w	w	f	f	w	w	w
w	f	f	w	f	f	w
f	w	w	f	w	f	w
f	f	w	w	w	f	w

Damit ergibt sich:

R 3.3.12 | Wenn A und $\overline{B} \Rightarrow \overline{A}$ wahr sind, so ist auch B wahr.

Beim indirekten Beweis geht man folgendermaßen vor. Es soll bewiesen werden, dass B wahr ist. Man weiß, dass die Aussage A wahr ist. Wenn man zeigen kann, dass aus der falschen Aussage B (also $\overline{B}$) folgt, dass A falsch ist (d.h. $\overline{A}$ gilt), also $\overline{B} \Rightarrow \overline{A}$ gezeigt wird, so muss B wahr sein. Damit ist gezeigt, dass B wahr ist.

B 3.3.13 *Es soll die Aussage „$\sqrt{2}$ ist irrational" bewiesen werden. Die Negation dieser Aussage ist: „$\sqrt{2}$ ist rational". Jede rationale Zahl kann nun als nicht mehr zu kürzender Bruch zweier ganzer Zahlen a und b geschrieben werden. Es ist dann $\sqrt{2} = \frac{a}{b}$, wobei a und b teilerfremde ganze Zahlen sind (gekürzter Bruch) und $b \neq 0$ ist. Wird $\sqrt{2} = \frac{a}{b}$ auf beiden Seiten quadriert, so ergibt sich $2 = \frac{a^2}{b^2}$ oder $2b^2 = a^2$. Das heißt: a^2 und damit auch a ist durch 2 teilbar. $((2n+1)^2 = 4n^2 + 4n + 1$ ist ungerade, d.h. das Quadrat einer ungeraden Zahl ist immer ungerade.) Setzt man nun $a = 2c$, weil a ja durch 2 teilbar ist, so folgt $2b^2 = a^2 = (2c)^2 = 4c^2$ oder $b^2 = 2c^2$. Damit wäre auch b^2 sowie auch b durch 2 teilbar.
Daraus folgt: a und b sind beide durch 2 teilbar und damit nicht teilerfremd. Das ist ein Widerspruch aufgrund der Annahme: $\sqrt{2}$ ist rational und in $\sqrt{2} = \frac{a}{b}$ sind a und b teilerfremd. Damit ergibt sich: $\sqrt{2}$ ist irrational.
In der Symbolik von R 3.3.12 ergibt sich:*
A : *$(\frac{a}{b} \in \mathbb{Q}) \wedge (a$ und b sind teilerfremd)*,
B : *$\sqrt{2}$ ist irrational*,
$\overline{A}$: *$(\frac{a}{b} \notin \mathbb{Q}) \vee (a$ und b sind nicht teilerfremd)*,
$\overline{B}$: *$\sqrt{2}$ ist rational, d.h. $\sqrt{2} \in \mathbb{Q}$.*
Da jede rationale Zahl als Bruch zweier teilerfremder ganzer Zahlen darstellbar ist, ist A wahr.
Gezeigt wurde: $\overline{B} \Rightarrow \overline{A}$ ist wahr. Somit gilt $A \wedge (\overline{B} \Rightarrow \overline{A})$ ist wahr. Also ist B wahr.

Beweis durch vollständige Induktion
Ein spezielles, häufig vorkommendes Beweisverfahren ist der **Beweis durch vollständige Induktion**. Mit der vollständigen Induktion werden Wahrheitswerte von Aussageformen $A(n)$ mit $n \in \mathbb{N}$ bestimmt.

R 3.3.14

> **Beweis durch vollständige Induktion**
> Gegeben sei eine Aussageform $A(n)$ mit $n \in \mathbb{N}$ und folgenden Eigenschaften:
> (1) Für ein bestimmtes $n = k \in \mathbb{N}$ ist $A(n)$ wahr.
> (2) Falls $A(n)$ für $n = m \geq k$ wahr ist, so ist auch $A(m+1)$ wahr.
> Dann gilt: $A(n)$ ist für alle $n \in \mathbb{N}$ mit $n \geq k$ wahr.

Bei der Anwendung der vollständigen Induktion geht man folgendermaßen vor:

Im ersten Schritt, dem **Induktionsanfang**, wird die Richtigkeit der Aussage für $n = k$, meistens $n = 1$, gezeigt.

Im zweiten Schritt, der **Induktionsvoraussetzung**, wird die Richtigkeit der Aussage für beliebiges $n = m, m \geq k$, angenommen.

Im dritten Schritt, dem **Induktionsschluss** (Schluss von n auf $n+1$), wird die Richtigkeit der Aussage für $n = m + 1$ mit Hilfe der Induktionsvoraussetzung gezeigt.

B 3.3.15 *Es soll die Formel* $1 + 2 + 3 + \ldots + n = \sum\limits_{i=1}^{n} i = \frac{1}{2}n(n+1)$ *durch vollständige Induktion bewiesen werden.*
Induktionsanfang: $n = 1$: $\quad 1 = \frac{1}{2} \cdot 1 \cdot (1+1) = 1$
Induktionsvoraussetzung: Die Formel ist richtig für $n = m$:
$$\sum_{i=1}^{m} i = \frac{1}{2}m(m+1).$$
Induktionsschluss:
$$\sum_{i=1}^{m+1} i = \sum_{i=1}^{m} i + (m+1) = \frac{1}{2}m(m+1) + (m+1)$$
$$= (\tfrac{1}{2}m + 1)(m+1) = \frac{1}{2}(m+1)(m+2).$$
Ist die Formel richtig für $n = m$, so ist sie also auch richtig für $n = m + 1$, womit bewiesen ist, dass die Aussageform der Formel für jede natürliche Zahl n wahr, die Formel also richtig ist.

Will man die Allgemeingültigkeit einer **mathematischen Aussage widerlegen**, dann reicht es aus, ihre Unrichtigkeit an einem so genannten **Gegenbeispiel** zu zeigen.

B 3.3.16 *Soll gezeigt werden, dass* $(a + b)(a - b) = a^2 + b^2$ *falsch ist, so kann man das durch Einsetzen geeigneter reeller Zahlen zeigen, etwa* $a = 3, b = 2$: $(a + b)(a - b) = (3 + 2)(3 - 2) = 5 \cdot 1 = 5$.
$a^2 + b^2 = 3^2 + 2^2 = 9 + 4 = 13$.
Da $5 \neq 13$, *ist somit* $(a + b)(a - b) = a^2 + b^2$ *falsch*.

Es ist aber zu beachten (vgl. R 3.3.3):

R 3.3.17 | Mit einem Beispiel kann man eine mathematische Aussage nur widerlegen, jedoch nicht ihre Allgemeingültigkeit zeigen.

Aufgaben

Ü 3.3.1 *Beweisen Sie die Formel* $\sum_{k=1}^{n} k^2 = \frac{n(n+1)(2n+1)}{6}$ *mit* $n \in \mathbb{N}$,
a) *direkt,* **b)** *durch vollständige Induktion!*

Anleitung zu **a)***: Gehen Sie von dem Ausdruck* $\sum_{k=1}^{n} (k+1)^3$ *aus. Zerlegen Sie das Binom und spalten Sie den Ausdruck in einzelne Summen auf. Gehen Sie dann noch einmal von dem ursprünglichen Ausdruck aus und versuchen Sie, ihn durch eine geeignete Indextransformation auf die Form* $\sum_{j=1}^{n} j^3 + Rest$ *zu bringen.*

Ü 3.3.2 *Beweisen Sie durch vollständige Induktion, dass für alle natürlichen Zahlen* $n > 2$ *die Aussage* $n + \sqrt{n} < n\sqrt{n}$ *wahr ist.*

Ü 3.3.3 *Beweisen Sie* $2ab \leq a^2 + b^2$, $a \in \mathbb{R}$ *und* $b \in \mathbb{R}$.

Ü 3.3.4 *Zeigen Sie* **a)** *direkt und* **b)** *durch vollständige Induktion, dass für* $0 < a < 1$ *und jede natürliche Zahl* n *gilt:*
$1 + a + a^2 + a^3 + \ldots + a^n < \frac{1}{1-a}$.

3.4 Schaltalgebra

Für die in den vorhergehenden Abschnitten in den Grundzügen dargestellte Aussagenlogik ergibt sich eine wichtige Anwendung in der Beschreibung und Analyse elektrischer und elektronischer Schaltungen, in denen binäre Signale verarbeitet werden. Derartige Schaltungen erhalten Eingangssignale, die nur zwei Werte oder Zustände annehmen können (z.B. „Ein", „Aus" oder „Strom fließt", „Strom fließt nicht"), und verarbeiten diese zu ausgehenden Signalen, die ebenfalls nur zwei

Werte oder Zustände annehmen können. Das folgende Beispiel veranschaulicht das Problem.

B 3.4.1 *In F 3.4.2 sind zwei elektrische Leitungssysteme dargestellt. Die Rechtecke sind Schalter, die „Ein" oder „Aus" sein können. In dem System* 1 *kann ein Strom zwischen* X *und* Y *fließen, wenn Schalter* A **und** *Schalter* B *„Ein" sind. Im System* 2 *kann der Strom zwischen* X *und* Y *fließen, wenn* A **oder** B *„Ein" ist.*

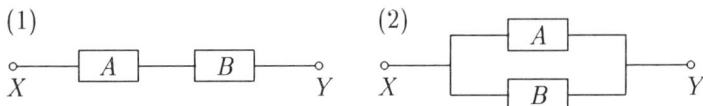

(1)   (2)

$$X \quad\boxed{A}\quad\boxed{B}\quad Y \qquad X \quad \boxed{\substack{A \\ B}} \quad Y$$

F 3.4.2

Bezeichnen A *bzw.* B *Schalter „Ein",* $\overline{A}$ *und* $\overline{B}$ *Schalter „Aus",* S *Strom fließt von* X *nach* Y *und* $\overline{S}$ *Strom fließt nicht, so gilt*
für System 1: $S = A \wedge B$; $\overline{S} = \overline{A} \vee \overline{B}$ *und*
für System 2: $S = A \vee B$; $\overline{S} = \overline{A} \wedge \overline{B}$.

Das Beispiel zeigt, dass ein System mit in Serie oder Reihe geschalteten Schaltern bzw. Elementen nur funktioniert, wenn alle Elemente funktionieren bzw. alle Schalter „Ein" sind. Das entspricht der Verknüpfung über das logische „und" ($\wedge$).

Bei einem Parallelsystem reicht die Funktionsfähigkeit eines Elements oder „Ein" bei einem Schalter aus. Das entspricht der Verknüpfung über das logische „oder" ($\vee$).

Die Funktionsfähigkeit komplexer Systeme kann auf dieser Basis mit der Aussagenlogik untersucht werden.

B 3.4.3 *In F 3.4.4 ist ein Schaltsystem mit 4 Schaltern dargestellt.*

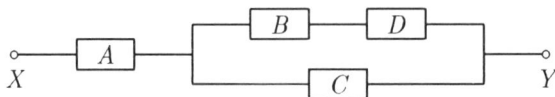

$$X \quad \boxed{A} \quad \boxed{\substack{B \quad D \\ C}} \quad Y$$

F 3.4.4

Bedeutet A, B, C, D *jeweils Schalter „Ein", so kann von* X *nach* Y *Strom fließen (S), wenn Folgendes gilt:*
$S = A \wedge ((B \wedge D) \vee C) = (A \wedge C) \vee (A \wedge B \wedge D)$.

Aufgaben

Ü **3.4.1** *Beschreiben Sie die Funktionsfähigkeit der folgenden Systeme durch logische Verknüpfungen der Systemelemente:*

a)

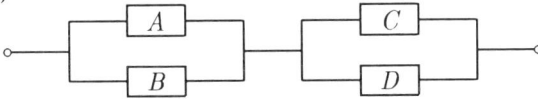

b)

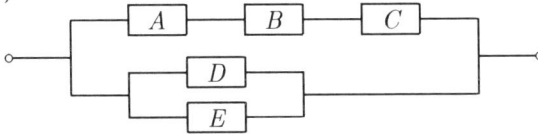

c)

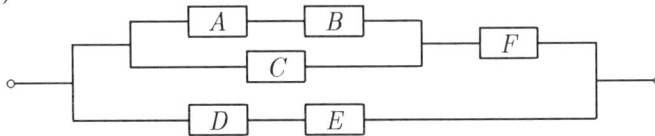

4 Grundzüge der Mengenlehre[1]

4.1 Begriff der Menge

Der heutige Mengenbegriff geht auf den Mathematiker CANTOR zurück und ist wie folgt definiert:

D 4.1.1
(3.1.1)

> **Menge**
> Eine Menge ist eine Zusammenfassung bestimmter, wohl-unterschiedener Objekte unserer Anschauung oder unseres Denkens, wobei von jedem dieser Objekte eindeutig fest-steht, ob es zur Menge gehört oder nicht. Die Objekte heißen **Elemente** der Menge.

Es ist zu beachten, dass die Elemente einer Menge **wohlunterschieden** sein müssen.

B 4.1.2 *Die Menge der Buchstaben des Wortes „Mengenlehre" enthält also die Elemente e, g, h, l, M, n, r.*

Auf der obigen Definition von CANTOR baut die so genannte **naive** Mengenlehre auf. Die gegebene Definition hat den Nachteil, dass sie zu Problemen führen kann, wie in dem folgenden Beispiel.

B 4.1.3 *Alle Männer eines Dorfes werden aufgeteilt in die Menge S derer, die sich selbst rasieren, und die Menge B jener, die vom Barbier rasiert werden. Der Barbier rasiert genau die Männer, die sich nicht selbst rasieren. Zu welcher Menge gehört der Barbier? Rasiert er sich selbst, so müsste er zu S, aber auch zu B gehören. Rasiert er sich nicht selbst, so müsste er zu B gehören, also von sich selbst rasiert werden. Eine eindeutige bzw. widerspruchsfreie Zuordnung ist nicht möglich.*

---

[1] Die Teilgebiete der Mengenlehre, die in Kapitel 3 in SCHWARZE, J.: Mathematik für Wirtschaftswissenschaftler, Elementare Grundlagen für Studienanfänger, Herne/Berlin, NWB-Verlag, bereits ausführlich dargestellt wurden, werden hier nur noch kurz angesprochen. Nummern in Klammern verweisen wieder auf die dort angegebenen Definitions- und Regelnummern.

Widersprüche bzw. Probleme wie in dem Beispiel sind durch die Schaffung eines Axiomensystems in der axiomatischen Mengenlehre behoben worden. Auf das Axiomensystem der Mengenlehre kann hier nicht eingegangen werden.

Mengen werden meistens mit großen und ihre Elemente mit kleinen lateinischen Buchstaben bezeichnet.

D 4.1.4

> Ist ein Objekt a Element der Menge A, so schreibt man $a \in A$ oder $A \ni a$ (lesen Sie:„a ist Element von A", oder kurz: „a Element A").
>
> Ist b nicht als Element in der Menge A enthalten, so schreibt man $b \notin A$ oder $A \not\ni b$ (lesen Sie: „b ist nicht Element von A", oder kurz: „b nicht Element A").

Für die Beschreibung von Mengen gibt es zwei Möglichkeiten.

(1) Beschreibung einer Menge durch Aufzählen der Elemente
Sämtliche Elemente, die zu der Menge gehören, werden einzeln angegeben, wobei die Reihenfolge beliebig ist. Die Elemente werden zwischen geschweifte Klammern geschrieben und durch Kommata getrennt. Sofern die Elemente geordnet werden können, werden sie meistens in geordneter Folge hingeschrieben.

B 4.1.5 *Für die Menge V der Vokale des lateinischen Alphabets schreibt man $V = \{a, e, i, o, u\}$.*

Häufig begnügt man sich mit dem Aufzählen der ersten Elemente einer Menge, wobei darauf zu achten ist, dass Missverständnisse ausgeschlossen sind.

B 4.1.6 *Für die Menge der Buchstaben des lateinischen Alphabets kann man z.B. schreiben $A = \{a, b, c, d, e, f, \ldots, z\}$ und für die Menge der natürlichen Zahlen $\mathbb{N} = \{1, 2, 3, 4, 5, 6, \ldots\}$.*

(2) Beschreibung einer Menge durch eine Variable und Angabe einer die Elemente charakterisierenden Eigenschaft
Bei dieser Beschreibungsform wird eine Variable (meistens x oder y) für die Elemente verwendet, und es wird angegeben, welche Werte diese Variable annehmen kann.

B 4.1.7 *Für die Menge der Vokale des lateinischen Alphabets kann man dann schreiben $V = \{x | x$ ist ein Vokal des lateinischen Alphabets$\}$ (lesen Sie: „V ist die Menge aller x mit der Eigenschaft, x ist ein Vokal des lateinischen Alphabets.") oder, wenn A die Menge der Buchstaben*

des lateinischen Alphabets bezeichnet, $V = \{x|x \in A \land x$ *ist ein Vokal*$\}$
oder $V = \{x \in A|x$ *ist ein Vokal*$\}$ *(lesen Sie: „V ist die Menge aller x
aus A mit der Eigenschaft, x ist ein Vokal.").*

Bei dieser Schreibweise wird vor dem senkrechten Strich die Variable zur
Beschreibung der Elemente angegeben. Nach dem senkrechten Strich
steht die die Elemente charakterisierende Eigenschaft.

B 4.1.8   **a)** *Die Gleichung* $x^2 - 5x + 6 = 0$ *hat die Lösungen* $x_1 = 2$
und $x_2 = 3$. *Die Menge* $\mathbb{L}$ *der Lösungen wird als* **Lösungsmenge** *bezeichnet und kann in der Symbolik der Mengenlehre folgendermaßen
geschrieben werden:* $\mathbb{L} = \{2, 3\} = \{x|x^2 - 5x + 6 = 0\}$.
b) *Ist S die Menge aller Studenten einer Universität, dann kann die
Menge der Studenten im Fach Betriebswirtschaftslehre an dieser Universität folgendermaßen beschrieben werden:*
$B = \{x|x$ *studiert BWL* $\land x \in S\} = \{x \in S|x$ *studiert BWL*$\}$.
c) *Für die Menge der Zahlen* $1, 2, 3, 4, 5$ *kann man schreiben:*
$\{1, 2, 3, 4, 5\}; \{x|x \in \mathbb{N} \land x < 6\}; \{x \in \mathbb{N}|x < 6\}$ *oder* $\{x \in \mathbb{N}|x \leq 5\}$.

D 4.1.9
(3.1.8)

> **Leere Menge**
> Eine Menge, die kein Element enthält, heißt **leere Menge**
> oder **Nullmenge** und wird mit $\emptyset$ oder $\{\}$ bezeichnet.

Es ist zu beachten, dass $\{\emptyset\}$ bzw. $\{\{\}\}$ **nicht** die leere Menge ist, sondern eine Menge mit einem Element, nämlich der leeren Menge. Ähnlich
ist z.B. auch zu unterscheiden zwischen dem Element a, der Menge $\{a\}$
mit dem Element a und der Menge $\{\{a\}\}$ mit dem Element $\{a\}$, also
einer Menge.

D 4.1.10

> **Mächtigkeit einer Menge**
> Die Anzahl $n(A)$ der Elemente einer Menge A heißt ihre
> **Mächtigkeit**.

B 4.1.11 *Die Menge V der Vokale des lateinischen Alphabets hat die
Mächtigkeit* $n(V) = 5$.

Je nach Anzahl der Elemente wird zwischen **endlichen** und **unendlichen** Mengen unterschieden.
Man beachte, dass Mengen Elemente anderer Mengen sein können.

B 4.1.12 *Es sei V die Menge der Vokale und K die Menge der Konsonanten des lateinischen Alphabets. Die Menge* $M = \{V, K\}$ *hat diese
beiden Mengen als Elemente.*

Aufgaben

Ü 4.1.1 *Schreiben Sie mit Hilfe der Symbolik der Mengenlehre die folgenden Mengen:*
a) *Die Menge A der ersten fünf Buchstaben des lateinischen Alphabets.*
b) *Die Menge B aller Studenten an der Universität X, die Wirtschaftswissenschaften studieren und die Übung zur Mathematik für Wirtschaftswissenschaften belegt haben. W sei die Menge aller Studenten der Universität X, die Wirtschaftswissenschaften studieren.*
c) *Die Menge C aller reellen Zahlen zwischen $+1$ und -1 ($+1$ und -1 eingeschlossen) ohne die 0.*
d) *Die Menge D aller natürlichen Zahlen kleiner als 0.*
e) *Die Menge E aller natürlichen Zahlen zwischen 8 und 24.*

Ü 4.1.2 *Gegeben seien $\emptyset, \{0\}, \{\emptyset\}, 0$. Erläutern Sie die Unterschiede.*

4.2 Beziehungen zwischen Mengen

Ähnlich wie es zwischen reellen Zahlen verschiedene Beziehungen gibt $(=, \neq, <, \leq, >, \geq)$, gibt es Beziehungen zwischen Mengen.

D 4.2.1
(3.2.1)

> **Gleichheit von Mengen**
> Zwei Mengen A und B sind einander **gleich**, d.h. $A = B$, wenn jedes Element aus A auch Element aus B ist und zugleich jedes Element aus B auch in A enthalten ist, wenn also beide Mengen die gleichen Elemente besitzen. Andernfalls sind sie **ungleich**. Man schreibt dann: $A \neq B$.

D 4.2.2
(3.2.2)

> **Teilmenge**
> Ist jedes Element der Menge A auch in der Menge B enthalten, so ist A **Teilmenge** oder **Untermenge** von B. Man sagt auch A ist in B enthalten und schreibt:
> $A \subset B$ oder $B \supset A$
> (lesen Sie: A ist Teilmenge bzw. Untermenge von B oder: A ist in B enthalten). Ist dabei $A \neq B$, so heißt A auch **echte Teilmenge** bzw. **Untermenge** von B.
> Ist $A = B$, so ist A **unechte Teilmenge** bzw. **Untermenge** von B.
> Ist A Teilmenge von B, so heißt B auch **Obermenge** von A.
> Ist A **nicht** Teilmenge von B, so schreibt man $A \not\subset B$.

B 4.2.3 **a)** *Ist A die Menge der Buchstaben des lateinischen Alphabets und V die Menge der Vokale, dann gilt $V \subset A$.*
b) *Die Menge $C = \{3, 4, 8, 10\}$ ist Teilmenge der natürlichen Zahlen: $C \subset \mathbb{N}$.*
c) *Die Menge $D = \{-2, 1, 2, 3\}$ ist nicht in $\mathbb{N}$ enthalten, da -2 keine natürliche Zahl ist: $D \nsubseteq \mathbb{N}$.*
d) *Für die im Abschnitt 2.1 über die verschiedenen Zahlenbegriffe angegebenen Mengen $\mathbb{N}, \mathbb{Z}, \mathbb{Q}, \mathbb{R}$ gilt: $\mathbb{N} \subset \mathbb{Z} \subset \mathbb{Q} \subset \mathbb{R}$.*

Oft ist es in der Literatur üblich, bei der Bezeichnung $A \subset B$ die Gleichheit der Mengen A und B auszuschließen. Soll die Möglichkeit $A = B$ nicht ausgeschlossen sein (d.h. soll A auch unechte Teilmenge von B sein können), schreibt man $A \subseteq B$ (lesen Sie: „A enthalten in oder gleich B"). Diese Unterscheidung entspricht der Unterscheidung von $<$ und $\leq$ bei Ungleichungen für reelle Zahlen.

Im Folgenden sollen hier aber nur die Zeichen $\subset$ und $\supset$ verwendet werden, die dann auch die mögliche Gleichheit einschließen. Es folgt damit unmittelbar: $A \subset B \land B \subset A \Longleftrightarrow A = B$.

R 4.2.4
(3.2.5)
> a) Jede Menge A ist Teilmenge von sich selbst: $A \subset A$.
> b) Für **alle** Mengen A gilt: $\emptyset \subset A$, d.h. die leere Menge ist als Teilmenge in jeder Menge enthalten.

Manchmal interessiert man sich für alle möglichen Teilmengen einer Menge.

D 4.2.5
(3.2.6)
> **Potenzmenge**
> Die Menge aller Teilmengen einer Menge A heißt Potenzmenge von A und wird mit $\wp(A)$ bezeichnet:
> $\wp(A) = \{x | x \subset A\}$.

Nach R 4.2.4 gehören auch A und $\emptyset$ zu den Elementen von $\wp(A)$.

B 4.2.6 **a)** *Für die Menge $A = \{1, 2\}$ ergibt sich als Potenzmenge*
$\wp(A) = \{\emptyset, \{1\}, \{2\}, \{1, 2\}\}.$
b) *Die Potenzmenge der Menge $B = \{a, b, c\}$ lautet*
$\wp(B) = \{\emptyset, \{a\}, \{b\}, \{c\}, \{a, b\}, \{a, c\}, \{b, c\}, \{a, b, c\}\}.$

R 4.2.7
> Gegeben sei eine Menge A mit $n(A)$ Elementen. Die Potenzmenge enthält $2^{n(A)}$ Elemente.

Bei manchen Anwendungen werden Mengen in Teilmengen gleichartiger oder ähnlicher Elemente zerlegt.

D 4.2.8

> **Klasseneinteilung oder Zerlegung einer Menge**
> Eine Menge A^* von nichtleeren Teilmengen einer Menge
> A heißt Klasseneinteilung oder Zerlegung von A, wenn A^*
> folgende Bedingung erfüllt:
> Jedes $a \in A$ liegt in genau einer der Teilmengen, d.h. genau
> einem Element von A^*.
> Die Elemente von A^* heißen **Klassen**.

B 4.2.9 *Die Menge $A^* = \{V, K\}$ mit den Elementen $V = \{x | x$ ist ein Vokal des lateinischen Alphabets\} und $K = \{x | x$ ist Konsonant des lateinischen Alphabets\} ist eine Zerlegung der Menge $A = \{x | x$ ist ein Buchstabe des lateinischen Alphabets\}.*

Aufgaben

Ü 4.2.1 *Definieren Sie die Gleichheit zweier Mengen A und B unter Verwendung von Teilmengenbeziehungen.*

Ü 4.2.2 *Gegeben sei die Menge $A = \{3, \{5, 6\}, \emptyset\}$.*
Welche der folgenden Aussagen sind wahr und welche falsch?
a) $6 \in A$;   **b)** $\{5, 6\} \subset A$;   **c)** $\{3\} \in A$;   **d)** $\{3\} \subset A$;
e) $3 \in A$;   **f)** $3 \subset A$;   **g)** $\emptyset \subset A$;   **h)** $\{\emptyset\} \subset A$;
i) $\emptyset \in A$;   **j)** $\{\emptyset\} \in A$.

Ü 4.2.3 *Gegeben sei die Menge $A = \{x | x \in \mathbb{R} \wedge 1 < x < 10\}$. Welche der folgenden Mengen sind in der Menge A als Teilmenge enthalten?*
a) $B = \{x | x \in \mathbb{R} \wedge 1 < x \leq 10\}$;
b) $C = \{x | x \in \mathbb{R} \wedge x^3 = 8\}$;
c) $D = \{x | x \in \mathbb{R} \wedge x^2 = 4\}$;
d) $E = \{x | x \in \mathbb{R} \wedge x^2 - 7x + 12 = 0\}$.

Ü 4.2.4 *Bestimmen Sie die Potenzmenge der Mengen $A = \{1, 2\}$, $B = \{x, y, z\}$ und $C = \{a, b, c, d\}$.*

Ü 4.2.5 *Welche der Aussagen über die Potenzmenge $\wp(A)$ einer Menge A sind wahr?* **a)** $A \in \wp(A)$; **b)** $A \subset \wp(A)$; **c)** $\emptyset \in \wp(A)$; **d)** $\emptyset \subset \wp(A)$; **e)** $\{A\} \in \wp(A)$; **f)** $\{A\} \subset \wp(A)$; **g)** $\{\emptyset\} \in \wp(A)$; **h)** $\{\emptyset\} \subset \wp(A)$.

Ü 4.2.6 *Welche der folgenden Teilmengensysteme sind Klasseneinteilungen der Menge $A = \{a, b, \xi, \{2, \xi\}\}$?*
a) $\{\{a\}, \{b\}, \{\xi\}, \{2, \xi\}\}$;   **b)** $\{\{a, b, \xi\}, \{\{2, \xi\}\}\}$;
c) $\{\{a, b\}, \{\xi, \{2, \xi\}\}\}$;   **d)** $\{\{a\}, \{b\}, \{\xi\}, \{\{2, \xi\}\}\}$;
e) $\{\{a, b\}, \{\{2, \xi\}\}\}$.

Ü 4.2.7 *Gegeben sei die Menge $M = \{\emptyset, a, \{1, 3\}, 5, \{5\}\}$. Welche der folgenden Teilmengensysteme sind Zerlegungen von M?*
a) $\{\{a\}, \{1, 3\}, \{\emptyset\}, \{5\}\}$;   **b)** $\{\{a\}, \{1, 3\}, \emptyset, \{5, \{5\}\}\}$;
c) $\{\{a, \{1, 3\}\}, \{\emptyset\}, \{5, \{5\}\}\}$;   **d)** $\{\{a\}, \{\{1, 3\}\}, \{\emptyset\}, \{5\}, \{\{5\}\}\}$;
e) $\{\{5, a, \{1, 3\}\}, \emptyset\}$.

Ü 4.2.8 *Gegeben seien die Mengen*
$A = \{a,b\}$, $B = \{a,b,c\}$, $C = \{1,2,3,4\}$. Bestimmen Sie für diese
Mengen alle möglichen Zerlegungen.

4.3 Mengenoperationen

Für die Verknüpfung von Mengen sind verschiedene Operationen definiert.

B 4.3.1 *Es seien $A = \{a,e,i\}$ und $B = \{e,i,o,u\}$ zwei Mengen. Die*
Elemente e und i (und nur diese) gehören sowohl zur Menge A als auch
zur Menge B. Die Menge $\{e,i\}$ dieser Elemente, die zu beiden Mengen
gehören, bezeichnet man als den Durchschnitt der Mengen A und B
und schreibt dafür $A \cap B$.

D 4.3.2 (3.3.1)	**Durchschnitt von Mengen** Als **Durchschnitt** oder **Schnittmenge** der Mengen A und B wird die Menge aller Elemente bezeichnet, die sowohl in A als auch in B enthalten sind: $A \cap B := \{x \mid (x \in A) \wedge (x \in B)\}.$

($A \cap B$ lesen Sie: „A geschnitten B", „A durchschnitten B" oder
„Durchschnitt von A und B".)

B 4.3.3 **a)** *Für $C = \{1,2,3,4,5,6\}$ und $D = \{2,4,6,8,10\}$ gilt*
$C \cap D = \{2,4,6\}$.
b) *Für $E = \{a,b,c\}$ und $F = \{e\}$ ergibt sich als Durchschnitt die leere*
Menge: $E \cap F = \emptyset$.

D 4.3.4 (3.3.4)	**Disjunkte Mengen** Ist der Durchschnitt zweier Mengen A und B leer, d.h. gilt $A \cap B = \emptyset$, so heißen A und B **punktfremd, elementefremd** oder **disjunkt**.

Häufig ist der gemeinsame Durchschnitt mehrerer Mengen $A_1, A_2, A_3,$
$\dots, A_n$ zu bestimmen, also $A_1 \cap A_2 \cap A_3 \cap \dots \cap A_n$. Man schreibt dafür

$\bigcap\limits_{i=1}^{n} A_i$ und liest: „Durchschnitt aller A_i für i von 1 bis n". Die Menge

$\bigcap\limits_{i=1}^{n} A_i$ enthält sämtliche Elemente, die in A_1 und A_2 und A_3 und $\dots$

und A_n, d.h. in allen A_i $(i = 1, \dots, n)$ enthalten sind. Es gilt also:

$$\bigcap_{i=1}^{n} A_i := \{x \mid x \in A_1 \wedge x \in A_2 \wedge \ldots \wedge x \in A_n\}.$$

Mit $N = \{1, 2, \ldots, n\}$ kann man auch schreiben $\bigcap_{i \in N} A_i$. N wird als **Indexmenge** bezeichnet.

Operationen auf Mengen lassen sich leicht grafisch veranschaulichen. Man benutzt dazu so genannte **VENNsche Diagramme, in denen Mengen grafisch durch Flächen in der Ebene dargestellt werden.** Für eine Menge Ω mit den Teilmengen A und B ergeben sich dann für den Durchschnitt bzw. für disjunkte Mengen grafische Veranschaulichungen wie in Figur 4.3.5.

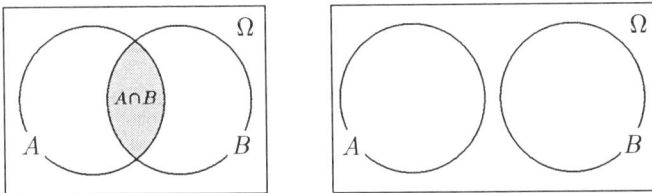

F 4.3.5 Durchschnitt von Mengen und disjunkte Mengen

Die Form der Flächen zur Veranschaulichung von Mengen in VENNschen-Diagrammen muss nicht immer so regelmäßig sein, wie in Figur 4.3.5.

B 4.3.6 *Es seien wieder die Mengen $A = \{a, e, i\}$ und $B = \{e, i, o, u\}$ gegeben. Die Menge $\{a, e, i, o, u\}$ enthält alle Elemente, die in wenigstens einer der beiden Mengen A oder B liegen. Man nennt sie die Vereinigung von A und B und schreibt $A \cup B$.*

D 4.3.7
(3.3.6)

> **Vereinigung von Mengen**
> Als **Vereinigung** oder **Vereinigungsmenge** der Mengen A und B wird die Menge aller Elemente bezeichnet, die in A oder B oder in beiden Mengen enthalten sind:
> $A \cup B := \{x \mid (x \in A) \vee (x \in B)\}.$

($A \cup B$ lesen Sie: „A vereinigt B" oder „Vereinigung von A und B".)

B 4.3.8 a) *Für $C = \{1, 2, 3\}$ und $D = \{2, 3, 4\}$ erhält man $C \cup D = \{1, 2, 3, 4\}$.*
b) *Für $E = \{a, b, c\}$ und $F = \{c, e, f\}$ ergibt sich $E \cup F = \{a, b, c, e, f\}$.*

Für die gemeinsame Vereinigung mehrerer Mengen $A_1, A_2, A_3, \ldots, A_n$, also für $A_1 \cup A_2 \cup A_3 \cup \ldots \cup A_n$ schreibt man $\bigcup_{i=1}^{n} A_i$ (lesen Sie: „Vereinigung aller A_i für i von 1 bis n"). Mitunter schreibt man auch $\bigcup_{i \in N} A_i$

$(N = \{1, \ldots, n\})$. In der Menge $\bigcup\limits_{i=1}^{n} A_i$ sind also alle Elemente enthalten, die entweder in A_1 oder in A_2 oder ... oder in A_n, d.h. wenigstens in einer der Mengen A_i $(i = 1, \ldots, n)$, enthalten sind. Es gilt also:

$$\bigcup\limits_{i=1}^{n} A_i = \{x | x \in A_1 \vee x \in A_2 \vee \ldots \vee x \in A_n\}.$$

B 4.3.9 *Es werden wieder die Mengen $A = \{a, e, i\}$ und $B = \{e, i, o, u\}$ betrachtet. Die Menge $\{a\}$ besteht aus allen Elementen von A, die nicht in B enthalten sind. Diese Menge wird als Differenz der Mengen A und B bezeichnet. Man schreibt dafür $A \setminus B$.*

D 4.3.10 | **Differenz von Mengen**
(3.3.9) | Als **Differenz** der Mengen A und B wird die Menge aller Elemente von A bezeichnet, die nicht in B enthalten sind: $A \setminus B := \{x | (x \in A) \wedge (x \notin B)\}$.

$(A \setminus B$, lesen Sie: „A minus B" oder „Differenz von A und B".)

B 4.3.11 a) $C = \{a, b, c, d, e\}$ *und* $D = \{e, f\}$. $C \setminus D = \{a, b, c, d\}$ *und* $D \setminus C = \{f\}$.
b) $A = \{1, 2, 3, 4, 5\}$ *und* $B = \{3, 4, 5\}$. $A \setminus B = \{1, 2\}$ *und* $B \setminus A = \emptyset$.

Vereinigung und Differenz von Mengen sind in Figur 4.3.12 veranschaulicht.

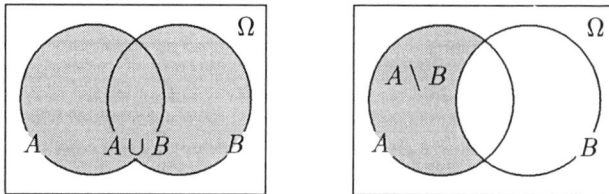

F 4.3.12 Vereinigung und Differenz von Mengen

D 4.3.13 | **Komplement einer Menge**
(3.3.13) | Es sei A eine Teilmenge von B $(A \subset B)$. Als **Komplement** oder **Komplementärmenge** $\overline{A}$ von A bezüglich B wird die Menge aller Elemente aus B bezeichnet, die nicht in A enthalten sind: $\overline{A} := B \setminus A = \{x | (x \in B) \wedge (x \notin A)\}$.

Das Komplement ist also eine spezielle Differenz. Sofern Zweifel bestehen können, auf welche Obermenge sich das Komplement bezieht, ist diese Menge anzugeben: $\overline{A}_B$. Manchmal wird für das Komplement auch $\mathcal{C}A$ oder $\mathcal{C}_B A$ geschrieben. Figur 4.3.14 zeigt eine grafische Veranschaulichung des Komplements einer Menge.

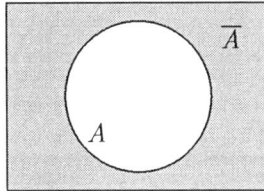

F 4.3.14 Komplement einer Menge

Aufgaben

Ü 4.3.1 *Gegeben seien die folgenden Mengen* $A = \{1, 2, 3, 4\}$;
$B = \{x \mid x \in \mathbb{N} \wedge x > 5\}$; $D = \{3, 4, 5, 6\}$.
Bestimmen Sie: **a)** $A \cap B$; **b)** $D \setminus A$; **c)** $B \cup D$; **d)** $\overline{B}_{\mathbb{N}}$;
e) $(A \cup B) \cap D$; **f)** $A \cap D$.

Ü 4.3.2 *Gegeben sind die Mengen*
$A = \{1, 10\}$; $B = \{x \in \mathbb{N} \mid 1 \le x \le 10\}$; *und* $C = \{x \in \mathbb{N} \mid 1 < x < 10\}$.
Bestimmen Sie: **a)** $A \setminus C$; **b)** $B \setminus (A \cup C)$; **c)** $B \cup C$; **d)** $B \cap C$.

Ü 4.3.3 *Gegeben seien die Mengen* $A = \{x \mid x \in \mathbb{R} \wedge 1 \le x \le 6\}$;
$B = \{x \mid x \in \mathbb{N} \wedge x < 6\}$; $C = \{x \mid x \in \mathbb{N} \wedge x \ge 2\}$;
$D = \{x \mid x \in \mathbb{R} \wedge x < 6\}$.
Bestimmen Sie die folgenden Mengen: **a)** $A \cap B$; **b)** $A \setminus D$; **c)** $A \cap C$;
d) $C \setminus A$; **e)** $B \cap C$; **f)** $B \cup C$; **g)** $A \cap \mathbb{N}$; **h)** $\overline{A}_{\mathbb{R}}$; **i)** $\overline{B}_{\mathbb{N}}$.

4.4   Mengenalgebra

Für die Operationen auf Mengen gelten verschiedene Gesetze, die im Folgenden zusammengestellt sind. Dabei gilt für alle Regeln, dass A, B und D Teilmengen der Menge Ω sind.

R 4.4.1
Identitätsgesetze
a) $A \cup \emptyset = A$;   b) $A \cap \emptyset = \emptyset$;
c) $A \cup \Omega = \Omega$;   d) $A \cap \Omega = A$.

R 4.4.2
> **Idempotenzgesetze**
> a) $A \cup A = A$;
> b) $A \cap A = A$.

R 4.4.3
> **Komplementgesetze** $\overline{A} = \mathcal{C}_{\Omega} A$
> a) $A \cup \overline{A} = \Omega$;   b) $A \cap \overline{A} = \emptyset$;
> c) $\overline{A \cup B} = \overline{A} \cap \overline{B}$;   d) $\overline{A \cap B} = \overline{A} \cup \overline{B}$;
> e) $\overline{\Omega} = \emptyset$;   f) $\overline{\emptyset} = \Omega$;
> g) $\overline{\overline{A}} = A$.

R 4.4.4
> **Kommutativgesetze**
> a) $A \cup B = B \cup A$;
> b) $A \cap B = B \cap A$.

R 4.4.5
> **Assoziativgesetze**
> a) $A \cup (B \cup D) = (A \cup B) \cup D$;
> b) $A \cap (B \cap D) = (A \cap B) \cap D$.

Aus den Assoziativgesetzen folgt, dass man bei mehrfacher Vereinigungs- bzw. Durchschnittsbildung auf Klammern verzichten kann. Davon wurde bereits im vorhergehenden Abschnitt Gebrauch gemacht.

R 4.4.6
> **Distributivgesetze**
> a) $A \cup (B \cap D) = (A \cup B) \cap (A \cup D)$;
> b) $A \cap (B \cup D) = (A \cap B) \cup (A \cap D)$.

R 4.4.7
> **Inklusionsgesetze**
> a) $A \subset (A \cup B)$;
> b) $A \supset (A \cap B)$.
> Die folgenden Aussagen sind äquivalent, d.h. jede Aussage folgt aus jeder der drei anderen:
> $A \subset B, A \cup B = B, A \cap B = A, \overline{B} \subset \overline{A}$.

In R 4.4.1 bis R 4.4.7 kommen nur die Operationen „Vereinigung" ($\cup$) und „Durchschnitt" ($\cap$) vor. Ähnliche Gesetze existieren auch bei Hinzunahme der Operation „Differenz" ($\backslash$), wie aus der folgenden Zusammenstellung hervorgeht.

R 4.4.8

a) $A\backslash B = A \cap \overline{B}$; b) $\Omega\backslash\overline{A} = A$; c) $A\backslash\Omega = \emptyset$;

d) $A\backslash\emptyset = A$; e) $\emptyset\backslash A = \emptyset$; f) $A\backslash A = \emptyset$;

g) $(A\backslash B)\backslash D = A\backslash(B \cup D)$;

h) $A\backslash(B\backslash D) = (A\backslash B) \cup (A \cap D)$;

i) $A \cup (B\backslash D) = (A \cup B)\backslash(D\backslash A)$;

j) $A \cap (B\backslash D) = (A \cap B)\backslash(A \cap D)$.

Aufgaben

Ü 4.4.1 *Zeigen Sie anhand eines* VENN*schen Diagramms, dass folgende Beziehung gilt:* $A \cap (B \cup C) = (A \cap B) \cup (A \cap C)$.

Ü 4.4.2 *Gegeben ist folgendes* VENN*sche Diagramm zur Beschreibung der Mengen* A, B, D. *Die einzelnen Flächenstücke sind nummeriert. Geben Sie an, welche Flächenstücke zu den folgenden Mengen gehören:*

a) $A \cup D$;

b) $A\backslash(D \cup B)$;

c) $\mathcal{C}_A B$;

d) $(A \cap D) \cup (B \cap D)$;

e) $(A \cup B)\backslash D$.

Welche Mengen entsprechen den folgenden Flächenstücken?

f) 7; g) 6; h) 8.

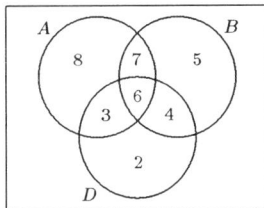

Ü 4.4.3 *Gegeben sei das folgende* VENN*sche Diagramm. Kennzeichnen Sie jedes der acht Flächenstücke des Diagramms als mengentheoretischen Ausdruck von* A, B, D, Ω.

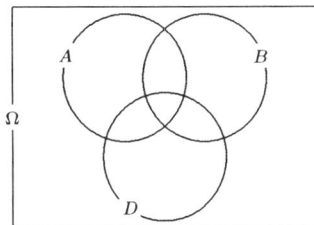

Ü 4.4.4 *Eine Unternehmung hat drei Maschinen* A, B *und* C, *auf denen die von der Unternehmung produzierten 8 Produkte* $a_1, \ldots, a_8$ *bearbeitet werden. Die Menge der auf Maschine* A *bearbeiteten Produkte ist* $A = \{a_1, a_2, a_3, a_4, a_5\}$. *Für* B *und* C *sind die Mengen der auf diesen Maschinen zu bearbeitenden Produkte* $B = \{a_1, a_3, a_4, a_6, a_7\}$ *und* $C = \{a_1, a_4, a_6, a_7, a_8\}$. *Im Folgenden sind aus Produkten der Unternehmung gebildete Mengen angegeben, die durch Aufzählung ihrer Elemente und unter Zuhil-*

fenahme der vorgegebenen Mengen A, B, C und mengentheoretischen Verknüpfungszeichen $(\cup, \cap, \backslash)$ zu beschreiben sind. Es handelt sich um die Mengen aller Produkte, die

a) *auf allen drei Maschinen bearbeitet werden müssen,*

b) *nur auf der Maschine A bearbeitet werden,*

c) *nur auf der Maschine B bearbeitet werden,*

d) *nur auf der Maschine C bearbeitet werden,*

e) *auf der Maschine A oder auf der Maschine C bearbeitet werden,*

f) *auf der Maschine B oder auf der Maschine C bearbeitet werden.*

Ü 4.4.5 *Vereinfachen Sie $\overline{(\overline{A} \cap \overline{B})} \cap (\overline{A} \cap \overline{B})$.*

4.5 Produkte von Mengen

Mengen sind nicht geordnete Zusammenfassungen der Elemente, d.h. die Reihenfolge ist beliebig.

B 4.5.1   *Es ist $\{a, b\} = \{b, a\}$ oder $\{a, b, c\} = \{a, c, b\} = \{b, a, c\} = \{b, c, a\} = \{c, a, b\} = \{c, b, a\}$.*

Geordnete Zusammenfassungen von Elementen, bei denen also die Reihenfolge eine Rolle spielt, führen zum Begriff des n-Tupels.

D 4.5.2

> **n-Tupel**
> Es sei n eine natürliche Zahl und $a_1, \ldots, a_n$ seien nicht notwendig verschiedene Elemente gewisser Mengen. $(a_1, \ldots, a_n)$ heißt ein aus diesen Elementen gebildetes **n-Tupel** und a_i $(i = 1, \ldots, n)$ seine **i-te Koordinate.**

Für $n = 2, 3, 4, 5$ spricht man auch von einem (geordneten) **Paar, Tripel, Quadrupel** bzw. **Quintupel** von Elementen.

Hinweis: Sofern als Elemente in einem n-Tupel Dezimalbrüche vorkommen, empfiehlt es sich, die Elemente jeweils durch Semikolon (;) zu trennen. Also z.B. $(1{,}3; 4{,}8)$ oder $(7{,}3; 2{,}4; 9{,}2)$.

D 4.5.3

> Zwei **n-Tupel** $(a_1, \ldots, a_n)$ und $(b_1, \ldots, b_n)$ heißen einander **gleich**, wenn sie in **allen** Koordinaten übereinstimmen: $(a_1, \ldots, a_n) = (b_1, \ldots, b_n)$ genau dann, wenn $a_i = b_i$ für $i = 1, \ldots, n$.

Ist $a \neq b$, so sind zwar die Mengen $\{a, b\}$ und $\{b, a\}$ einander gleich, nicht aber die (geordneten) Paare (a, b) und (b, a), d.h. es gilt $\{a, b\} = \{b, a\}$ aber $(a, b) \neq (b, a)$.

D 4.5.4

> **Kartesisches Produkt**
> Gegeben seien die Mengen $A_1, \ldots, A_n$. Unter dem **kartesischen Produkt** $A_1 \times A_2 \times \ldots \times A_n$ dieser Mengen versteht man die Menge **aller** n-Tupel, deren i-te Koordinate ein Element der Menge A_i $(i = 1, \ldots, n)$ ist, d.h.
> $$A_1 \times A_2 \times \ldots \times A_n := \{(x_1, \ldots, x_n) | x_i \in A_i \text{ für } i = 1, \ldots, n\}.$$

($A_1 \times A_2$ wird gelesen als: „A_1 kreuz A_2", seltener auch „A_1 mal A_2").
Statt vom kartesischen Produkt spricht man auch von der **Produktmenge**, der **Kreuzmenge** oder dem **Kreuzprodukt**.
Anstelle von $A_1 \times A_2 \times \ldots \times A_n$ schreibt man manchmal auch $\displaystyle\mathop{\times}_{i=1}^{n} A_i$.

B 4.5.5 *Ist $A = \{1, 2\}$ und $B = \{a, b\}$, so ergibt sich:*
$A \times B = \{(1, a), (2, a), (1, b), (2, b)\}$ *und*
$B \times A = \{(a, 1), (b, 1), (a, 2), (b, 2)\}$.

Aus dem Beispiel ergibt sich:

R 4.5.6

> Für das kartesische Produkt von Mengen gilt das **Kommutativgesetz nicht**, d.h. allgemein gilt $A \times B \neq B \times A$.

B 4.5.7 *Produktmengen kommen sehr häufig in der Wahrscheinlichkeitstheorie vor, und zwar immer dann, wenn man ein Zufallsexperiment wiederholt. Wirft man beispielsweise 8-mal mit einem Würfel und interessiert sich für die bei den 8 Würfen jeweils erzielte Augenzahl, so ist $A_i = \{1, 2, 3, 4, 5, 6\}$ $(i = 1, \ldots, 8)$ die Menge der möglichen Ausgänge des i-ten Wurfs. Als Menge der möglichen Ausgänge aller 8 Würfe erhält man $A_1 \times \ldots \times A_8 = \{(x_1, \ldots, x_8) | x_i \in A_i \text{ für } i = 1, \ldots, 8\}$.*

B 4.5.8 *Die Menge aller Punkte der Ebene verkörpert alle Paare reeller Zahlen. Es gilt also für die Ebene $\mathbb{R} \times \mathbb{R} = \{(x, y) | x \in \mathbb{R} \wedge y \in \mathbb{R}\}$.*
Statt $\mathbb{R} \times \mathbb{R}$ schreibt man meistens $\mathbb{R}^2$ und liest „$\mathbb{R}$ zwei".
Die Menge aller Punkte im Raum kann über das dreifache kartesische Produkt der reellen Zahlen mit sich selbst dargestellt werden:
$\mathbb{R} \times \mathbb{R} \times \mathbb{R} = \{(x, y, z) | x \in \mathbb{R} \wedge y \in \mathbb{R} \wedge z \in \mathbb{R}\}$. Meist wird $\mathbb{R}^3$ anstelle von $\mathbb{R} \times \mathbb{R} \times \mathbb{R}$ geschrieben (wird gelesen als: „$\mathbb{R}$ drei").
Allgemein ergibt sich auf diese Weise $\mathbb{R}^n$.
Bei der grafischen Darstellung von Funktionen führt diese Betrachtungsweise zu den kartesischen Koordinaten.

Aufgaben

Ü 4.5.1   *Gegeben seien die Mengen $A = \{a, b, c\}$ und $B = \{1, 2\}$. Bestimmen Sie $A \times B$ und $B \times A$.*

Ü 4.5.2   *In einem Straßenbahndepot gibt es 3 Zugwagen $\{Z_1, Z_2, Z_3\}$ und 2 Anhänger $\{A_1, A_2\}$, die miteinander zu Straßenbahnzügen verkoppelt werden können.*

a) *Zeigen Sie an nebenstehendem Diagramm durch Einzeichnen von Verbindungslinien, welche Straßenbahnzüge mit den vorhandenen Zugwagen und jeweils einem Beiwagen gebildet werden können.*

$$\begin{pmatrix} Z_1 \\ Z_2 \\ Z_3 \end{pmatrix} \qquad \begin{pmatrix} A_1 \\ A_2 \end{pmatrix}$$

b) *Geben Sie die Straßenbahnzüge in der Form von geordneten Paaren von Zug- und Beiwagen an.*

Ü 4.5.3   *Gegeben seien die Mengen $A = \{1, 2\}$, $B = \{a, b\}$ und $C = \{b, c\}$. Bestimmen Sie die folgenden Mengen:*

a) $A \times (B \cup C)$;   **b)** $(A \times B) \cup (A \times C)$;   **c)** $A \times (B \cap C)$;
d) $(A \times B) \cap (A \times C)$.

4.6   Relationen und Abbildungen

Zwischen Mengen (bzw. den Elementen einer Menge) bestehen manchmal bestimmte Beziehungen oder **Relationen**.

B 4.6.1   *Betrachtet man die Menge der erwachsenen Männer M und die Menge der erwachsenen Frauen F eines Dorfes, so kann eine Relation zwischen diesen Mengen dadurch definiert sein, dass man für jedes Paar aus Elementen der beiden Mengen feststellt, ob ein Verwandtschaftsverhältnis besteht oder nicht. Aus allen möglichen Paaren, die durch das kartesische Produkt von M und F definiert werden, gehören zur Relation alle Paare (m, f) mit $m \in M$ und $f \in F$, bei denen eine verwandtschaftliche Beziehung zwischen m und f besteht. Die Relation ist also eine Teilmenge des kartesischen Produktes $M \times F$.*

D 4.6.2

> **Relation**
> Gegeben seien zwei Mengen X und Y. Jede Teilmenge des kartesischen Produktes $X \times Y$ heißt **Relation R zwischen X und Y**. Es gilt also $R \subset X \times Y$. Man schreibt $x R y$ für $(x, y) \in R$.
> Ist $X = Y$, so spricht man von einer **Relation in X**.

Relationen werden im Allgemeinen dadurch definiert, dass die zu einer Relation gehörenden Paare eine bestimmte, die Relation charakterisierende Eigenschaft aufweisen. Im Beispiel 4.6.1 ist diese Eigenschaft das Bestehen einer verwandtschaftlichen Beziehung.

B 4.6.3 **a)** *Es sei X die Menge aller Mathematiker und Y die Menge aller Wirtschaftswissenschaftler. Die Aussage: „Der Mathematiker x ist jünger als der Wirtschaftswissenschaftler y" stellt eine Relation her. Für jedes gebildete Paar aus einem Mathematiker und einem Wirtschaftswissenschaftler kann entschieden werden, ob $(x, y) \in R$ oder $(x, y) \notin R$ gilt.*
b) *Es sei $X = Y = \mathbb{R}$. Durch die Aussage: „Die Differenz zwischen x und y ist eine ganze Zahl" wird eine Relation definiert, in der z.B. die Paare $(1, 2), (\pi, 3 + \pi), (0{,}5; 1{,}5)$ enthalten sind, dagegen die Paare $(1, \frac{1}{8}), (\pi, \sqrt{\pi})$ nicht.*

Zu den Relationen zählt man auch die **Nullrelation $R = \emptyset$**, bei der kein (x, y) die Relation erfüllt und die **Allrelation $R = X \times Y$**, bei der alle Paare (x, y) in der Relation stehen. Es sind auch Relationen zwischen mehr als zwei Mengen möglich. Relationen zwischen zwei Mengen werden deshalb auch als **zweistellige** Relationen bezeichnet.

Relationen **in** einer Menge können bestimmte Eigenschaften aufweisen. Die wichtigsten enthält die folgende Definition.

D 4.6.4

> Es sei R eine Relation in der Menge X. R heißt
> a) **reflexiv**, wenn für alle $x \in X$ gilt $(x, x) \in R$,
> b) **symmetrisch**, wenn für alle $x, y \in X$ gilt
> $(x, y) \in R \Rightarrow (y, x) \in R$,
> c) **transitiv**, wenn für alle $x, y, z \in X$ gilt
> $((x, y) \in R) \wedge ((y, z) \in R) \Rightarrow (x, z) \in R$.

B 4.6.5 **a)** *Es sei R die „Kleinerbeziehung" ($<$) zwischen natürlichen Zahlen, d.h. $x R y$ bedeutet $x < y$ für $x, y \in \mathbb{N}$. Die Relation ist transitiv, denn aus $x < y$ und $y < z$ folgt $x < z$, aber nicht reflexiv (es gilt nicht $x < x$) und nicht symmetrisch (aus $x < y$ folgt nicht $y < x$).*
b) *Die Relation R in $\mathbb{N}$ sei definiert durch $x/y \in \mathbb{N}$, d.h. $x \in \mathbb{N}$ ist durch $y \in \mathbb{N}$ so teilbar, dass der Quotient wieder eine natürliche Zahl ergibt. Die Relation ist reflexiv und transitiv, denn $x/x = 1 \in \mathbb{N}$ und aus $x/y \in \mathbb{N}$ und $y/z \in \mathbb{N}$ folgt $(x/y) \cdot (y/z) = x/z \in \mathbb{N}$. Die Relation ist aber nicht symmetrisch.*

Besitzt eine Relation in einer Menge alle in D 4.6.4 angegebenen Eigenschaften, so handelt es sich um eine **Äquivalenzrelation**, die man oft statt durch $x R y$ mit $x \sim y$ beschreibt.

D 4.6.6 | **Äquivalenzrelation**
Eine Relation R in einer Menge X heißt **Äquivalenzrelation**, wenn R reflexiv, symmetrisch und transitiv ist.

B 4.6.7 *Es sei X die Menge der natürlichen Zahlen. Die folgende Aussage für alle Paare (x, y) definiert eine Äquivalenzrelation: „Beim Teilen durch 3 lassen x und y den gleichen Rest".*
Man erhält hierbei eine Einteilung der natürlichen Zahlen in so genannte Restklassen (Äquivalenzklassen) bezüglich der Zahl 3, nämlich:
$\{1, 4, 7, 10 \ldots\}, \{2, 5, 8, 11, \ldots\}$ *und* $\{3, 6, 9, 12, \ldots\}$. *Die Zahlen einer Klasse sind paarweise äquivalent, d.h. sie erfüllen die Äquivalenzrelation.*

B 4.6.8 **a)** *Die „Gleichheit" ist eine Äquivalenzrelation.*
b) *Die Aussage „Die beiden Personen x und y haben die gleiche Staatsangehörigkeit" ist eine Äquivalenzrelation, denn sie erfüllt die in D 4.6.6 angegebenen Eigenschaften in der Menge aller Menschen, die nur eine einzige Staatsangehörigkeit haben.*

An Beispiel 4.6.7 sieht man, dass einem Element x sehr viele Elemente y durch eine Relation R zugeordnet werden können. Hier wären in der ersten Äquivalenzklasse z.B. die Paare $(1, 4)$; $(1, 7)$; $(1, 10)$; $(1, 13)$; $(10, 16)$ usw. möglich.
Von besonderem Interesse sind Relationen R zwischen X und Y, bei denen jedem Element aus X höchstens ein Element aus Y zugeordnet wird.

D 4.6.9 | **Abbildung**
Eine Relation R zwischen zwei Mengen X und Y, die nicht notwendig verschieden sein müssen, heißt eindeutig oder auch **Abbildung aus X nach Y**, wenn jedem $x \in X$ höchstens ein $y \in Y$ durch die Relation R zugeordnet wird, d.h.: Aus $(x, y_1) \in R$ und $(x, y_2) \in R$ folgt stets $y_1 = y_2$.

Um den besonderen Charakter der Abbildung hervorzuheben, schreibt man statt $(x, y) \in R$ nun $(x, y) \in f$ oder $y = f(x)$ oder $f: X \to Y$.

B 4.6.10 *Es sei X die Menge aller Studenten und Y die Menge der natürlichen Zahlen versehen mit der Maßeinheit „Liter". Jedem Studenten kann nun sein jährlicher Bierkonsum zugeordnet werden (auf volle Liter gerundet). Diese Relation ist sicher eindeutig, also eine Abbildung. Diese Abbildung besitzt bestimmte Eigenschaften. Jedoch kann man z.B. aus der Kenntnis des Bierverbrauchs nicht auf die zu-*

gehörige Person schließen, da bestimmt viele Studenten gleiche Mengen konsumieren. Es wird auch nicht die gesamte Menge der Studenten abgebildet, da einige gar kein Bier trinken. Außerdem wird nur auf eine Teilmenge der natürlichen Zahlen einschließlich der Null abgebildet, da sehr hohe Verbrauchsmengen (wie z.B. $10000\,\ell$) nicht erreicht werden.

Um die in dem Beispiel angesprochenen Unterscheidungen klarer und knapper beschreiben zu können, werden die folgenden Begriffe unterschieden:

D 4.6.11

Bild und Urbild
In der Abbildung $(x, y) \in f$ bzw. $y = f(x)$ bezeichnet man das Element y als **Bild**, Bildelement oder Bildpunkt **von x bezüglich f** und das Element x als **Urbild**, Urbildelement oder Urbildpunkt **von y bezüglich f**.

D 4.6.12

Definitionsbereich und Wertebereich
Gegeben sei eine Abbildung $y = f(x)$ bzw. $f\colon X \to Y$.
Die Menge aller $x \in X$, denen überhaupt ein Bild zugeordnet wird, bezeichnet man als **Definitionsbereich oder Definitionsmenge $D(f)$** der Abbildung.
Die Menge aller $y \in Y$, die mindestens ein Urbild haben, bezeichnet man als **Wertebereich oder Wertemenge $W(f)$** der Abbildung.

Der Definitionsbereich ist also die Menge der Urbilder und der Wertebereich die Menge der Bilder einer Abbildung. Ist $M = D(f)$ der Definitionsbereich der Abbildung f, so schreibt man für den Wertebereich manchmal auch $f(M)$.

In den nächsten Definitionen werden Abbildungen nach bestimmten charakteristischen Eigenschaften unterschieden. Es handelt sich immer um **Spezialisierungen** der in D 4.6.9 eingeführten allgemeinen Definition der **Abbildung f aus X nach Y**.

D 4.6.13

Abbildung „von" und Abbildung „in"
f heißt Abbildung **von X nach Y**, wenn **jedes** Element $x \in X$ Urbild eines Elements $y \in Y$ ist, d.h. $D(f) = X$.
f heißt Abbildung **von X in Y**, wenn Y Elemente enthält, die kein Urbild besitzen.

B 4.6.14 *In islamischen Ländern kann durch die Ehe, wenn die Vorschriften des Koran eingehalten werden, im Extremfalle vier Frauen ein*

*Mann zugeordnet werden. Es gibt also eine Abbildung **von** der Menge der verheirateten Frauen **in** die Menge der Männer (verheiratete und unverheiratete).*

D 4.6.15 | **Surjektive Abbildung**
Eine Abbildung $f : X \to Y$ heißt **surjektiv** oder **Abbildung auf**, wenn alle Elemente $y \in Y$ Bildelemente sind, d.h. wenn gilt $W(f) = Y$.

B 4.6.16 *Betrachtet man in B 4.6.14 nur die Menge der verheirateten Männer, so ergibt sich eine surjektive Abbildung von der Menge der verheirateten Frauen **auf** die Menge der verheirateten Männer.*

D 4.6.17 | **Injektive Abbildung**
Eine Abbildung $f : X \to Y$ heißt umkehrbar, **eineindeutig** oder **injektiv**, wenn aus $f(x_1) = f(x_2)$ folgt $x_1 = x_2$, d.h. wenn es zu jedem Bild **nur ein** Urbild gibt.

B 4.6.18 *Überträgt man B 4.6.14 auf die Bundesrepublik Deutschland, in ein Land also, in dem die Einehe die Regel ist, so erhält man eine injektive Abbildung. Die Abbildung der Menge der verheirateten Frauen in die Menge der Männer (sowohl verheiratete als auch unverheiratete) in der Bundesrepublik Deutschland ist, wenn man von Bigamie und Polygamie absieht, injektiv.*

D 4.6.19 | **Inverse Abbildung**
Gegeben sei eine injektive Abbildung $f : X \to Y$. Die Abbildung, die jedem Bild $y = f(x) \in Y$ sein Urbild $x \in X$ zuordnet, heißt **Umkehrabbildung** oder **inverse Abbildung** von f und wird mit f^{-1} bezeichnet ($f^{-1} : Y \to X$ bzw. $x = f^{-1}(y)$).

B 4.6.20 *Die injektive Abbildung der Menge der verheirateten Frauen in die Menge aller Männer, durch die jeder Frau ihr Ehemann zugeordnet wird, ist umkehrbar. Durch die Umkehrabbildung wird jedem verheirateten Mann seine Ehefrau zugeordnet.*

D 4.6.21 | **Bijektive Abbildung**
Eine Abbildung f heißt **bijektiv**, wenn f injektiv ist und wenn f und f^{-1} surjektiv sind.

B 4.6.22 *Die Abbildung der Menge der verheirateten Frauen der Bundesrepublik Deutschland auf die Menge der verheirateten Männer ist bijektiv.*

D 4.6.23 | **Zusammengesetzte Abbildung**
Gegeben seien die Abbildungen $f : X \to Y$ und $g : Y \to Z$ und es sei $W(f) = D(g)$. Durch f und g wird eindeutig eine Abbildung aus X in Z definiert, wenn jedem $x \in D(f)$ ein $h(x) = g(f(x)) \in W(g)$ zugeordnet wird.
h heißt die aus f und g **zusammengesetzte Abbildung** und wird mit $g \circ f$ bezeichnet (lesen Sie: „g Kreis f").

B 4.6.24 *Es sei f die Abbildung von der Menge M der verheirateten Männer in die Menge F der Frauen, die jedem verheirateten Mann seine Ehefrau zuordnet. g sei die Abbildung der Menge F in sich selbst, die jeder Frau die Mutter zuordnet. Die zusammengesetzte Abbildung $g \circ f$ der Menge M in die Menge F ordnet dann jedem Mann seine Schwiegermutter zu.*

Relationen und die unterschiedlichen Typen von Abbildungen können durch Pfeildiagramme dargestellt werden. Die folgende Figur 4.6.25 zeigt Beispiele. In den Pfeildiagrammen wird jeweils eine Relation zwischen den Mengen X und Y veranschaulicht und angegeben, ob es sich um eine Abbildung handelt und von welchem Typ die Abbildung ist.

a)

Keine Abbildung, denn 3 sind zwei Elemente in Y zugeordnet.

b)

Abbildung <u>aus</u> X <u>in</u> Y. b hat kein Bild, 3 und 4 haben kein Urbild.

c)

Abbildung <u>von</u> X in Y. Jedes Element von X hat genau ein Bild (<u>von</u>). 2 und 4 haben kein Urbild (<u>in</u>).

d)

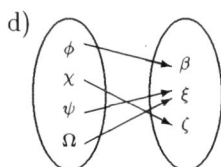

Abbildung <u>von</u> X <u>auf</u> Y. Jedes Element von X hat genau ein Bild (<u>von</u>). Jedes Bild hat mindestens ein Urbild (<u>auf</u>).

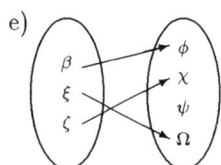

e)

Injektive Abbildung <u>von</u> X <u>in</u> Y. Jedes Urbild von X hat genau ein Bild (<u>von</u>). ψ hat kein Urbild.

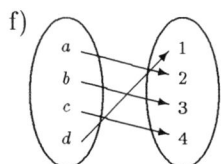

f)

Bijektive Abbildung <u>von</u> X <u>auf</u> Y. Jedes Element von X hat genau ein Bild (<u>von</u>). Jedes Element von Y hat genau ein Urbild.

F 4.6.25 Relationen und Abbildungen

Aufgaben

Ü 4.6.1 *Welche der folgenden Relationen sind Äquivalenzrelationen? Welche sind Abbildungen?*

a) *X ist die Menge aller Menschen,*
$R = \{(x,y)|x,y \in X; x \text{ und } y \text{ haben am selben Tag Geburtstag}\};$

b) *X ist die Menge der natürlichen Zahlen $\mathbb{N}$,*
$R = \{(x,y)|x,y \in X; x + y = 10\};$

c) *$X = \mathbb{Z}$,*
$R = \{(x,y)|x,y \in X; x - y \text{ ist ohne Rest durch 5 teilbar}\};$

d) *X ist die Menge aller Studierenden an einer Universität,*
$R = \{(x,y)|x,y \in X; x \text{ hat das gleich Geschlecht wie } y\};$

e) *X ist die Menge aller Kirchtürme,*
$R = \{(x,y)|x,y \in X; x \text{ ist höher als } y\};$

f) *X ist die Menge aller Menschen,*
$R = \{(x,y)|x,y \in X; x \text{ hat } y \text{ als Vater}\}.$

Ü 4.6.2 *Für die Mengen $A = \{a,b,c\}, B = \{x,y,z\}$ und $C = \{r,s,t\}$ seien Abbildungen $f: A \to B$ und $g: B \to C$ wie folgt definiert:*
$f(a) = y;\ f(b) = x;\ f(c) = y;\ g(x) = s;\ g(y) = t;\ g(z) = r.$
Stellen Sie die Abbildungen in einem Pfeildiagramm dar und bestimmen Sie die zusammengesetzte Abbildung $g \circ f: A \to C$.

Ü 4.6.3 *Geben Sie an, in welchen der folgenden Diagramme Abbildungen dargestellt sind und welchem Typ sie gegebenenfalls angehören.*

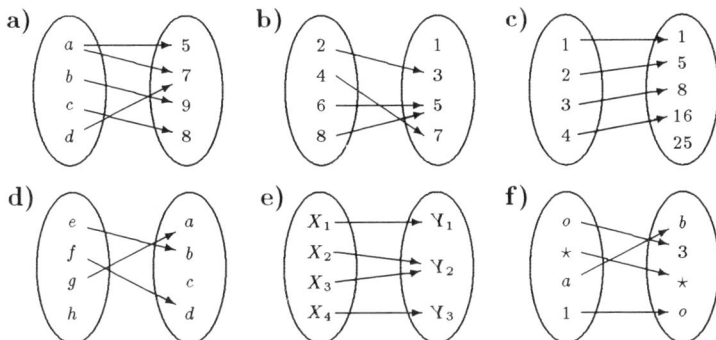

Ü 4.6.4 *Prüfen Sie, zu welchen Abbildungen in Aufgabe 4.6.3 die Bildung der inversen Abbildung definiert ist und geben Sie die inversen Abbildungen an.*

Ü 4.6.5 *Gegeben sind die Mengen $M = \{1, 2, 3, 4, 5\}$ und $N = \{a, b, c, d, e, f, g\}$ sowie die folgenden Relationen $R \subset M \times N$:*

a) $R = \{(1, a), (1, b), (2, c), (3, d), (4, e), (5, f)\}$;

b) $R = \{(1, a), (2, g), (3, a), (4, b), (5, b)\}$;

c) $R = \{(3, a), (4, g)\}$;

d) $R = \{(2, c), (2, g), (5, f)\}$;

e) $R = \{(1, b), (2, g), (3, f), (4, a), (5, c)\}$.

Welche Relationen sind Abbildungen $M \to N$?
Welche Abbildungen sind injektiv?

Ü 4.6.6 *Es wird mit zwei Würfeln gewürfelt. Gewonnen wird, wenn die Augensumme wenigstens 10 beträgt. Geben Sie alle Ergebnisse, die zu einem Gewinn führen, als Relation R in der Menge $E = \{1, 2, 3, 4, 5, 6\}$ an.*

Ü 4.6.7 *Für die Mengen $A = B = \{1, 2, 3\}$ und $C = \{2, 3\}$ seien Abbildungen $f : A \to B$ und $g : C \to A$ wie folgt definiert: $f(1) = 3; f(2) = 2; f(3) = 1; \; g(2) = 1; g(3) = 2$.*

a) *Stellen Sie die Abbildungen $f, g, f \circ g$ und $g \circ f$ wenn möglich in Pfeildiagrammen dar.*

b) *Geben Sie an, um welchen Typ von Abbildung es sich jeweils handelt.*

Ü 4.6.8 *Geben Sie zu den folgenden Zuordnungen an, ob es sich um Abbildungen handelt und welche Eigenschaften diese Abbildungen besitzen.*

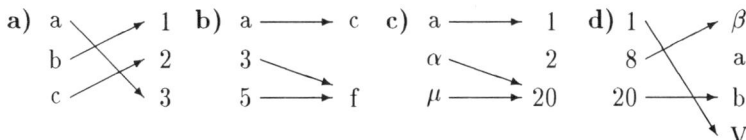

5 Kombinatorik

5.1 Vorbemerkungen

Zur Vorbereitung von Entscheidungen, bei der Planung wirtschaftlicher Aktivitäten, aber auch in zahlreichen anderen Bereichen, ist oftmals die Frage zu beantworten, wie viele verschiedene Möglichkeiten es gibt
- für die Auswahl von k Elementen aus einer Menge von n Elementen oder
- für die Reihenfolge oder Anordnung von n Elementen.

Nachfolgend sind einige typische Beispiele aufgeführt.

B 5.1.1 **a)** *Ein Vertreter soll nacheinander 8 Kunden in verschiedenen Städten besuchen. Wie viele Möglichkeiten für die Reihenfolge hat der Vertreter, um seine Kundenbesuche auszuführen?*
b) *Ein Großhändler will an einem Tag 6 von 10 Kunden beliefern. Wie viele Möglichkeiten hat er, wenn die Reihenfolge der Lieferungen (wegen der Länge der zu fahrenden Strecke) eine Rolle spielt?*
c) *Beim Zahlenlotto werden 6 aus 49 Zahlen ausgespielt (ohne Zusatzzahl). Wieviel verschiedene Möglichkeiten zum Ankreuzen der Zahlen gibt es?*
d) *Wie viele verschiedene amtliche Kennzeichen für Kraftfahrzeuge mit 2 Buchstaben und einer maximal 3-stelligen Zahl können aus den 26 Buchstaben des lateinischen Alphabets und den 10 Ziffern 0,1,2,...,9 zusammengestellt werden?*

Allen Beispielen ist gemeinsam, dass nach der Anzahl der möglichen Anordnungen oder Zusammenstellungen von Elementen einer Menge oder mehrerer Mengen gefragt ist. Die Bedingungen für die Zusammenstellungen sind jedoch unterschiedlich:

- Es werden alle Elemente einer Menge betrachtet oder nur die einer Teilmenge.
- In manchen Fällen werden Wiederholungen zugelassen, in anderen nicht, d.h. ein bestimmtes Element kann in der Zusammenstellung mehrmals vorkommen oder nur einmal.
- Manchmal spielt die Reihenfolge der Elemente in der Zusammenstellung eine Rolle, und in anderen Fällen ist die Reihenfolge der Elemente beliebig.

Die Behandlung von Aufgabenstellungen der skizzierten Art ist Gegenstand der Kombinatorik. Im folgenden Abschnitt werden zunächst einige Definitionen, Begriffe und Regeln eingeführt.

5.2 Fakultäten

Bei der Lösung von Aufgabenstellungen aus der Kombinatorik ist häufig das Produkt der ersten n natürlichen Zahlen zu bestimmen. Zur Abkürzung wird dafür $n!$ geschrieben.

D 5.2.1

> **Fakultät**
> $$n! := \prod_{i=1}^{n} i = 1 \cdot 2 \cdot 3 \cdot \ldots \cdot (n-1) \cdot n; \; n \in \mathbb{N}$$
> (lesen Sie: „n Fakultät").

„!" bzw. „Fakultät" ist hier also ein Rechenbefehl, der die Multiplikation der ersten n natürlichen Zahlen miteinander fordert.

Ergänzend zu D 5.2.1 definiert man auch $0!$, da sonst bei der rechnerischen Behandlung kombinatorischer Probleme die Verwendung von $n!$ Schwierigkeiten bereiten würde.

D 5.2.2

> $0! := 1$

Für die Fakultäten der Zahlen von 1 bis 20 ergeben sich folgende Werte:

$1! =$	1	$11! =$	39 916 800
$2! =$	2	$12! =$	479 001 600
$3! =$	6	$13! =$	6 227 020 800
$4! =$	24	$14! =$	87 178 291 200
$5! =$	120	$15! =$	1 307 674 368 000
$6! =$	720	$16! =$	20 922 789 888 000
$7! =$	5 040	$17! =$	355 687 428 096 000
$8! =$	40 320	$18! =$	6 402 373 705 728 000
$9! =$	362 880	$19! =$	121 645 100 408 832 000
$10! =$	3 628 800	$20! =$	2 432 902 008 176 640 000

Wie aus der Tabelle hervorgeht, wachsen die Fakultäten sehr schnell mit zunehmendem n. Vor allem bei großem n ist deshalb die Möglichkeit, $n!$ näherungsweise zu berechnen, wichtig.

R 5.2.3

> **STIRLINGsche Formel**
> zur näherungsweisen Berechnung von $n!$:
> $$n! \approx \sqrt{2\pi n}\left(\frac{n}{e}\right)^n.$$

Für die Zahlen von 1 bis 20 sind nachfolgend die mit der STIRLINGschen Formel berechneten Näherungswerte angegeben. Ab 5! wurde auf ganzzahlige Werte und ab 14! auf 8 von Null verschiedene Stellen gerundet.

1! ≈	0, 922	11! ≈	39 615 625
2! ≈	1, 919	12! ≈	475 687 487
3! ≈	5, 836	13! ≈	6 187 239 475
4! ≈	23, 506	14! ≈	86 661 002 000
5! ≈	118	15! ≈	1 300 430 700 000
6! ≈	710	16! ≈	20 814 114 000 000
7! ≈	4 980	17! ≈	353 948 330 000 000
8! ≈	39 902	18! ≈	6 372 804 600 000 000
9! ≈	359 537	19! ≈	121 112 790 000 000 000
10! ≈	3 598 696	20! ≈	2 422 786 800 000 000 000

Aufgaben

Ü 5.2.1   *Bestimmen Sie* a) $\frac{8!}{7!}$; b) $\frac{15!}{13!}$.

Ü 5.2.2   *Berechnen Sie* 21! *mit Hilfe der* STIRLING*schen Formel.*

5.3   Binomialkoeffizienten und Binomischer Lehrsatz

Häufig hat man es im Bereich der Kombinatorik mit Quotienten der folgenden Form zu tun:

$$\frac{n!}{(n-k)!k!} = \frac{1 \cdot 2 \cdot 3 \cdot \ldots \cdot (n-k) \cdot (n-k+1) \cdot \ldots \cdot (n-1) \cdot n}{1 \cdot 2 \cdot 3 \cdot \ldots \cdot (n-k) \cdot 1 \cdot 2 \cdot 3 \cdot \ldots \cdot (k-1) \cdot k} = \frac{n \cdot (n-1) \cdot \ldots \cdot (n-k+1)}{k!}$$

Zur verkürzten bzw. vereinfachten Schreibweise solcher Quotienten führt man ein neues Symbol ein.

D 5.3.1

> **Binominalkoeffizient**
> $\binom{n}{k} := \frac{n!}{(n-k)!k!} = \frac{n \cdot (n-1) \cdot \ldots \cdot (n-k+1)}{k!}$; $n, k \in \mathbb{N} \cup \{0\}$, $n \geq k$
> heißt Binomialkoeffizient.

$\binom{n}{k}$ wird „n über k" gelesen. Man beachte, dass bei dem letzten Bruch in D 5.3.1 sowohl im Zähler als auch im Nenner k Faktoren stehen.

Da 0! = 1 gilt (D 5.2.2), ergibt der Binomialkoeffizient für die Spezialfälle $k = 0$ und $k = n$:

R 5.3.2

> $\binom{n}{0} = \binom{n}{n} = \frac{n!}{(n-0)!0!} = 1$

Binomialkoeffizienten können auch für negative und nichtganze Zahlen definiert werden. Da diese Erweiterung der Definition hier nicht benötigt wird, wird darauf nicht weiter eingegangen.

Für das Rechnen mit Binomialkoeffizienten gibt es einige Regeln, die nachstehend ohne Beweise zusammengestellt sind.

R 5.3.3

$$\binom{n}{k} = \binom{n}{n-k}$$

R 5.3.3 bedeutet eine Art Symmetrie in den Binomialkoeffizienten: Bei gegebenem n ergibt sich für k und für $n - k$ derselbe Wert für den Binomialkoeffizienten.

Ferner gelten die folgenden Regeln:

R 5.3.4

$$\binom{n}{k} + \binom{n}{k+1} = \binom{n+1}{k+1}$$

R 5.3.5

$$\sum_{i=0}^{n-k} \binom{k+i}{k} = \binom{n+1}{k+1}$$

R 5.3.6

$$\binom{m+n}{k} = \binom{m}{k}\binom{n}{0} + \binom{m}{k-1}\binom{n}{1} + \ldots + \binom{m}{1}\binom{n}{k-1} + \binom{m}{0}\binom{n}{k}$$
$$= \sum_{i=0}^{k} \binom{m}{k-i}\binom{n}{i}$$

Eine spezielle Anwendung der Binomialkoeffizienten liegt beim Binomischen Lehrsatz. Die einfachste Form dieses Satzes ist die Binomische Formel (vgl. R 2.2.1).

R 5.3.7

$$(a + b)^2 = a^2 + 2ab + b^2$$

Es kann leicht überprüft werden, dass gilt:

R 5.3.8

$$(a + b)^3 = a^3 + 3a^2b + 3ab^2 + b^3$$

Für höhere Potenzen (allgemein: n) erhält man Summen, bei denen die Summanden Produkte mit Ausdrücken der Form $a^{n-k}b^k$ ($0 \leq k \leq n$) enthalten, die zusätzlich einen Faktor $\binom{n}{k}$ aufweisen. Allgemein ergibt sich:

R 5.3.9

> **Binomischer Lehrsatz**
> $(a+b)^n = \binom{n}{0}a^n b^0 + \binom{n}{1}a^{n-1}b^1 + \binom{n}{2}a^{n-2}b^2 + \ldots$
> $\qquad\qquad\qquad + \binom{n}{n-1}a^1 b^{n-1} + \binom{n}{n}a^0 b^n$
> $= \sum_{k=0}^{n} \binom{n}{k}a^{n-k}b^k \quad \text{für } n \in \mathbb{N}.$

Für $a = b = 1$ erhält man daraus die spezielle Regel:

R 5.3.10

> $2^n = (1+1)^n = \sum_{k=0}^{n} \binom{n}{k}1^{n-k}1^k = \sum_{k=0}^{n} \binom{n}{k}$ oder kurz
> $\sum_{k=0}^{n} \binom{n}{k} = 2^n.$

Binomialkoeffizienten findet man häufig tabelliert, und zwar meistens in Form des so genannten **PASCALschen Zahlendreiecks**.

n:	k: 0	1	2	3	4	5	6
0	1						
1	1	1					
2	1	2	1				
3	1	3	3	1			
4	1	4	6	4	1		
5	1	5	10	10	5	1	
6	1	6	15	20	15	6	1

F 5.3.11 PASCALsches Zahlendreieck

$\binom{n}{k}$ steht in diesem Zahlendreieck in der n-ten Zeile an der k-ten Stelle, wobei zu beachten ist, dass mit der 0-ten Zeile und der 0-ten Stelle begonnen wird. F 5.3.11 zeigt den Anfang eines PASCALschen Zahlendreiecks.

Aus Regel 5.3.4 ergibt sich der folgende Zusammenhang:

Jedes Element des PASCALschen Zahlendreiecks ist die Summe der beiden darüber stehenden Elemente.

Aufgaben

Ü 5.3.1 *Berechnen Sie:* **a)** $\binom{5}{3}$; **b)** $\binom{20}{18}$; **c)** $\binom{10}{4}$; **d)** $\binom{49}{6}$; **e)** $\binom{38}{7}$.

Ü 5.3.2 *Berechnen Sie:* **a)** $\binom{4}{2}+\binom{4}{3}$; **b)** $\binom{0}{0}$; **c)** $\binom{10}{4}+\binom{10}{5}$; **d)** $\binom{27}{5}+\binom{27}{21}$;
e) $\sum_{i=0}^{7} \binom{3+i}{3}$.

Ü 5.3.3 *Zeigen Sie mit Hilfe der Definition des Binomialkoeffizienten die Richtigkeit von R 5.3.3 und R 5.3.4.*

Ü 5.3.4 *Entwickeln Sie mittels des Binomischen Lehrsatzes folgende Ausdrücke:* **a)** $(x+y)^4$; **b)** $(x+y)^6$; **c)** $(x+y)^{10}$; **d)** $(3x+2y)^{4m}$.

Ü 5.3.5 *Es ist eine allgemeine Formel für folgende Summe zu entwickeln:*
$$\binom{n}{0}^2 + \binom{n}{1}^2 + \binom{n}{2}^2 + \ldots + \binom{n}{n}^2 = \sum_{k=0}^{n} \binom{n}{k}^2.$$

5.4 Polynomialkoeffizienten und Polynomialer Lehrsatz

Für Ausdrücke der Form $\frac{n!}{k_1!k_2!\ldots k_r!}$ mit $\sum_{i=1}^{r} k_i = n$, die ebenfalls in der Kombinatorik vorkommen, führt man in Analogie zum Binomialkoeffizienten ebenfalls eine verkürzte Schreibweise ein.

D 5.4.1

> **Polynomialkoeffizient**
> $\binom{n}{k_1,k_2,\ldots,k_r} := \frac{n!}{k_1!k_2!\ldots k_r!}$ mit $\sum_{i=1}^{r} k_i = n$; $k_i \in \mathbb{N} \cup \{0\}$ für
> $i = 1,\ldots,r$ heißt Polynomialkoeffizient.

$\binom{n}{k_1,k_2,\ldots,k_r}$ wird „n über k_1 bis k_r" gelesen. Polynomialkoeffizienten finden u.a. Anwendung im so genannten Polynomialsatz oder Polynomischen Lehrsatz.

R 5.4.2

> **Polynomischer Lehrsatz**
> Für m beliebige Zahlen $a_1,\ldots,a_m$ und $n \in \mathbb{N}$ gilt:
> $(a_1 + a_2 + \ldots + a_m)^n = \sum_{k_1,\ldots,k_m} \binom{n}{k_1,k_2,\ldots,k_m} a_1^{k_1} a_2^{k_2} \ldots a_m^{k_m}$
> mit $k_1, k_2, \ldots, k_m \in \mathbb{N} \cup \{0\}$ und $\sum_{i=1}^{m} k_i = n$.

In R 5.4.2 gibt die rechte Seite der Gleichung die Summe aller Ausdrücke an, die aus dem allgemeinen Summanden gebildet werden, wenn man für $k_1, k_2, \ldots, k_m$ nacheinander alle möglichen Zusammenstellungen ganzzahliger, nicht negativer Werte einsetzt, so dass die Bedingung $\sum_{i=1}^{m} k_i = n$ erfüllt ist.

B 5.4.3   *Für* $(x_1 + x_2 + x_3)^3$ *ergibt sich mit* $k_1, k_2, k_3 \in \mathbb{N} \cup \{0\}$ *und*
$k_1 + k_2 + k_3 = 3$:
$$(x_1 + x_2 + x_3)^3 = \sum_{k_1, k_2, k_3} \binom{3}{k_1, k_2, k_3} x_1^{k_1} x_2^{k_2} x_3^{k_3} = \sum_{k_1, k_2, k_3} \frac{3!}{k_1! k_2! k_3!} x_1^{k_1} x_2^{k_2} x_3^{k_3}$$
$$= \frac{3!}{3!0!0!} x_1^3 + \frac{3!}{0!3!0!} x_2^3 + \frac{3!}{0!0!3!} x_3^3 + \frac{3!}{2!1!0!} x_1^2 x_2^1 + \frac{3!}{2!0!1!} x_1^2 x_3^1$$
$$+ \frac{3!}{1!2!0!} x_1^1 x_2^2 + \frac{3!}{0!2!1!} x_2^2 x_3^1 + \frac{3!}{1!0!2!} x_1^1 x_3^2 + \frac{3!}{0!1!2!} x_2^1 x_3^2 + \frac{3!}{1!1!1!} x_1^1 x_2^1 x_3^1$$
$$= x_1^3 + x_2^3 + x_3^3 + 3x_1^2 x_2 + 3x_1^2 x_3 + 3x_1 x_2^2 + 3x_2^2 x_3 + 3x_1 x_3^2 + 3x_2 x_3^2 + 6x_1 x_2 x_3.$$

Aufgaben

Ü 5.4.1   *Zeigen Sie die Richtigkeit der folgenden Gleichung:*
$\binom{n}{n_1, n_2, n_3} = \binom{n}{n_1} \binom{n-n_1}{n_2} \binom{n-n_1-n_2}{n_3}$ *mit* $n = n_1 + n_2 + n_3$.

5.5   Permutationen

Es wird zunächst folgendes Beispiel betrachtet:

B 5.5.1   *Der Student Paul möchte gerne an einem Abend vier Feste
(abgekürzt mit A, B, C und D) besuchen. Da er nicht weiß, in welcher
Reihenfolge er zu den Festen gehen soll, versucht er zunächst festzu-
stellen, wieviel Möglichkeiten er überhaupt hat. Dazu schreibt er sich
alle möglichen Reihenfolgen auf und erhält:*

A, B, C, D	B, A, C, D	C, A, B, D	D, A, B, C
A, B, D, C	B, A, D, C	C, A, D, B	D, A, C, B
A, C, B, D	B, C, A, D	C, B, A, D	D, B, A, C
A, C, D, B	B, C, D, A	C, B, D, A	D, B, C, A
A, D, B, C	B, D, A, C	C, D, A, B	D, C, A, B
A, D, C, B	B, D, C, A	C, D, B, A	D, C, B, A

*Es gibt also insgesamt 24 verschiedene Möglichkeiten, die Feste zu be-
suchen. Diese verschiedenen Möglichkeiten entsprechen hier den verschiedenen Anordnungen der Buchstaben A, B, C und D. Jede dieser
Anordnungen ist eine Permutation der vier Buchstaben.*

Allgemein gilt:

D 5.5.2

> **Permutationen**
> Gegeben ist eine Menge mit n Elementen. Jede Anordnung
> der Elemente heißt **Permutation** dieser Elemente.
> Sind alle Elemente verschieden, handelt es sich um Permu-
> tationen **ohne Wiederholung**. Sind nicht alle Elemente
> verschieden, hat man Permutationen **mit Wiederholung**.

Verschiedene Permutationen unterscheiden sich durch eine unterschiedliche Reihenfolge der Elemente in der Anordnung (vgl. B 5.5.1). Das in B 5.5.1 behandelte Problem besteht vor allem in der Bestimmung der Anzahl der Permutationen von n verschiedenen Elementen. Die dort geübte Vorgehensweise ist sehr aufwendig und führt leicht zu Fehlern, insbesondere bei großem n. Diese Nachteile umgeht man, wenn die Anzahl der Permutationen durch folgende Überlegungen bestimmt wird.

B 5.5.3 *Es gibt vier Feste, die Paul zuerst besuchen kann. Hat er sich für ein Fest entschieden, dann bleiben für den zweiten Besuch noch drei Möglichkeiten. Jede der vier Möglichkeiten für das erste Fest kann er mit jeder der drei Möglichkeiten für das zweite Fest kombinieren. Für die ersten beiden Feste hat er also $4 \cdot 3 = 12$ Möglichkeiten. Als drittes Fest kann er eins der beiden verbleibenden Feste besuchen. Er hat also dafür 2 Möglichkeiten. Diese kann er mit den $4 \cdot 3 = 12$ Möglichkeiten für die ersten beiden Feste kombinieren. Damit ergeben sich $4 \cdot 3 \cdot 2 = 24$ Möglichkeiten. Zum Schluss hat er keine Wahlmöglichkeiten mehr, er besucht das letzte Fest. Paul hat also $4 \cdot 3 \cdot 2 \cdot 1 = 4! = 24$ verschiedene Möglichkeiten, die Feste nacheinander zu besuchen.*

Allgemein gilt Folgendes:
Es ist die Anzahl der Permutationen von n verschiedenen Elementen zu bestimmen, wobei Wiederholungen von Elementen ausgeschlossen sind. Für die Besetzung des ersten Platzes in der Anordnung hat man n Möglichkeiten. Für den zweiten Platz kann man nur noch zwischen den $n - 1$ verbleibenden Elementen wählen, für den dritten Platz unter $n-2$ übrig bleibenden usw. Für den letzten Platz der Anordnung bleibt dann gerade ein Element übrig. Alle n Möglichkeiten für die Besetzung des ersten Platzes können mit den $n-1$ Möglichkeiten für die Besetzung des zweiten Platzes kombiniert werden. Die sich für die Besetzung der ersten beiden Plätze ergebenden $n \cdot (n - 1)$ Möglichkeiten können dann mit den $n-2$ Möglichkeiten für die Besetzung des dritten Platzes kombiniert werden usw. Es gibt also $n \cdot (n-1) \cdot (n-2) \cdot \ldots \cdot 3 \cdot 2 \cdot 1 = n!$ Möglichkeiten zur Anordnung der Elemente. Somit gilt:

R 5.5.4

> **Permutationen ohne Wiederholung**
> Die Anzahl $P(n)$ der Permutationen ohne Wiederholung von n (verschiedenen) Elementen beträgt:
> $$P(n) = n \cdot (n - 1) \cdot (n - 2) \cdot \ldots \cdot 3 \cdot 2 \cdot 1 = n!$$

B 5.5.5 **a)** *In B 5.1.1a) hat der Vertreter $8! = 40320$ verschiedene Möglichkeiten, die 8 Kunden nacheinander zu besuchen.*
b) *Will der Student Paul an einem Abend 6 Feste besuchen, dann hat er $6! = 720$ Möglichkeiten für die Auswahl einer Reihenfolge.*

c) *Die Anzahl der Tischordnungen von 8 Personen an einem runden Tisch beträgt* 7! = 5040. *(An einem runden Tisch kann man einer Person einen festen Platz zuweisen und dann die Anzahl der Permutationen i der übrigen Personen bestimmen, um alle Tischordnungen zu bekommen.) Eine Familie von 8 Personen, die bei 3 Mahlzeiten am Tag zu jeder Mahlzeit eine andere Tischordnung einnimmt, würde also (wenn man ein Schaltjahr mit einbezieht) 4 Jahre und 219 Tage benötigen, um alle Tischordnungen einmal zu praktizieren.*

Bei Permutationen mit Wiederholung geht man davon aus, dass sich gleiche Elemente nicht unterscheiden und es damit auf ihre Reihenfolge in der Anordnung nicht ankommt.

B 5.5.6   *Für die Elemente A_1, A_2, B_1 und B_2 gibt es die folgenden* 24 *Permutationen:*

A_1, A_2, B_1, B_2	A_2, A_1, B_1, B_2	B_1, A_1, A_2, B_2	B_2, A_1, A_2, B_1
A_1, A_2, B_2, B_1	A_2, A_1, B_2, B_1	B_1, A_2, A_1, B_2	B_2, A_2, A_1, B_1
A_1, B_1, A_2, B_2	A_2, B_1, A_1, B_2	B_1, A_1, B_2, A_2	B_2, A_1, B_1, A_2
A_1, B_2, A_2, B_1	A_2, B_2, A_1, B_1	B_1, A_2, B_2, A_1	B_2, A_2, B_1, A_1
A_1, B_1, B_2, A_2	A_2, B_1, B_2, A_1	B_1, B_2, A_1, A_2	B_2, B_1, A_1, A_2
A_1, B_2, B_1, A_2	A_2, B_2, B_1, A_1	B_1, B_2, A_2, A_1	B_2, B_1, A_2, A_1

Setzt man $A_1 = A_2 = A$ und $B_1 = B_2 = B$, dann befinden sich in jedem Kasten 4 identische Anordnungen der Elemente. Für die Elemente A, A, B, B gibt es also 6 mögliche Anordnungen. Diese Anzahl erhält man, wenn man die Anzahl 4! = 24 der Permutationen ohne Wiederholungen durch die 2! möglichen Anordnungen der zwei As und die 2! möglichen Anordnungen der zwei Bs dividiert:

$$\frac{4!}{2!\,2!} = \frac{24}{4} = 6$$

Allgemein ergeben die übereinstimmenden Elemente jeweils eine **Klasse** von (identischen) Elementen. Können die insgesamt n Elemente in r Klassen identischer Elemente zerlegt werden und sind in der j-ten Klasse k_j Elemente enthalten (es gilt dann $\sum_{j=1}^{r} k_j = n$), so gilt allgemein Folgendes:

Für die n Elemente gibt es $n!$ Anordnungen. Für die k_j Elemente der j-ten Klasse gibt es $k_j!$ Anordnungen ($j = 1, \ldots, r$).
Von den $n!$ Anordnungen aller Elemente ist nur der $(k_1! k_2! \ldots k_r!)$-te Teil verschieden, da sich die übrigen nur in der Anordnung der identischen Elemente innerhalb der Klassen unterscheiden. Es gibt also

$$\frac{n!}{k_1! k_2! \ldots k_r!} = \binom{n}{k_1, k_2, \ldots, k_r}$$ verschiedene Anordnungen von n Elementen mit r Klassen zu k_j $(j = 1, \ldots, r)$ identischen Elementen.

R 5.5.7

> **Permutationen mit Wiederholung**
> Die Anzahl $PW(n, r)$ der Permutationen mit Wiederholung von n Elementen mit r Klassen und k_j identischen Elementen in der j-ten Klasse $(j = 1, \ldots, r)$ beträgt
>
> $$PW(n, r) = \frac{n!}{k_1! k_2! \ldots k_r!} = \binom{n}{k_1, k_2, \ldots, k_r}.$$

B 5.5.8 **a)** *Zu einem Round-Table-Gespräch sind 3 Studenten der Volkswirtschaftslehre, 3 der Betriebswirtschaftslehre, 4 Studenten der Soziologie und 5 Studenten der Rechtswissenschaften eingeladen. Wie viele Möglichkeiten gibt es, diese Studenten an einem Tisch zu plazieren, wenn es nur auf die Fachrichtungen ankommt?*
Es gibt $\binom{15}{3,3,4,5} = \frac{15!}{3!3!4!5!} = \frac{1.307.674.368.000}{6 \cdot 6 \cdot 24 \cdot 120} = 12.612.600$ *Möglichkeiten.*
b) *Der Student Paul hat für seine Hausbar 3 Flaschen Whisky, 2 Flaschen Aquavit und 3 Flaschen Weinbrand gekauft. Zum Aufstellen der Flaschen hat er*
$\binom{8}{2,3,3} = \frac{8!}{2!3!3!} = \frac{40.320}{2 \cdot 6 \cdot 6} = 560$ *Möglichkeiten.*

R 5.5.4 und R 5.5.7 beziehen sich auf die ersten beiden Grundaufgaben der Kombinatorik.

Aufgaben

Ü 5.5.1 *Zur Vorbereitung auf eine Prüfung stehen dem Studenten Paul 5 Bücher zur Verfügung, die er alle nacheinander durcharbeiten möchte. Wieviel Möglichkeiten in bezug auf die Reihenfolge der durchzuarbeitenden Bücher hat er?*

Ü 5.5.2 *Wieviel vierstellige Zahlen kann man aus den Ziffern 1, 2, 3, 4 bilden, wenn in einer Zahl jede Ziffer nur genau einmal vorkommen darf?*

Ü 5.5.3 *Berechnen Sie die Summe aller vierstelligen Zahlen, die aus den Ziffern 2, 3, 5, 8 gebildet werden können, falls jede Ziffer in jeder Darstellung nur einmal vorkommen darf.*

Ü 5.5.4 *In einem Regal einer Bibliothek sollen 5 Lehrbücher der BWL, 6 der VWL, 7 der Wirtschaftsinformatik und 2 der Statistik untergebracht werden. Wieviel Ordnungsmöglichkeiten gibt es für diese Bücher,*
a) *wenn man die Bücher einzeln betrachtet;*
b) *wenn die Bücher eines Fachgebietes in beliebiger Reihenfolge zusammenstehen und es nur auf die Reihenfolge der Fachgebiete ankommt;*
c) *wenn die Bücher nur nach Fachgebieten unterschieden werden?*

Ü 5.5.5 *In wie vielen Permutationen ohne Wiederholung der Ziffern 1
bis 9 stehen die Ziffern 1, 2, 3 nebeneinander, und zwar*
a) *in der Anordnung 312;*
b) *in beliebiger Anordnung?*

Ü 5.5.6 *Wieviel Möglichkeiten gibt es, 3 Hosen, 4 Hemden und 6 Pyjamas auf einer Wäscheleine aufzuhängen, wenn alle Hosen, alle Hemden
und alle Pyjamas jeweils gleich aussehen?*

Ü 5.5.7 *Auf wieviel Möglichkeiten kann man einen Ausschuß, bestehend
aus 4 Studenten, 3 Assistenten und 5 Professoren, so an einem runden
Tisch plazieren, dass jede Gruppe zusammensitzt?*

Ü 5.5.8 *Wieviel Permutationen ohne Wiederholung aus den 26 Buchstaben des lateinischen Alphabets beginnen mit*
a) *Manuskript;* **b)** *Statistik?*

Ü 5.5.9 *Der Professor S aus W (in der Nähe von BS) hat zwei Kin-
der (Melanie und Stephan) und vier Haustiere (den Dackel Butzi, das
Pferd Rosine, die Ziege Luise und den Ziegenbock Paul). Wenn er
abends nach Hause kommt, möchte jeder zuerst begrüßt werden. Er
beschließt deshalb, jeden Abend eine andere Begrüßungsreihenfolge zu
praktizieren.*
a) *Wie lange braucht er für alle Reihenfolgen?*
b) *Wie lange braucht er, wenn er auch seine Frau Margot (die über
die Nichtberücksichtigung bei der ersten Aufgabenstellung sehr verärgert
war) einbezieht?*

5.6 Kombinationen

Im vorhergehenden Abschnitt wurde die Anzahl der Anordnungen bzw.
Reihenfolgen für n Elemente betrachtet. Bei den meisten Aufgabenstellungen der Kombinatorik wird nach der Anzahl der Möglichkeiten
gefragt, aus n Elementen k Elemente ($k \leq n$) auszuwählen (vgl. dazu
z.B. B 5.1.1b) bis d)). Damit beschäftigen sich dieser und die beiden
folgenden Abschnitte.

D 5.6.1
> **Kombinationen**
> Jede Zusammenstellung von k Elementen aus n Elemen-
> ten heißt **Kombination k-ter Klasse oder k-ter Ord-
> nung**.

B 5.6.2 *Werden Zusammenstellungen von 3 Buchstaben des lateinischen
Alphabets betrachtet, dann unterscheiden sich abf, afb, baf, bfa, fab
und fba nur durch die Reihenfolge der Elemente.*

D 5.6.3 | Kombinationen, die auch nach der Reihenfolge der Elemente unterschieden werden, heißen **Kombinationen mit Berücksichtigung der Anordnung** oder **Variationen**. Spielt die Reihenfolge keine Rolle, hat man **Kombinationen ohne Berücksichtigung der Anordnung**.

Bei Kombinationen mit Berücksichtigung der Anordnung und bei Kombinationen ohne Berücksichtigung der Anordnung ist jeweils zwischen zwei Fällen zu unterscheiden. Es kann verlangt werden, dass alle Elemente einer Kombination voneinander verschieden sind. Ein Element darf in einer Kombination nicht mehrmals vorkommen, d.h. Wiederholungen sind nicht zugelassen. Es kann aber auch erlaubt werden, dass Elemente mehrmals vorkommen, d.h. es sind Wiederholungen möglich.

B 5.6.4 *Die Zusammenstellungen a, a, b, c; b, b, b, a oder c, a, c, a sind Kombinationen 4. Ordnung mit Wiederholung.*

D 5.6.5 | Dürfen in einer Kombination Elemente mehrfach vorkommen, handelt es sich um eine **Kombination mit Wiederholung**, andernfalls um eine **Kombination ohne Wiederholung**.

Die folgende Tabelle zeigt eine Übersicht über die verschiedenen Kombinationen k-ter Ordnung aus n Elementen und die für die Anzahl der jeweiligen Möglichkeiten unterschiedlicher Kombinationen verwendeten Symbole.

		Kombinationen	
		mit Berücksichtigung der Anordnung	ohne Berücksichtigung der Anordnung
Kom-bina-tionen	mit Wieder-holung	$KAW(n, k)$	$KW(n, k)$
	ohne Wieder-holung	$KA(n, k)$	$K(n, k)$

Aufgaben

Ü **5.6.1** *Geben Sie zu den Beispielen 5.1.1b) bis d) den Typ der jeweiligen Kombination an.*

Ü **5.6.2** *Um welche Typen von Kombinationen handelt es sich in den folgenden Fällen?*
a) *Aus den Studenten von 9 Fachbereichen soll eine Delegation von 5*

Studenten gebildet werden. Dazu werden die Studenten nur nach der Fachbereichszugehörigkeit unterschieden.

b) *Eine Lochkarte hat* 84 *Spalten zu je* 12 *Lochstellen. Wieviel Möglichkeiten der Lochung gibt es, wenn in jeder Spalte genau ein Loch sein soll?*

c) *Aus* 5 *mit* 1 *bis* 5 *nummerierten Kugeln werden gleichzeitig* 3 *gezogen.*

5.7 Kombinationen mit Berücksichtigung der Anordnung

Für die Bestimmung der Anzahl der Kombinationen mit Berücksichtigung der Anordnung und ohne Wiederholungen wird zunächst das folgende Beispiel betrachtet.

B 5.7.1 *Der Student Paul entdeckt auf dem von ihm besuchten Semesterball der Universität fünf seiner Freundinnen. Er entschließt sich, drei davon nacheinander nach Hause zu bringen (Kombination 3. Ordnung), wobei die verschiedenen Reihenfolgen jeweils auch unterschiedliche Perspektiven eröffnen (mit Berücksichtigung der Anordnung) und er natürlich keine Freundin mehrmals nach Hause bringen kann (ohne Wiederholung). Die Anzahl seiner Möglichkeiten ergibt sich aus folgenden Überlegungen: Für den ersten „Heimweg" kann er zwischen* 5 *Freundinnen wählen. Für den zweiten Gang hat er dann noch* 4 *Möglichkeiten und zum Schluss hat er die Auswahl zwischen* 3 *Freundinnen. Das ergibt* $5 \cdot 4 \cdot 3 = 60$ *Möglichkeiten.*

In Anlehnung an die Ausführungen zu den Permutationen ohne Wiederholung (vgl. dazu B 5.5.3 und den nachfolgenden Text) können die Überlegungen des Beispiels wie folgt verallgemeinert werden:

Aus n verschiedenen Elementen sind k auszuwählen. Für das erste Element gibt es n Möglichkeiten. Für das zweite Element verbleiben dann noch $n - 1$ Möglichkeiten. Jede davon kann mit den n Möglichkeiten für das erste Element kombiniert werden, so dass für die Auswahl der ersten beiden Elemente $n(n - 1)$ Möglichkeiten bestehen.

Für das dritte Element gibt es noch $n - 2$ Möglichkeiten, die sämtlich mit den $n(n - 1)$ Möglichkeiten für die Auswahl der ersten beiden Elemente kombiniert werden können. Für die Auswahl der ersten drei Elemente gibt es somit $n(n - 1)(n - 2)$ Möglichkeiten.

Für das k-te Element verbleiben dann schließlich noch $n - k + 1$ Möglichkeiten der Auswahl und es gibt $n(n-1)(n-2)\ldots(n-k+2)(n-k+1)$ Möglichkeiten, k Elemente aus n Elementen ohne Wiederholung und mit Berücksichtigung der Anordnung auszuwählen.

R. 5.7.2 | Die Anzahl der **Kombinationen k-ter Ordnung mit Berücksichtigung der Anordnung und ohne Wiederholung** beträgt:
$$KA(n,k) = n(n-1)(n-2)\ldots(n-k+1) = \frac{n!}{(n-k)!} = \binom{n}{k}k!$$

B 5.7.3 a) *Bei* B 5.1.1b) *handelt es sich um Kombinationen mit Berücksichtigung der Anordnung und ohne Wiederholung. Der Großhändler hat also $10 \cdot 9 \cdot 8 \cdot 7 \cdot 6 \cdot 5 = 151\,200$ Möglichkeiten.*
b) *An einem Pferderennen nehmen 8 Pferde teil. Es soll die Reihenfolge der ersten drei Pferde des Rennens getippt werden. Um zu wissen, wie viele Möglichkeiten es gibt, ist die Anzahl der Kombinationen mit Berücksichtigung der Anordnung und ohne Wiederholung zu bestimmen: $KA(8,3) = 8 \cdot 7 \cdot 6 = 336$.*

Es ist zu beachten, dass für $k = n$ die Kombinationen mit Berücksichtigung der Anordnung und ohne Wiederholung gerade den Permutationen entsprechen: $KA(n,n) = n(n-1)\ldots 2 \cdot 1 = n! = P(n)$.
In dem folgenden Beispiel werden Wiederholungen zugelassen.

B 5.7.4 *Der Student Paul entschließt sich, vor dem Verlassen des Festes noch dreimal zu tanzen, wobei er auch bereit ist, mehrmals mit derselben Freundin zu tanzen. Die Reihenfolge ist ihm dagegen nicht gleichgültig. Bei den verschiedenen Möglichkeiten handelt es sich demnach um Kombinationen mit Berücksichtigung der Anordnung und mit Wiederholung. Ihre Anzahl ergibt sich bei 5 Freundinnen wie folgt: Bei jedem Tanz kann er, da Wiederholungen zugelassen sind, zwischen 5 Freundinnen wählen: Die 5 Möglichkeiten beim ersten Tanz können mit den 5 Möglichkeiten des zweiten Tanzes kombiniert werden. Die sich für den ersten und zweiten Tanz ergebenden $5 \cdot 5 = 25$ Möglichkeiten können mit allen 5 Wahlmöglichkeiten des dritten Tanzes kombiniert werden. Paul hat also $5 \cdot 5 \cdot 5 = 5^3 = 125$ Möglichkeiten.*

Allgemein gilt Folgendes, wenn aus n Elementen k Elemente mit Berücksichtigung der Anordnung und mit Wiederholung ausgewählt werden sollen:
Bei der Auswahl jedes der k Elemente gibt es n Möglichkeiten, da Wiederholungen zugelassen sind. Die n Möglichkeiten bei der Auswahl des ersten Elements können mit allen n Möglichkeiten bei der Wahl des zweiten Elements kombiniert werden. Die $n \cdot n = n^2$ Möglichkeiten für die Auswahl der ersten beiden Elemente können mit allen n Möglichkeiten für das dritte Element kombiniert werden usw. Insgesamt gibt es dann $n \cdot n \cdot n \cdot \ldots \cdot n = n^k$ Möglichkeiten. Es gilt also:

R 5.7.5 | Die Anzahl der **Kombinationen k-ter Ordnung mit Berücksichtigung der Anordnung und mit Wiederholung** beträgt
$$KAW(n,k) = n^k.$$

B 5.7.6 **a)** *Werden Autokennzeichen aus 3 Buchstaben des lateinischen Alphabets zusammengesetzt, dann sind $26^3 = 17\,576$ verschiedene Kennzeichen möglich.*
b) *Das binäre Zahlensystem verwendet nur die Ziffern 0 und 1. Bei maximal 8 Stellen sind $2^8 = 256$ verschiedene Zahlen möglich.*

Aufgaben

Ü 5.7.1 *Bei einem Preisausschreiben gehen 55 richtige Lösungen ein. Aus diesen sind die vier Preise auszuwählen (1., 2., 3. und 4. Preis). Wieviel Möglichkeiten gibt es?*

Ü 5.7.2 *Wieviel verschiedene Tips sind bei der Elferwette (Fußballtoto) möglich? (Möglichkeiten: 0 = Unentschieden; 1 = Heimsieg; 2 = Auswärtssieg).*

Ü 5.7.3 *Wieviel verschiedene Zusammenstellungen von je 6 Buchstaben kann man aus den 26 Buchstaben des lateinischen Alphabets bilden?*

Ü 5.7.4 *Ein Vertreter will an einem Tag 5 seiner 30 Kunden besuchen. Wegen der zu fahrenden Kilometer ist die Reihenfolge nicht beliebig. Wieviel Möglichkeiten hat er?*

Ü 5.7.5 *Eine Lochkarte bestehe aus 84 Lochspalten zu je 12 Lochstellen, die mit 0 bis 11 beziffert seien. Wieviel verschiedene Lochkombinationen sind möglich, wenn jede Lochspalte nur einmal gelocht werden darf und nicht gelochte Spalten unzulässig sind?*

Ü 5.7.6 *In Computern werden die Buchstaben unseres Alphabets derart verschlüsselt (codiert), dass jedem Buchstaben eine ganz bestimmte Folge aus Binärzeichen („0" oder „1") bzw. Bit-Folge zugeordnet wird. Wieviel Bits sind mindestens erforderlich, um alle Buchstaben des Alphabets zu codieren?*

5.8 Kombinationen ohne Berücksichtigung der Anordnung

Bei Kombinationen ohne Berücksichtigung der Anordnung spielt die Reihenfolge bzw. Anordnung der k Elemente in der Zusammenstellung keine Rolle. Man spricht hier manchmal auch nur kurz von Kombinationen, und zwar dann, wenn man die Kombinationen mit Berücksichtigung der Anordnung als Variationen bezeichnet.

B 5.8.1 *Es sei zunächst wieder der Student Paul und sein Problem des „Nachhausebringens" betrachtet (B 5.7.1). Die Anzahl der Kombinationen mit Berücksichtigung der Anordnung ist so groß, dass Paul keine Entscheidung fällen kann. Er entschließt sich daher, die Anordnung außer acht zu lassen, d.h. die Reihenfolge, in der er die drei auserwählten Freundinnen nach Hause bringt, ist ihm gleichgültig. Es handelt sich nunmehr um Kombinationen ohne Berücksichtigung der Anordnung und ohne Wiederholungen. Mit Berücksichtigung der Anordnung hatte Paul 60 Möglichkeiten. Jeweils 3! = 6 Möglichkeiten davon haben jeweils die gleichen Elemente und unterscheiden sich nur durch die Anordnung (Anzahl der Permutationen von 3 Elementen). Ohne Berücksichtigung der Anordnung ergeben sich für Paul also*
$\frac{5 \cdot 4 \cdot 3}{1 \cdot 2 \cdot 3} = \frac{60}{6} = 10$ *Möglichkeiten.*
Für den ersten Quotienten kann man auch schreiben:
$\frac{5 \cdot 4 \cdot 3}{1 \cdot 2 \cdot 3} = \frac{5 \cdot 4 \cdot 3 \cdot 2 \cdot 1}{1 \cdot 2 \cdot 3 \cdot 1 \cdot 2} = \binom{5}{3}$.

Für die Anzahl der Kombinationen ohne Berücksichtigung der Anordnung und ohne Wiederholung gilt allgemein:
Mit Berücksichtigung der Anordnung ergeben sich bei k aus n Elementen $KA(n, k) = n(n-1)\ldots(n-k+1)$ Möglichkeiten. Diese können in Gruppen zu je $k!$ Möglichkeiten eingeteilt werden, so dass alle Möglichkeiten einer Gruppe dieselben Elemente enthalten und sich nur noch durch die Anordnung dieser Elemente unterscheiden. Lässt man die Anordnung außer acht, dann ergibt sich also Folgendes:

R 5.8.2

> Die Anzahl der **Kombinationen k-ter Ordnung ohne Berücksichtigung der Anordnung und ohne Wiederholung** beträgt
> $K(n, k) = \frac{n!}{(n-k)! k!} = \binom{n}{k}$.

B 5.8.3 a) *Im Zahlenlotto werden 6 aus 49 Zahlen gezogen. Es handelt sich um Kombinationen ohne Berücksichtigung der Anordnung und ohne Wiederholung (siehe B 5.1.1c)). Dafür gibt es*
$\binom{49}{6} = \frac{49!}{43! 6!} = \frac{49 \cdot 48 \cdot 47 \cdot 46 \cdot 45 \cdot 44}{1 \cdot 2 \cdot 3 \cdot 4 \cdot 5 \cdot 6} = 13\,983\,816$ *Möglichkeiten.*
b) *Aus einem Kartenspiel mit 32 Karten bekommt ein Spieler 10 Karten zugeteilt. Wieviel voneinander verschiedene Zusammenstellungen von je 10 Karten gibt es?*
Es kommt nicht auf die Reihenfolge (Anordnung) der Karten an. Wiederholungen sind nicht zugelassen. Es handelt sich somit um Kombinationen 10. Ordnung aus 32 Elementen ohne Berücksichtigung der

Anordnung und ohne Wiederholung. Die Anzahl der möglichen Kartenzusammenstellungen beträgt somit
$K(32, 10) = \binom{32}{10} = \frac{32!}{10!22!} = 64\,512\,240.$

Die Bestimmung der Anzahl der möglichen voneinander verschiedenen Teilmengen mit k Elementen aus einer Menge mit n Elementen ist identisch mit der Bestimmung der Anzahl der Kombinationen k-ter Ordnung ohne Berücksichtigung der Anordnung und ohne Wiederholung; denn jede Teilmenge mit k Elementen entspricht einer Kombination k-ter Ordnung aus n Elementen ohne Berücksichtigung der Anordnung und ohne Wiederholung. Zu einer Menge, die n Elemente enthält, gibt es somit $\binom{n}{k} = \frac{n!}{(n-k)!k!}$ verschiedene Teilmengen mit k Elementen. Die gesamte Anzahl der möglichen Teilmengen, das ist die Summe der Anzahlen der Teilmengen mit $0, 1, 2, \ldots, n$ Elementen, beträgt dann (vgl. R 5.3.10)
$$\sum_{k=0}^{n} \binom{n}{k} = 2^n.$$
Damit ist auch gezeigt, warum die Potenzmenge einer Menge mit n Elementen gerade 2^n Elemente enthält (vgl. R 4.2.7).

Die Bestimmung der Anzahl von Kombinationen ohne Berücksichtigung der Anordnung und mit Wiederholung ist nicht in so anschaulicher Weise möglich wie bei den anderen Fällen.

B 5.8.4 *Es wird an B 5.7.4 angeknüpft.*
Dem Student Paul ist auch die Anzahl der Möglichkeiten beim Tanzen zu groß (Kombinationen mit Berücksichtigung der Anordnung und mit Wiederholungen), und er entschließt sich, auch hier auf die Reihenfolge (Anordnung) nicht weiter zu achten. Es stellt sich ihm somit die Aufgabe, die Anzahl von Kombinationen 3. Ordnung aus 5 Elementen ohne Berücksichtigung der Anordnung und mit Wiederholungen zu bestimmen. Das ist erheblich aufwendiger als bei den vorhergehenden Fällen, wie die folgenden Überlegungen zeigen: Es gibt $\binom{5}{3}$ Möglichkeiten, bei denen keine Wiederholungen vorkommen (s.o.). Die Anzahl der Fälle, bei denen er genau zweimal mit derselben Freundin tanzt, ist 20, nämlich der Anzahl 5 der Freundinnen, mit denen er zweimal tanzen kann, multipliziert mit der Anzahl 4 der Möglichkeiten, den dritten Tanz zu vergeben (Anzahl der übrigen Freundinnen). 5 Möglichkeiten hat er, dreimal mit derselben Freundin zu tanzen. Insgesamt ergeben sich damit 10+20+5 = 35 Möglichkeiten. Das entspricht $\binom{5+3-1}{3} = \binom{7}{3}$ Möglichkeiten.

Allgemein kann man sich die Bestimmung der Anzahl wie folgt plausibel machen:

Bei der Zulassung von Wiederholungen kann ein Element bis zu k-mal ausgewählt werden. Einmal ist es unter den n gegebenen Elementen, aus denen ausgewählt wird. Diese n Elemente werden nun um $k-1$ fiktive Elemente ergänzt. Aus den $n+k-1$ Elementen wird nun ohne Wiederholung ausgewählt. Die Möglichkeit der Wiederholung wird durch die zusätzlichen $k-1$ fiktiven Elemente berücksichtigt. Es gibt $\binom{n+k-1}{k}$ Möglichkeiten, k Elemente auszuwählen.

R 5.8.5 | Die Anzahl der **Kombinationen k-ter Ordnung ohne Berücksichtigung der Anordnung und mit Wiederholung** beträgt
$$KW(n,k) = \binom{n+k-1}{k}.$$

B 5.8.6 *Aus den Studenten der 8 Fachbereiche einer Universität soll eine Delegation von 5 Studenten gebildet werden. Unterscheidungsmerkmal für die Studenten ist nur die Fakultätszugehörigkeit. Wieviel Möglichkeiten zur Delegationsbildung gibt es? Es ist $n = 8$ und $k = 5$ und somit gibt es $\binom{8+5-1}{5} = \binom{12}{5} = \frac{12 \cdot 11 \cdot 10 \cdot 9 \cdot 8}{1 \cdot 2 \cdot 3 \cdot 4 \cdot 5} = 792$ Möglichkeiten.*

Aufgaben

Ü 5.8.1 *Bei einem Lotto werden 7 aus 38 Zahlen gezogen. Wieviel Möglichkeiten gibt es?*

Ü 5.8.2 *Für 4 Straßen eines Wohngebietes stehen insgesamt 7 Straßennamen zur Wahl. Wieviel Möglichkeiten für die Benennung gibt es?*

Ü 5.8.3 *In einem Zigarettenautomaten sind 10 Sorten Zigaretten. Wieviel Möglichkeiten gibt es, 4 Schachteln zu ziehen?*

Ü 5.8.4 *Der Student Paul will das Bestehen der Klausur „Mathematik für Wirtschaftswissenschaftler" feiern. Er hat 4 Kästen Bier verschiedener Sorten und will sich 10 Flaschen gönnen. Wieviel Wahlmöglichkeiten hat er?*

Ü 5.8.5 *Paul spielt Lotto „6 aus 49" mit System. Er kreuzt 2 Bankzahlen an, die in jedem Tip vorkommen, und 8 Systemzahlen, aus denen die übrigen 4 Zahlen jedes Tips stammen. Wieviel Tips ergeben sich für ihn?*

Ü 5.8.6 *Die Studienfreunde Hagen T. aus M., Heino J. aus HB, Klaus B. aus Gö, Werner B. aus UE und Paulchen S. aus BS treffen sich einmal im Jahr zum Wandern. Zwei von ihnen sind jeweils für die Planung des Treffens verantwortlich, wobei das von Jahr zu Jahr wechselt. Wieviel Jahre benötigen sie, um alle Möglichkeiten einmal zu realisieren?*

5.9   Zusammengesetzte kombinatorische Probleme

In den vorhergehenden Abschnitten wurden die 6 Grundaufgaben der Kombinatorik behandelt. Bestimmung der Anzahl von Permutationen mit und ohne Wiederholung und von Kombinationen mit und ohne Berücksichtigung der Anordnung sowie mit und ohne Wiederholung. In der folgenden Tabelle sind für die verschiedenen Fälle noch einmal die Anzahlen der Möglichkeiten zusammengestellt.

	Permutationen	Kombinationen	
		mit Berücksichtigung der Anordnung	ohne Berücksichtigung der Anordnung
mit Wiederholung	$PW(n,r) = \binom{n}{k_1,k_2,\ldots,k_r}$	$KAW(n,k) = n^k$	$KW(n,k) = \binom{n+k-1}{k}$
ohne Wiederholung	$P(n) = n!$	$KA(n,k) = \frac{n!}{(n-k)!}$	$K(n,k) = \binom{n}{k}$

In vielen Anwendungsfällen kommen die Grundaufgaben der Kombinatorik nicht isoliert vor, sondern in zusammengesetzter Form. Die Bestimmung der Anzahl der Möglichkeiten ist dann nicht unmittelbar mit den angegebenen Formeln möglich. Die Formeln müssen miteinander verknüpft werden. Für die Behandlung zusammengesetzter Aufgabenstellungen ist dabei Folgendes zu beachten:
Werden in zusammengesetzten Aufgaben der Kombinatorik die Fälle durch ein logisches **und** ($\wedge$) miteinander verknüpft, so sind die Anzahlen miteinander zu multiplizieren.

B 5.9.1 *Aus 10 verschiedenen Spielkarten sollen 2 Spieler je 4 Karten erhalten. Für den ersten Spieler gibt es dann $\binom{10}{4} = 210$ Möglichkeiten. Für den zweiten Spieler verbleiben dann noch 6 Karten und es gibt $\binom{6}{4} = 15$ Möglichkeiten der Kartenzuteilung. Insgesamt gibt es dann 210 Möglichkeiten für den ersten Spieler **und** 15 Möglichkeiten für den zweiten Spieler. Jede der 210 Möglichkeiten für den ersten Spieler kann mit jeder der 15 Möglichkeiten für den zweiten Spieler kombiniert werden. Es gibt somit insgesamt $210 \cdot 15 = 3150$ Möglichkeiten der Kartenausteilung.*

Werden die Fälle durch ein logisches „**entweder-oder**" verknüpft, so sind die Anzahlen zu addieren.

B 5.9.2 *Bücher sollen mit einer **oder** zwei aus fünf Farben signiert werden. Es gibt dann $\binom{5}{1} = 5$ Möglichkeiten für eine Farbe und $\binom{5}{2} = 10$ Möglichkeiten für zwei Farben, also insgesamt $5+10 = 15$ Möglichkeiten für eine Signierung.*

R 5.9.3

> **Produkt- und Summenregel der Kombinatorik**
> Für die Auswahl einer Menge A von Elementen gebe es p Möglichkeiten und für die Auswahl einer Menge B von Elementen gebe es q Möglichkeiten. Dann gilt:
> **a) Produktregel**
> A **und** B sind auf $p \cdot q$ Arten wählbar.
> **b) Summenregel**
> **Entweder** A **oder** B ist auf $p + q$ Arten wählbar.

B 5.9.4 **a)** *Skat wird mit 32 Karten gespielt von denen die drei Spieler je 10 Karten erhalten. Die zurückgebliebenen 2 Karten bezeichnet man als „Skat". Insgesamt gibt es dann*

$K(32,10) \cdot K(22,10) \cdot K(12,10) = \binom{32}{10} \cdot \binom{22}{10} \cdot \binom{12}{10} = \binom{32}{10,10,10,2} =$

2 753 294 408 504 640 *verschiedene Kartenverteilungen.*
b) *Autokennzeichen sollen aus 2 Buchstaben des lateinischen Alphabets und 3 Ziffern $(0,\ldots,9)$ oder 3 Buchstaben und 2 Ziffern bestehen. Es handelt sich um Kombinationen mit Berücksichtigung der Anordnung und mit Wiederholung. Es gibt $26^2 \cdot 10^3$ Möglichkeiten für 2 Buchstaben und 3 Ziffern und $26^3 \cdot 10^2$ Möglichkeiten für 3 Buchstaben und 2 Ziffern, also insgesamt $26^2 \cdot 10^3 + 26^3 \cdot 10^2 = 2\,433\,600$ Möglichkeiten.*

In manchen Fällen ist R 5.9.3 noch zu modifizieren. Dazu wird zunächst ein Beispiel betrachtet.

B 5.9.5 *Es gibt 12 Bücher, die auf 3 Schüler verteilt werden sollen, so dass ein Schüler 3, ein anderer 4 und der dritte 5 Bücher bekommt. Ordnet man die Schüler den Büchern zu, so hat man Permutationen mit Wiederholung, also für die Aufteilung in 3, 4 und 5 Bücher $\binom{12}{3,4,5} =$ 27720 Möglichkeiten. Da es nicht gleichgültig ist, welcher Schüler 3, 4 bzw. 5 Bücher erhält, ist noch die Anzahl der Möglichkeiten der Verteilung der Anzahlen der Bücher auf die Schüler zu bestimmen: Permutationen ohne Wiederholung, da die Anzahlen verschieden sind: $3! = 6$. Es gibt also insgesamt $27720 \cdot 6 = 166320$ Möglichkeiten der Bücherverteilung.*

R 5.9.6 | Gibt es für die Auswahl der Menge A_i von Elementen p_i Möglichkeiten $(i = 1, \ldots, m)$, dann sind A_1 und A_2 und ... und A_m auf $p_1 \cdot p_2 \cdot \ldots \cdot p_m$ Möglichkeiten wählbar, wenn die Reihenfolge der A_i keine Rolle spielt. Andernfalls ist mit der Anzahl der Permutationen (ohne Wiederholung, falls die p_i paarweise verschieden sind, sonst mit Wiederholung) zu multiplizieren.

Aufgaben

Ü 5.9.1 *In einer Bibliothek sollen Bücher nach Sachgebieten geordnet und jedes Sachgebiet durch eine oder mehrere Farben gekennzeichnet werden. Zur Verfügung stehen die Farben rot, grün, blau, gelb. Wieviel Sachgebiete lassen sich durch diese Farben bei Außerachtlassung der Farbanordnung codieren?*

Ü 5.9.2 *Gegeben seien die Ziffern $0, 1, 2, 3, 4, 5, 6$.*
a) *Wieviel 4-stellige Zahlen können aus ihnen gebildet werden?*
b) *Bei wieviel dieser Zahlen kommt jede Ziffer nur einmal vor?*
c) *Bei wieviel Zahlen kommt die Ziffer 0 wenigstens einmal vor?*

Ü 5.9.3 *Es gibt vier Straßen zwischen den Orten A und B und 6 Straßen zwischen B und C, aber keine direkte Verbindung von A nach C. Auf wieviel verschiedenen Wegen kann man eine Rundreise von A nach C und zurück machen, wenn*
a) *Straßen auch mehrfach befahren werden dürfen bzw.*
b) *jede Straße nur einmal befahren werden darf?*

Ü 5.9.4 *Gegeben seien die Ziffern $0, 1, 2, 3, 4, 5, 6, 7, 8, 9$.*
a) *Wieviel dreistellige Zahlen können aus ihnen gebildet werden, wenn jede Ziffer nur einmal zur Verfügung steht?*
b) *Wieviel der so gebildeten Zahlen sind ungerade?*
c) *Wieviel sind gerade?*
d) *Wieviel sind durch 5 teilbar?*
e) *Wieviel sind größer als 600?*

Ü 5.9.5 *Autokennzeichen sollen aus 3 Buchstaben bestehen, denen 4 Ziffern folgen.*
a) *Wieviel verschiedene Autokennzeichen sind möglich, wenn Wiederholungen von Buchstaben und Ziffern erlaubt sind?*
b) *Wieviel sind möglich, wenn die Buchstaben, aber nicht die Ziffern wiederholt werden dürfen?*
c) *Wieviel sind möglich, wenn weder Ziffern noch Buchstaben wiederholt werden dürfen?*

Ü 5.9.6 *In einer Gemeinde sollen fünf Ortschaften miteinander durch eine neue Straßenbahnlinie verbunden werden, die aus 4 Streckenabschnitten bestehen soll.*
a) *Wieviel mögliche Streckenabschnitte zwischen den einzelnen Orten gibt es?*
b) *Wieviel mögliche Streckenführungen für die Straßenbahnlinie durch die 5 Orte ergeben sich?*

Ü 5.9.7 *Ein Warenhaus mit 6 Abteilungen hat 4 Schaufenster. Ein Schaufenster wird immer nur von einer Abteilung dekoriert. Wieviel Möglichkeiten der Zuteilung der Schaufenster zu den Abteilungen gibt es, wenn die Reihenfolge der Schaufenster keine Rolle spielt und*
a) *jede Abteilung höchstens 1 Fenster bekommen kann;*
b) *eine Abteilung auch mehr als 1 Fenster bekommen kann.*

Ü 5.9.8 *Ein Vertreter für Katzenfutter hat in einem ländlichen Gebiet 15 Kunden zu betreuen. An 3 aufeinanderfolgenden Tagen will er je Tag 5 Kunden besuchen. Wieviel Möglichkeiten hat er?*

Ü 5.9.9 *Der Student Paul steht vor einem großen Problem: Er möchte seine Vorlesungsmitschriften aus 4 Semestern so ordnen, dass er für jedes Semester eine bestimmte Farbe des Ordners und für jedes Fach eine bestimmte Farbe des Rückenschildes hat. Ihm stehen 4 verschiedene Ordnerfarben und für die Fächer BWL, VWL, Recht, Statistik und Mathematik 5 Farben von Rückenschildern zur Verfügung. Wieviel verschiedene Möglichkeiten gibt es für Paul, Ordnung zu schaffen?*

Ü 5.9.10 *Als Produktionsleiter einer Werbefirma soll Paul einen Werbefilm über ein bestimmtes Waschmittel drehen. Dazu will er Wäsche auf einer Leine aufhängen. Paul hat von seiner Mutter 4 weiße Bettücher, 3 rote Kopfkissen, 2 bunte und 2 blaue Handtücher ausgeliehen. Da es sich um einen Werbefilm handelt, spielt vor allem die Farbkomposition der „Werbeleine" eine Rolle. Wieviel verschiedene Möglichkeiten hat Paul, die Wäsche auf der Leine anzuordnen?*

Ü 5.9.11 *Agathe hat in ihrem Kühlschrank 10 Eier, von denen 3 faul sind. Agathe will ihrem Freund Paul 3 Spiegeleier braten und greift 3 Eier.*
a) *Wieviel Möglichkeiten gibt es insgesamt? Bei wieviel Möglichkeiten ist* **b)** *kein faules Ei;* **c)** *genau ein faules Ei; sind* **d)** *genau zwei faule Eier?*

Ü 5.9.12 *Auf wieviel Arten können 6 Personen auf Büros verteilt werden, wenn* **a)** *sechs Büros bestehen und in jedem Büro eine Person sitzen soll;* **b)** *drei Büros vorhanden sind und in jedes Büro zwei Personen kommen sollen;* **c)** *vier Büros vorhanden sind, von denen zwei für zwei Personen und zwei für eine Person vorgesehen sind?*

Ü 5.9.13 *In einem Raum befinden sich 27 Stühle, auf denen 25 Personen Platz nehmen sollen. Wieviel Möglichkeiten der Sitzordnung gibt es?*

Ü 5.9.14 *Eine Münze wird 6 mal geworfen. Wieviel Möglichkeiten gibt es für*
a) *4 mal Wappen und 2 mal Zahl;*
b) *5 mal Wappen und einmal Zahl;*
c) *6 mal Wappen?*

Ü 5.9.15 *Wieviel Möglichkeiten gibt es*
a) *9 verschiedenfarbige Perlen;*
b) *6 rote, 3 schwarze, 5 weiße Perlen aneinanderzureihen?*

Ü 5.9.16 *Als Wahrscheinlichkeit sei folgender Quotient definiert:*

$$W = \frac{Anzahl\ der\ g\ddot{u}nstigen\ F\ddot{a}lle}{Anzahl\ der\ m\ddot{o}glichen\ F\ddot{a}lle}.$$

Der Student Paul tippt im Lotto 6 aus 49 diese Woche die Zahlen
$3, 12, 18, 29, 30, 45$.
Wie groß ist die Wahrscheinlichkeit, dass
a) *alle 6 Zahlen richtig sind;*
b) *genau 4 Zahlen richtig sind;*
c) *alle Zahlen falsch sind?*

Ü 5.9.17 *Wie groß ist die Wahrscheinlichkeit beim Skatspiel, dass wenigstens ein Bube im Skat liegt?*

Ü 5.9.18 *In einer Klausur werden 5 Aufgaben gestellt, wovon 2 schwere je 10 Punkte, 1 mittlere 7 Punkte und 2 leichte Aufgaben je 4 Punkte bei richtiger Lösung bringen. Zum Bestehen der Klausur sind mindestens 20 Punkte notwendig. Wieviel mögliche Zusammenstellungen von Aufgaben mit richtiger Lösung gibt es, um die Klausur zu bestehen? (Es ist davon auszugehen, dass jede Aufgabe nur entweder richtig oder falsch gelöst werden kann.)*

Ü 5.9.19 *Der Diplom-Kaufmann Günter S. aus H. hat vier Söhne: Rudolf, Robert, Richard und Reinhard. Seine Ehefrau und seine Mutter heißen mit Vornamen Elisabeth. Eines Tages kommen 4 Briefe mit der Aufschrift „Herrn R. S.".*
a) *Wieviel Möglichkeiten der Zuordnung der Briefe zu den Söhnen gibt es?*
b) *Wie viele Möglichkeiten der Briefzuordnung gibt es, wenn außerdem noch 2 Briefe mit der Anschrift „Frau Elisabeth S." ankommen?*

6 Funktionen mit einer unabhängigen Variablen

6.1 Funktionsbegriff

Wirtschaftswissenschaftliche Untersuchungen befassen sich zu einem großen Teil mit wirtschaftlichen Größen und der Analyse der zwischen diesen Größen bestehenden Zusammenhänge. Mit den mathematischen Grundlagen dazu beschäftigt sich dieses Kapitel.

Eine Größe, die unterschiedliche Werte annehmen kann, heißt **Variable** oder **Veränderliche**. Variablen werden in der Mathematik üblicherweise mit den letzten Buchstaben des lateinischen Alphabets bezeichnet $(x, y, z, u, v, \ldots)$.

Eine Größe, die nur einen Wert annehmen kann bzw. für die nur ein Wert zugelassen wird, heißt **Konstante**. Konstanten werden gewöhnlich mit den ersten Buchstaben des lateinischen Alphabets bezeichnet $(a, b, c, d, \ldots)$. Will man besonders kennzeichnen, dass eine Größe a konstant ist, so schreibt man dafür auch

$a = $ const. (lesen Sie: „a ist konstant").

Von den in der Mathematik üblichen Bezeichnungsweisen gibt es in den Wirtschaftswissenschaften eine Reihe von Abweichungen, die dadurch entstehen, dass man als Symbol einer Größe den ersten Buchstaben des betreffenden Begriffs verwendet. So bezeichnet z.B. im Allgemeinen p den Preis und c die Konsumausgaben (engl.: consumption).

Ein besonderes Problem stellt sich in der Frage der **Dimension ökonomischer Größen**. Die meisten ökonomischen Größen bekommen erst einen Sinn durch eine genaue Angabe ihrer Dimension.

B 6.1.1 *Kosten haben zwar die Dimension „Geldeinheiten", aber diese muss weiter präzisiert werden, da es verschiedene Kostengrößen gibt. Die Gesamtkosten eines Betriebes in einem Monat haben die Dimension „Geldeinheiten pro Zeiteinheit". Die bei der Herstellung einer Produktionseinheit entstehenden Stückkosten haben die Dimension „Geldeinheiten pro Stück". Erst durch Angabe der Dimension wird der ökonomische Inhalt der Größe „Kosten" genau definiert. Beim Rechnen mit ökonomischen Größen werden auch die Dimensionen entsprechend* *umgeformt. Man erhält beispielsweise die Stückkosten als Quotient aus Gesamtkosten K und Produktionsmenge x:*

$$\frac{Gesamtkosten\ (K)}{Produktionsmenge\ (x)} = Stückkosten\ (k).$$

Für die Dimensionen gilt dann:

$$\frac{Geldeinheiten/Zeiteinheit}{Stück/Zeiteinheit} = Geldeinheiten/Stück.$$

Häufig bestehen zwischen variablen ökonomischen Größen Zusammenhänge derart, dass jedem zulässigen Wert einer Größe eindeutig ein Wert einer anderen Größe zugeordnet wird. Es liegt eine **Abbildung** f von der Menge der Werte X einer Größe in die Menge der Werte Y einer anderen Größe vor:

$$f\colon X \to Y \text{ bzw. } X \overset{f}{\to} Y \text{ oder } x \to f(x) \text{ mit } x \in X \text{ und } f(x) \in Y.$$

Anstelle des Begriffs „Abbildung" benutzt man allerdings meistens den Begriff „Funktion".

D 6.1.2 | Eine Abbildung heißt auch **Funktion**.

Sieht man von der Dimension ökonomischer Größen, deren Werte durch Funktionen einander zugeordnet werden, ab, dann handelt es sich bei Funktionen in den meisten Fällen um Abbildungen der reellen Zahlen in sich selbst. Es gilt also

$$f\colon \mathbb{R} \to \mathbb{R} \text{ bzw. } D(f) \subset \mathbb{R} \text{ und } W(f) \subset \mathbb{R}.$$

Solche Funktionen bezeichnet man auch als **reelle oder reellwertige Funktionen**. Im Folgenden werden nur reelle Funktionen betrachtet. Mit $x, y \in \mathbb{R}$ (aber auch für beliebige Abbildungen) schreibt man Funktionen meistens wie folgt:

$$y = f(x),$$

(lesen Sie: „y ist eine Funktion von x" oder „y gleich f von x").

Das ist die traditionelle Bezeichnungsweise bzw. Schreibweise für Funktionen. Sie wird den folgenden Ausführungen zugrundegelegt, da in den Wirtschaftswissenschaften meistens diese Schreibweise verwendet wird.

D 6.1.3 | Gegeben sei die Funktion $y = f(x)$. y heißt **abhängige Variable, abhängige Veränderliche** oder **Funktionswert**. x heißt **unabhängige Variable, unabhängige Veränderliche** oder **Argument** der Funktion.

Bei der Schreibweise von Funktionen ist in den Wirtschaftswissenschaften auf folgende Besonderheit zu achten:
Das f für Funktion wird oft durch das Symbol der abhängigen Variablen ersetzt. Anstelle von $y = f(x)$ schreibt man $y = y(x)$.

B 6.1.4 **a)** *Bei einer Einproduktunternehmung lässt sich jedem Wert x aus der Menge der möglichen Produktionsmengen je Zeiteinheit ein Wert K aus der Menge der möglichen Gesamtkosten je Zeiteinheit zuordnen. Es ergibt sich dann eine Funktion $K = K(x)$, die als Kosten- bzw. Gesamtkostenfunktion bezeichnet wird.*
b) *Wirtschaftssubjekte können in einem Monat ein unterschiedlich hohes Einkommen y haben. Ebenso können die monatlichen Konsumausgaben c variieren. Jedem möglichen Einkommensbetrag y kann nun ein Konsumausgabenbetrag c zugeordnet werden. Die Zuordnungsvorschrift gibt den Zusammenhang zwischen Einkommenshöhe und Höhe der Konsumausgaben wieder. Die sich ergebende Funktion $c = c(y)$ heißt Konsumfunktion.*

Es ist zu beachten, dass der Inhalt des Funktionsbegriffs **ausschließlich eine Zuordnungsvorschrift** ist. Eine Abhängigkeit im Sinne einer Kausalität, wie sie gerade in der Wirtschaftstheorie häufig unterstellt wird, gehört nicht zum Funktionsbegriff, was nicht ausschließt, dass kausale Abhängigkeiten durch Funktionen beschrieben werden können. Besonders der Anfänger sei jedoch davor gewarnt, in jede Funktion einen kausalen Zusammenhang zu interpretieren.

B 6.1.5 *Die in B 6.1.3a) erwähnte Kostenfunktion drückt keine Kausalität aus, denn bei der Betrachtung des Zusammenhangs zwischen produzierter Menge und Kosten sind zwei Fälle denkbar:*
– *Es wird eine Produktionsmenge vorgegeben und nach den entstandenen Kosten gefragt.*
– *Es wird ein Kostenbetrag vorgegeben und nach der mit diesem Kosteneinsatz produzierbaren Menge gefragt.*
Es ist also bei einer Kostenfunktion $K = K(x)$ nicht möglich, eine Größe generell als „Ursache" für die andere anzusehen.

Die spezielle Form der Abhängigkeit zwischen zwei Variablen kann durch eine (theoretische) Definition festgelegt werden, oder, wenn die Variablen reale Umwelterscheinungen symbolisieren, empirisch begründet sein. Im letzten Fall beschreibt eine Funktion eine empirische Gesetzmäßigkeit. Formal gesehen ist es beliebig, welche Variable die abhängige und welche Variable die unabhängige ist. Wird eine Funktion als empirische Gesetzmäßigkeit gedeutet, dann ist es jedoch zweckmäßig, die verursachenden Faktoren als unabhängige Variable (erklärende Variable, verursachende Variable, exogene Variable, Einflussgröße) und die durch diese Faktoren kausal determinierte Größe als abhängige (zu erklärende, endogene) Variable zu interpretieren.

Nach der hier verwendeten Definition sind Funktionen eindeutig. Manchmal wird der Funktionsbegriff aber auch weiter gefasst, und es werden als Funktionen auch mehrdeutige Zuordnungen zugelassen, d.h. in $y = f(x)$ können einem x auch mehr als ein y zugeordnet sein. Bei dieser weiten Fassung des Funktionsbegriffs bezeichnet man eine eindeutige Zuordnung als **eindeutige oder einwertige Funktion** im Gegensatz zur **mehrdeutigen oder mehrwertigen Funktion**. Jede Relation ist bei dieser Auffassung eine (mehrwertige) Funktion. Eine mehrdeutige Funktion in diesem Sinne ist z.B. der Kreis oder die Ellipse, wie man sich anhand einer grafischen Darstellung sofort klar machen kann.

D 6.1.6

> **Definitionsbereich und Wertebereich**
> Gegeben sei eine Funktion $y = f(x)$.
> Die Menge der Werte, die für die unabhängige Variable x zugelassen werden, heißt **Definitionsbereich $D(f)$ der Funktion**.
> Die Menge der Werte, die die abhängige Variable y annehmen kann, heißt **Wertevorrat** oder **Wertebereich $W(f)$ der Funktion**.

Während in der Mathematik bei reellwertigen Funktionen der Definitionsbereich im Allgemeinen nicht explizit angegeben wird, da als generelle Verabredung $D(f) = \mathbb{R}$ gilt, ist für eine formal einwandfreie Beschreibung wirtschaftlicher Zusammenhänge durch Funktionen die Angabe des Definitionsbereichs unerlässlich, da ökonomische Größen (Preise, produzierte Mengen usw.) immer nur Werte aus einem beschränkten Bereich annehmen können.

B 6.1.7 *Die monatliche Kapazität einer Autofabrik beträgt maximal* 2000 *PKW. Pro Monat entstehen fixe Kosten von EURO* 10.000.000,- *(diese sind unabhängig von der produzierten Menge). Pro PKW entstehen variable Kosten (vor allem Material und Löhne) von EURO* 11.000,-. *Bei Produktion von x PKW betragen die gesamten variablen Kosten* 11 000x. *Die Gesamtkosten K ergeben sich als Summe aus fixen und variablen Kosten:*

$$K = K(x) = 10\,000\,000 + 11\,000x. \;\cdot$$

Diese Funktion hat den Definitionsbereich $D(K) = \{x | 0 \leq x \leq 2000\}$, da nur Produktionsmengen von 0 bis 2000 möglich sind. Der Wertevorrat ist $W(K) = \{K | 10\,000\,000 \leq K \leq 32\,000\,000\}$.

Bestehen zwischen zwei Mengen Y und X mehrere funktionale Beziehungen, und will man das in der Symbolik zum Ausdruck bringen, so kann man

$y = f(x);\quad y = g(x);\quad y = h(x)$ usw.
oder
$y = f_1(x);\quad y = f_2(x);\quad y = f_3(x)$ usw.
schreiben, mit $x \in X$ und $y \in Y$.

6.2 Darstellung von Funktionen

Bei der Beschreibung funktionaler Abhängigkeiten zwischen zwei Variablen kann man sich verschiedener Darstellungsformen bedienen. Die einfachste Form ist die

a) Tabellarische Darstellung

D 6.2.1 | Eine **Funktionstabelle** ist eine Tabelle, in der allen oder ausgewählten Elementen des Definitionsbereichs einer Funktion die zugehörigen Elemente des Wertebereichs paarweise zugeordnet werden.

B 6.2.2 *In der folgenden Tabelle ist möglichen Preisen p eines Gutes die zu dem jeweiligen Preis nachgefragte Menge $x = x(p)$ zugeordnet. Es handelt sich um eine tabellarische Darstellung einer Nachfragefunktion.*

Preis p	12	13	14	15	16	17	18	19
Menge x	150	146	139	134	128	125	121	114

Funktionstabellen werden vor allem aus zwei Gründen zur Darstellung von Funktionen verwendet:

- Manchmal können Funktionen nicht allgemein durch Funktionsgleichungen (s.u.) beschrieben werden, sondern es können nur die Paare einander zugeordneter Elemente angegeben werden. Es gibt keine allgemeine Vorschrift, die für alle Zuordnungen gilt. In solchen Fällen greift man meistens zur tabellarischen Darstellung.

- Einige Funktionen, die in der angewandten Mathematik häufig benutzt werden, sind, um das Bestimmen der Funktionswerte zu vorgegebenen Argumenten zu vereinfachen, für die wichtigsten Argumentwerte tabelliert. Man kann aus diesen Tabellen unmittelbar den gesuchten Funktionswert ablesen. Beispiele dafür sind die Tafeln der dekadischen Logarithmen (Funktion $y = \log x$), der positiven Quadratwurzeln (Funktion $y = \sqrt{x}$), der zweiten und dritten Potenzen (Funktionen $y = x^2, y = x^3$). Hier dient die tabellarische Darstellung der rechentechnischen Vereinfachung. Durch die Verbreitung von Taschenrechnern mit einschlägigen Funktionen dieser Art sind solche Tabellen inzwischen selten geworden.

b) Analytische Darstellung

Die häufigste Form der Beschreibung eines funktionalen Zusammenhangs ist die analytische Darstellung einer Funktion durch eine Funktionsgleichung.

D 6.2.3

> Eine **Funktionsgleichung** ist eine Gleichung, in der Werten der unabhängigen Variablen x ein aus x durch mathematische Operationen (Addition, Subtraktion, Multiplikation, Division, Logarithmieren usw.) gewonnener Wert $y = f(x)$ der abhängigen Variablen y zugeordnet wird.

B 6.2.4 *Beispiele für Funktionsgleichungen sind:*
a) $y = x^2 + 4x - 5$; b) $y = \sqrt{x^x}$; c) $y = \log(x^3 + 2x)$, $x^3 + 2x > 0$.

Ist der Definitionsbereich einer Funktion beschränkt auf eine Teilmenge der reellen Zahlen, dann ist es erforderlich, diesen bei der analytischen Darstellung mit anzugeben.

B 6.2.5 *Für die Kostenfunktion aus B 6.1.7 gilt:*
$K = 10\,000\,000 + 11\,000x$ *für* $0 \leq x \leq 2000$.

Mitunter hat man es mit Funktionen zu tun, die nur durch mehrere Gleichungen beschrieben werden können, wobei jede Gleichung nur für ein bestimmtes Intervall des Definitionsbereichs gilt. Für die analytische Darstellung werden dann sämtliche Gleichungen mit den jeweiligen Definitionsbereichen angeführt.

B 6.2.6 **a)** $\begin{aligned} y &= 100 \quad &\textit{für} \quad &0 < x \leq 20; \\ y &= 170 \quad &\textit{für} \quad &20 < x \leq 50; \\ y &= 240 \quad &\textit{für} \quad &50 < x \leq 100; \\ y &= 320 \quad &\textit{für} \quad &100 < x \leq 250; \\ y &= 400 \quad &\textit{für} \quad &250 < x \leq 500; \\ y &= 480 \quad &\textit{für} \quad &500 < x \leq 1000. \end{aligned}$

Diese Funktion beschreibt die Abhängigkeit des Inlandsbriefportos y in DPf vom Gewicht x des Briefes in g für Deutschland nach dem Stand vom August 1992. Dabei wurde unterstellt, dass alle Briefe mit Gewichten von 0 bis 20 g „Standardbriefsendungen" sind.

b) $\begin{aligned} y &= x^2 \quad &\textit{für} \quad &-10 < x \leq 2; \\ y &= x^3 - x \quad &\textit{für} \quad &2 < x \leq 20; \\ y &= 2x + 8 \quad &\textit{für} \quad &20 < x. \end{aligned}$

c) $y = ax + ib$ *für* $x_{i-1} \leq x < x_i$ $(i = 1, ..., n)$.
Hierbei handelt es sich um eine stückweise lineare Funktion.

c) Koordinatensysteme

Verwendet man für die Funktion $y = f(x)$ die in Abschnitt 4.6 eingeführte Schreibweise $(x, y) \in f$ (vgl. D 4.6.9 und den nachfolgenden Text), so erkennt man, dass durch eine Funktion eine Menge von Wertepaaren definiert wird. Diese Wertepaare lassen sich in Form von Punkten grafisch darstellen. Dabei verwendet man üblicherweise rechtwinklige kartesische Koordinatensysteme, deren Aufbau kurz erläutert wird.

Die reellen Zahlen lassen sich grafisch auf der so genannten **Zahlengeraden** veranschaulichen (vgl. Figur 6.2.7). Jeder Zahl entspricht ein Punkt auf der Zahlengeraden und jedem Punkt entspricht eine reelle Zahl.

F 6.2.7 Zahlengerade

So wie die Zahlengerade die geometrische Darstellung aller reellen Zahlen ist, können **in der Ebene alle Paare reeller Zahlen** (x, y) **grafisch dargestellt** werden (vgl. dazu F 6.2.8). Jedem Zahlenpaar (x, y) entspricht ein Punkt in der Ebene, und jedem Punkt in der Ebene entspricht ein Zahlenpaar (x, y). Man führt dazu in der Ebene einen **Nullpunkt** (geometrische Darstellung des reellen Zahlenpaares $(0, 0)$) und zwei **Koordinatenachsen** ein. Der Nullpunkt heißt auch **Koordinatenursprung** oder **Koordinatenanfangspunkt**. Die Koordinatenachsen können als Zahlengeraden interpretiert werden. Die waagerechte Koordinatenachse verkörpert den ersten Wert des reellen Zahlenpaares (x) und heißt **Abszisse** oder x-Achse. Es ist die erste Koordinate oder auch x-Koordinate. Auf der zweiten Koordinatenachse, der **Ordinate** oder y-Achse, sind die y-Werte dargestellt. Man spricht bei dieser Darstellungsart von einem **kartesischen** Koordinatensystem.

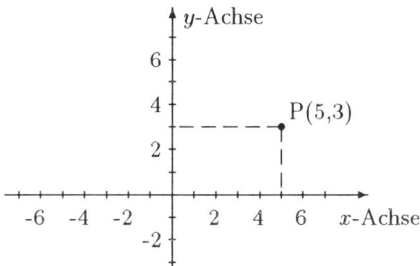

F 6.2.8 Koordinatensystem

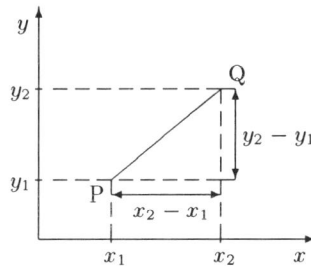

F 6.2.9 Abstand von Punkten

Schneiden sich die Koordinatenachsen rechtwinklig, wie in F 6.2.8, dann spricht man von einem rechtwinkligen Koordinatensystem. Die folgenden Ausführungen beziehen sich nur auf rechtwinklige Koordinatensysteme.

Als Bezeichnung für einen Punkt in der Ebene verwendet man häufig nur die Koordinaten (x, y), oder man kennzeichnet durch Hinzufügen eines P besonders, dass es sich um einen Punkt handelt: $P(x, y)$.

R 6.2.10 | In einem rechtwinkligen Koordinatensystem seien die Punkte P und Q mit den Koordinaten (x_1, y_1) und (x_2, y_2) gegeben (vgl. F 6.2.9). Der **Abstand** der beiden Punkte beträgt dann (Pythagoras)
$$|PQ| = d = \sqrt{(x_2 - x_1)^2 + (y_2 - y_1)^2}.$$

R 6.2.11 | Für den Abstand d des Punktes P mit den Koordinaten (x, y) vom Koordinatenursprung $(0, 0)$ gilt speziell:
$$d = \sqrt{x^2 + y^2}.$$

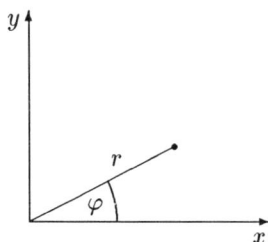

Man spricht von **Polarkoordinaten**, wenn man einen Punkt durch seinen Abstand vom Koordinatenursprung r und den Winkel φ, den die Verbindungslinie des Punktes mit dem Koordinatenursprung mit der x-Achse bildet, beschreibt. Anstelle der Kartesischen Koordinaten (x, y) hat man dann die Polarkoordinaten (r, φ). Vgl. dazu F 6.2.12.

F 6.2.12 Polarkoordinaten

Auf Polarkoordinaten wird hier nicht weiter eingegangen.

d) Grafische Darstellung von Funktionen

D 6.2.13 | Die Darstellung aller Wertepaare (x, y) einer Funktion $y = f(x)$ für den gesamten Definitionsbereich oder ein beschränktes Intervall des Definitionsbereichs in einem rechtwinkligen kartesischen Koordinatensystem heißt **Bild**, **Schaubild** oder **Graph** der Funktion.

Die vor allem in der Mathematikdidaktik verwendete Bezeichnung „Graph" für die grafische Darstellung einer Funktion erscheint wenig zweckmäßig, da dieser Begriff auch in einem ganz anderen mathematischen Zusammenhang, nähmlich der Graphentheorie, eine Rolle spielt.

Die folgende Figur 6.2.14 zeigt einige Beispiele grafischer Darstellungen von Funktionen.

$$y = 2x + 5 \qquad y = x^2 - 2 \qquad y = \sqrt{x^4 - 2x^2 + 2}$$

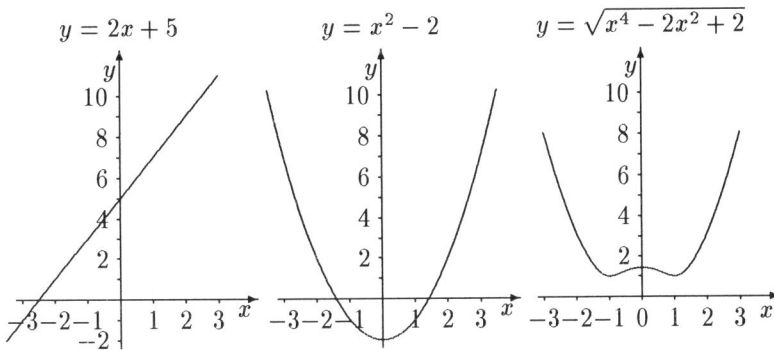

F 6.2.14 Beispiele für grafische Darstellungen von Funktionen

Bei einer grafischen Darstellung von Funktionen ist auf eine genaue Achsenbeschriftung zu achten, um Missverständnissen vorzubeugen. Üblicherweise ordnet man die horizontale Achse (Abszisse) der unabhängigen Variablen und die vertikale Achse (Ordinate) der abhängigen Variablen zu. Davon gibt es in den Wirtschaftswissenschaften jedoch Ausnahmen.

B 6.2.15 *Bei der grafischen Darstellung einer Nachfragefunktion $x = x(p)$, die die Beziehungen zwischen dem Preis p eines Gutes und der zu diesem Preis nachgefragten Menge x beschreibt, wird p üblicherweise der Ordinate und x der Abszisse eines Koordinatensystems zugeordnet.*

Aufgaben

Ü 6.2.1 *Stellen Sie die Funktionen*
a) $y = 2x + 10$; **b)** $y = x^2 + 2$; **c)** $y = -3x + 8$ *grafisch dar.*

Ü 6.2.2 *Stellen Sie die Funktion $y = \dfrac{1}{1 + e^{-3x+2}}$ grafisch dar.*

6.3 Eigenschaften von Funktionen

Im Zusammenhang mit Funktionen gibt es einige grundlegende Definitionen und Sätze, die im Folgenden zusammengestellt sind.

R 6.3.1

Verknüpfungen von Funktionen
Haben zwei Funktionen $y = f(x)$ und $y = g(x)$ den gleichen Definitionsbereich, dann sind auch $f(x) + g(x)$; $f(x) - g(x)$; $f(x)g(x)$ und $\frac{f(x)}{g(x)}$ $(g(x) \neq 0)$ wieder Funktionen.

B 6.3.2   *Es sei $y = f(x) = 2x^2 + x - 6$ und $y = g(x) = x + 2$. Dann ist $f(x) + g(x) = 2x^2 + 2x - 4$; $f(x) - g(x) = 2x^2 - 8$; $f(x)g(x) = 2x^3 + 5x^2 - 4x - 12$ und $\frac{f(x)}{g(x)} = 2x - 3$ (für $x \neq -2$).*

In Anlehnung an D 4.6.17 wird definiert:

D 6.3.3

> **Eineindeutige Funktion**
> Gibt es bei einer Funktion $y = f(x)$ zu jedem Wert der abhängigen Variablen y genau einen Wert der unabhängigen Variablen x, dann heißt f **eineindeutig**.

B 6.3.4   **a)** *$y = 3x + 4$ ist eineindeutig, denn zu jedem y gibt es genau ein $x = \frac{y-4}{3}$.*
b) *$y = x^2$ ist nicht eineindeutig, denn zu jedem $y > 0$ gibt es zwei x-Werte ($x = \pm\sqrt{y}$).*

D 6.3.5

> **Umkehrfunktion**
> Es sei $y = f(x)$ eine **eineindeutige Funktion**. Die Funktion $x = g(y)$, die man durch Umkehrung der Zuordnungsvorschrift ableiten kann, heißt **Umkehrfunktion**, **inverse Funktion** oder **Inverse** und wird mit $x = f^{-1}(y)$ bezeichnet.

R 6.3.6

> Es gilt für eine eineindeutige Funktion und ihre Umkehrfunktion: $D(f) = W(f^{-1})$ und $D(f^{-1}) = W(f)$.

Der Definitionsbereich (Wertebereich) der gegebenen Funktion ist also der Wertebereich (Definitionsbereich) der Umkehrfunktion. Eine eineindeutige Funktion bezeichnet man manchmal auch als **umkehrbar eindeutige Funktion**.

Für die Bestimmung der Inversen einer Funktion löst man die Funktionsgleichung nach der unabhängigen Variablen auf.

B 6.3.7   **a)** *Für $y = ax + b$, $a \neq 0$ mit $D(f) = W(f) = \mathbb{R}$ lautet die inverse Funktion $x = \frac{1}{a}y - \frac{b}{a}$.*
b) *Für $y = \log_a x$, $a > 0$ und $a \neq 1$ mit $D(f) = \mathbb{R}^+$ und $W(f) = \mathbb{R}$ lautet die inverse Funktion $x = a^y$.*

Die Umkehrung der inversen Funktion, also die Inverse der Inversen, ergibt wieder die ursprüngliche Funktion.

Wichtiger Hinweis: In diesem Zusammenhang ist auf ein gefährliches Missverständnis hinzuweisen. An den Schulen wird meistens gelehrt, dass für die Bestimmung der Umkehrfunktion außer der Auflösung der Funktionsgleichung nach der unabhängigen Variablen auch noch die Variablen auszutauschen sind. Zu $y = ax + b$ lautet dann die Umkehrfunktion $y = \frac{1}{a}x - \frac{b}{a}$. Dieser Schritt darf in den Wirtschaftswissenschaften **nicht** vollzogen werden. In den Wirtschaftswissenschaften verbergen sich hinter den Variablen ökonomische Größen, die man nicht ohne weiteres austauschen kann.

Grafisch ist die Bestimmung der Umkehrfunktion einfach. In das Koordinatensystem, in dem die Funktion $y = f(x)$ dargestellt ist, zeichnet man die so genannte 45°-Linie. Das ist die Gerade, die durch den Koordinatenursprung geht und mit der Abszisse einen Winkel von 45° bildet (F 6.3.8). An dieser 45°-Linie wird die Funktion $y = f(x)$ und das Koordinatensystem gespiegelt bzw. Funktion und Koordinatensystem werden um die 45°-Linie gedreht. Dadurch erhält man aus dem (x, y)-Koordinatensystem mit $y = f(x)$ ein (y, x)-Koordinatensystem mit $x = f^{-1}(y)$ (vgl. dazu F 6.3.8).

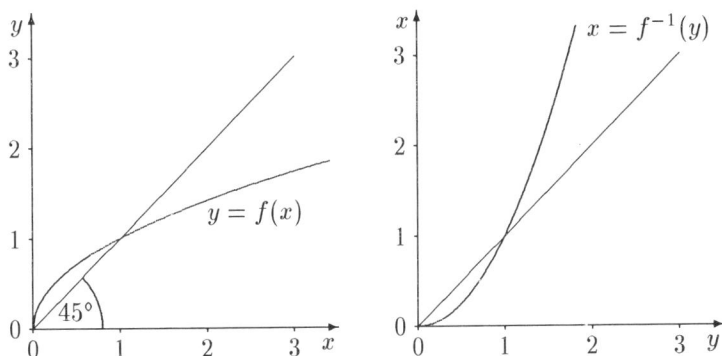

F 6.3.8 Funktion und Umkehrfunktion

Gegeben seien zwei Funktionen $y = f(x)$ und $y = g(x)$. Dann gibt es in vielen Fällen ein oder mehrere x, für die gilt: $f(x) = g(x)$. In der grafischen Darstellung sind das die **Schnittpunkte** der Funktionen.

B 6.3.9 *Für die Funktionen $y = f(x) = x^2$ und $y = g(x) = 6x - 5$ gilt $f(x) = g(x)$ für $x = 5$ und $x = 1$.*

Mitunter sind zwei Funktionen für ein beschränktes Intervall aus dem Definitionsbereich oder für den gesamten Definitionsbereich einander gleich.

D 6.3.10

> **Identisch gleiche Funktionen in einem Intervall**
> Gegeben seien zwei Funktionen $y = f(x)$ und $y = g(x)$ und
> ein Intervall $I \subset D(f) \cap D(g)$. Gilt $f(x) = g(x)$ für alle
> $x \in I$, so heißen die Funktionen **im Intervall I identisch
> gleich**: $f_{/I}(x) \equiv g_{/I}(x)$.

$f_{/I}(x) \equiv 0$ bedeutet, dass die Funktion für alle x aus dem Intervall I
den Wert 0 annimmt.
Anstelle von $y = f(x)$ schreibt man für eine Funktion bisweilen auch
$f(x, y) \equiv 0$.

D 6.3.11

> **Explizite und implizite Form einer Funktion**
> Gegeben sei eine Funktion zwischen den Variablen x und
> y. $y = f(x)$ und $x = g(y)$ sind, sofern sie existieren, die
> beiden **expliziten** Formen der Funktion.
> $f(x, y) \equiv 0$ ist die **implizite** Form der Funktion.

Bei der impliziten Form kann man aus der Funktion $f(x, y) \equiv 0$ nicht
erkennen, welches die unabhängige und welches die abhängige Variable
ist. Eine implizite Funktion $f(x, y) \equiv 0$ kann oft in zwei explizite Formen $y = g(x)$ und $x = h(y)$ entwickelt werden. Eine solche Entwicklung
ist jedoch nicht immer eindeutig möglich.

B 6.3.12 a) *Die implizite Funktion $ax + by + c \equiv 0$ kann in die beiden
explizite Funktionen $x = -\frac{b}{a}y - \frac{c}{a}$ und $y = -\frac{a}{b}x - \frac{c}{b}$ entwickelt werden.*
b) *Die implizite Funktion $x - 3y^2 - 4y - 5 \equiv 0$ kann nur eindeutig nach
x aufgelöst werden: $x = 3y^2 - 4y + 5$. Eine eindeutige Auflösung nach
y ist nicht möglich.*

In Anlehnung an die zusammengesetzte Abbildung wird definiert:

D 6.3.13

> **Mittelbare Funktion**
> Gegeben seien die Funktionen $z = f(y)$ und $y = g(x)$ und
> es sei $W(g) \subset D(f)$. Dann ist für $x \in D(g)$ auch die
> Funktion $z = f(g(x))$ definiert. Sie heißt **mittelbare** oder
> **zusammengesetzte** Funktion und wird auch mit $f \circ g$
> bezeichnet: $z = f \circ g(x)$.   ·

Die zusammengesetzte Funktion $z = f(g(x))$ erhält man aus $z = f(y)$
und $y = g(x)$ dadurch, dass man y in $z = f(y)$ durch $g(x)$ ersetzt oder
substituiert.

B 6.3.14 a) *Es sei* $z = f(y) = y^2 + 4y - 12$; $D(f) = \mathbb{R}$ *und* $y = g(x) =$
$x + 2$; $D(g) = \mathbb{R}$, $W(g) = \mathbb{R}$. *Es ist* $D(f) \subset W(g)$. *Dann ergibt sich:*
$z = f \circ g(x) = f(g(x)) = (x + 2)^2 + 4(x + 2) - 12$
$\quad = x^2 + 4x + 4 + 4x + 8 - 12 = x^2 + 8x$;
$D(f \circ g) = \mathbb{R}$, $W(f \circ g) = \{z | z \in \mathbb{R} \wedge z \geq -16\}$.

b) *Es sei* $z = f(y) = \sqrt{y^2 - 20y + 100}$; $\quad D(f) = \{y | y \in \mathbb{R} \wedge y \geq 10\}$
und $y = g(x) = x^2 + 10$; $D(g) = \mathbb{R}$; $W(g) = \{y | y \in \mathbb{R} \wedge y \geq 10\}$.
Es ist $D(f) = W(g)$. *Setzt man* $y = g(x)$ *in* $f(y)$ *ein, so ergibt sich:*

$$z = f(g(x)) = \sqrt{(x^2 + 10)^2 - 20(x^2 + 10) + 100}$$
$$= \sqrt{x^4 + 20x^2 + 100 - 20x^2 - 200 + 100}$$
$$= \sqrt{x^4} = x^2;$$

$D(f \circ g) = \mathbb{R}$, $W(f \circ g) = \{z | z \in \mathbb{R} \wedge z \geq 0\}$.

Der Begriff der mittelbaren Funktion spielt u.a. für die Differentialrechnung eine wichtige Rolle. Dabei geht es vor allem darum, eine gegebene
Funktion als mittelbare Funktion zu interpretieren.

B 6.3.15 a) $y = \sqrt{x^2 + x}$ *kann als mittelbare Funktion mit* $y = \sqrt{z}$ *und*
$z = x^2 + x$ *aufgefasst werden;*
b) $y = a^{x - 3x^3}$ *ist eine mittelbare Funktion mit* $y = a^z$ *und* $z = x - 3x^3$.

D 6.3.16

> **Monotonie**
> Gegeben sei eine Funktion $f(x)$ mit $x \in \mathbb{R}$ und $f(x) \in \mathbb{R}$.
> Gilt für alle $x_1, x_2 \in D(f)$: $x_1 < x_2 \Rightarrow f(x_1) < f(x_2)$, so
> heißt die Funktion **streng monoton steigend**.
> Gilt für alle $x_1, x_2 \in D(f)$: $x_1 < x_2 \Rightarrow f(x_1) > f(x_2)$, so
> heißt die Funktion **streng monoton fallend**.
> Gilt $x_1 < x_2 \Rightarrow f(x_1) \leq f(x_2)$ bzw. $f(x_1) \geq f(x_2)$, so
> heißt die Funktion **monoton steigend** bzw. **fallend**.

Bei einer streng monoton steigenden Funktion entsprechen also zunehmenden x-Werten zunehmende Funktionswerte und bei einer streng
monoton fallenden Funktion zunehmenden x-Werten fallende Funktionswerte.

Bei Monotonie (ohne den Zusatz streng) entsprechen zunehmenden x-
Werten zunehmende bzw. abnehmende oder gleichbleibende Funktionswerte.

B 6.3.17 a) $y = a^x$, $a > 1$. $x_1 < x_2 \Rightarrow a^{x_1} < a^{x_2} \Rightarrow f(x_1) < f(x_2)$. *Die
Funktion ist streng monoton steigend.*

b) $y = -4x + 5$. $x_1 < x_2 \Rightarrow -4x_1 > -4x_2 \Rightarrow -4x_1 + 5 > -4x_2 + 5$.
*Aus $x_1 < x_2$ folgt also $f(x_1) > f(x_2)$. Die gegebene Funktion ist streng
monoton fallend.*

Anmerkung: Manchmal wird Monotonie auch wie folgt definiert: Gegeben
sei eine Funktion $y = f(x)$. Falls aus $x_1 < x_2$ folgt $f(x_1) < f(x_2)$ (bzw.
$f(x_1) > f(x_2)$) heißt die Funktion monoton steigend (bzw. fallend); falls aus
$x_1 < x_2$ folgt $f(x_1) \le f(x_2)$ (bzw. $f(x_1) \ge f(x_2)$) heißt f monoton nicht
abnehmend (bzw. monoton nicht steigend).

Die Monotonie kann auch getrennt für Teilbereiche des Definitionsbereichs einer Funktion betrachtet werden und dann in einzelnen Teilbe-
reichen unterschiedlich sein.

B 6.3.18 *Die Funktion $y = 0{,}5x^3 - 1{,}5x^2 - 4{,}5x + 5$ ist streng monoton*

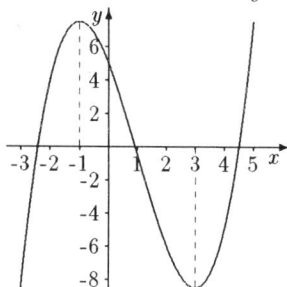

*steigend für $x < -1$ und für $x > 3$. Für
$-1 < x < 3$ ist sie streng monoton fallend. Vgl. dazu F 6.3.19.*

F 6.3.19
Da es bei einer im gesamten Definitionsbereich streng monoton steigenden oder streng monoton fallenden Funktion zu jedem y nur ein x
geben kann, ergibt sich unmittelbar der folgende Satz.

R 6.3.20

> Zu jeder im gesamten Definitionsbereich streng monoton
> steigenden oder streng monoton fallenden Funktion exis-
> tiert eine Umkehrfunktion.

Können Funktionswerte nicht beliebig groß und/oder beliebig klein werden, spricht man von Beschränktheit der Funktion.

D 6.3.21

> **Beschränktheit**
> Gegeben sei eine Funktion $y = f(x)$ und ein $c \in \mathbb{R}$ ($c =$
> const.).Wenn für alle Funktionswerte $f(x)$ gilt:
> $|f(x)| \le c$, so heißt f **beschränkt**;
> $f(x) \le c$, so heißt f **nach oben beschränkt**;
> $f(x) \ge c$, so heißt f **nach unten beschränkt**.
> c heißt eine (**untere** bzw. **obere**) **Schranke von f**.

B 6.3.22 a) *Die Funktion* $y = \sin x$ *ist beschränkt, da für alle Argumente* x *gilt* $|\sin x| \leq 1$. *Der Wert 1 ist eine Schranke der Funktion. Man beachte aber, dass auch* $c = 2$ *oder* $c = 120$ *Schranken der Funktion* $y = \sin x$ *sind, d.h. alle* $c \in \mathbb{R}$ *mit* $c \geq 1$.
b) $y = 2x^2 + 3$ *ist nach unten beschränkt, da für alle Funktionswerte* y *gilt* $y \geq 3$. *Der Wert 3 ist eine untere Schranke.*

D 6.3.23

> **Konvexität**
> Gegeben sei die Funktion $y = f(x)$ mit dem Definitionsbereich $D(f)$. Ferner sei I ein Intervall aus dem Definitionsbereich von f. Wenn für beliebige Werte x_1, x_2 aus I gilt:
> $f\left(\frac{1}{2}(x_1 + x_2)\right) \geq \frac{1}{2}\left(f(x_1) + f(x_2)\right)$, so heißt f **konkav**;
> $f\left(\frac{1}{2}(x_1 + x_2)\right) \leq \frac{1}{2}\left(f(x_1) + f(x_2)\right)$, so heißt f **konvex**.

Die Begriffe **konvex** und **konkav** können an der grafischen Darstellung einer Funktion veranschaulicht werden (vgl. F 6.3.24). Eine Funktion ist in einem Intervall **konvex** (von unten), wenn in diesem Intervall jede Sehne, d.h. Verbindungslinie zweier Kurvenpunkte, stets oberhalb der Kurve verläuft. Die Funktion in Figur 6.3.24 ist z.B. in dem Bereich von x_2 bis x_3 konvex.

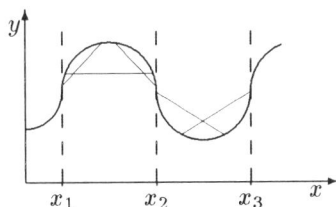

F 6.3.24 Konvexität

Verläuft die Sehne stets unterhalb der Kurve, dann ist die Funktion **konkav** (oder konvex von oben). Die Funktion in Figur 6.3.24 ist zwischen x_1 und x_2 konkav.

Anschaulich beziehen sich die Begriffe konkav und konvex in D 6.3.23 auf eine Betrachtung der Funktion von unten. Im Zweifelsfall ist das ausdrücklich zu vermerken, da natürlich auch eine Betrachtung von oben möglich ist. Konkav von unten entspricht dann konvex von oben und umgekehrt.
Die Untersuchung einer Funktion auf Monotonie und auf Konvexität wird meistens mit Hilfe der Differentialrechnung durchgeführt. Darauf wird in Band 2 eingegangen.

D 6.3.25

> **Symmetrie**
> Eine Funktion $y = f(x)$ heißt **spiegel- oder achsensymmetrisch um** a, wenn gilt $f(a + x) = f(a - x)$.
> $y = f(x)$ heißt **punktsymmetrisch** um den Punkt P, wenn eine Drehung der Funktion um $180°$ um den Punkt P die gleiche Funktion ergibt.

B 6.3.26 a) *Die Funktion* $y = x^2$ *ist achsensymmetrisch um 0, denn es gilt* $f(-x) = (-x)^2 = x^2 = f(x)$.
b) *Die Funktion* $y = f(x) = a^{(x-b)^2}$ *ist achsensymmetrisch um b, denn es gilt* $f(b+x) = a^{(b+x-b)^2} = a^{(b-x-b)^2} = f(b-x)$.
c) $y = x^3$ *ist punktsymmetrisch um* $(x,y) = (0,0)$. *Dreht man die Funktion um diesen Punkt um* $180°$, *erhält man die gleiche Funktion.*

Zum Schluss dieses Abschnitts sei noch auf den wichtigen Begriff der **Stetigkeit einer Funktion** eingegangen. Anschaulich gesehen ist eine Funktion dann stetig, wenn man sie zeichnen kann, ohne den Zeichenstift dabei abzusetzen. Allgemein gilt:

D 6.3.27

> **Stetigkeit**
> Eine Funktion $y = f(x)$ heißt **stetig an der Stelle** $x_0 \in D(f)$, wenn sich zu jedem beliebig kleinen $\varepsilon \in \mathbb{R}^+$ ein $\delta \in \mathbb{R}^+$ finden lässt, so dass für alle x-Werte, die weniger als δ von x_0 entfernt liegen, die zugehörigen y-Werte weniger als ε von $y_0 = f(x_0)$ entfernt liegen; wenn also aus $|x - x_0| < \delta$ stets $|f(x) - f(x_0)| < \varepsilon$ folgt.

Die Größe von δ hängt im Allgemeinen von ε und der Stelle x_0 ab.

D 6.3.28

> Ist eine Funktion an jeder Stelle ihres Definitionsbereichs stetig, so spricht man von einer **stetigen Funktion**.

Die Stetigkeit kann auch nur für einzelne Intervalle definiert werden. Ist $y = f(x)$ für $x = x_0$ nicht stetig, dann sagt man, sie sei dort **unstetig**. $x = x_0$ heißt auch **Unstetigkeitsstelle**. (Vgl. hierzu auch Abschnitt 8.5 über Grenzwerte von Funktionen.)

Aufgaben

Ü 6.3.1 *Bestimmen Sie die Inversen der Funktionen*
a) $y = a + \frac{b}{x}, x \neq 0$; **b)** $y = ax^3 + b$; **c)** $y = \frac{ax+b}{cx+d}, c \neq 0, x \neq -\frac{d}{c}$.

Ü 6.3.2 a) *Welche der folgenden Funktionen sind zueinander invers?*

(1) $y = \log x$;   (4) $y = \ln x, (x > 0)$;   (7) $x = ay$;
(2) $y = x^2, (x \geq 0)$;   (5) $x = y^2, (y \geq 0)$;   (8) $x = \frac{a}{y}, (y \neq 0)$;
(3) $x = e^y$;   (6) $y = \frac{a}{x}, (x \neq 0)$;   (9) $x = 10^y$;

b) *Geben Sie zu den Funktionen* (2), (3), (4), (6) *und* (9) *aus Teil* **a)** *der Aufgabe den Wertebereich an.*

Ü 6.3.3 *Auf welche Weise kann man grafisch prüfen, ob eine Funktion* $y = f(x)$ *eineindeutig ist?*

Ü 6.3.4 *Stellen Sie die Funktion* $y = \frac{1}{4}x^3$ *grafisch dar und bestimmen Sie grafisch die Inverse.*

Ü 6.3.5 *Gegeben seien die folgenden impliziten Formen von Funktionen:*
a) $ax + by + c \equiv 0$; **b)** $ax + bxy + cy + d \equiv 0$; **c)** $y^2 - 2xy + x^2 \equiv 0$.
Bestimmen Sie dazu die beiden expliziten Formen.

Ü 6.3.6 *Bestimmen Sie die expliziten Formen der Funktionen*
a) $y - x^2 y + 3x - 2 \equiv 0$; **b)** $y^x - e \equiv 0$.

Ü 6.3.7 *Gegeben seien die folgenden Funktionspaare* $y = g(x)$ *und* $z = f(y)$. *Bestimmen Sie die mittelbaren Funktionen* $z = f(g(x))$:
a) $y = ax + b$, $z = cy + d$; **b)** $y = \sqrt{x}$, $z = ay^2 + b$;
c) $y = ax^2 + bx$, $z = cy^2 + dy$.

Ü 6.3.8 *Untersuchen Sie die folgenden Funktionen auf Monotonie:*
a) $f(x) = 3x^3 + 4$; **b)** $f(x) = x^2 + 2$; **c)** $f(x) = e^x$; **d)** $f(x) = e^{x^2}$;
e) $f(x) = -x^3 - 2x + 5$.

Ü 6.3.9 *Zeigen Sie, dass die Funktion* $y = x^n$ *für ungerades* $n > 0$ *streng monoton steigend ist. Was gilt für gerades* n?

Ü 6.3.10 *Untersuchen Sie die folgenden Funktionen auf Beschränktheit:*
a) $y = \cos x$; **b)** $y = -x^2 - 4x + 2$; **c)** $y = e^x - 2$.

Ü 6.3.11 *Ist die Funktion* $f(x) = x^2$ *konvex oder konkav?*

Ü 6.3.12 *Welche der folgenden Funktionen sind spiegelsymmetrisch?*
a) $y = x^4 + x^2$; **b)** $y = x^4 + x^2 + 10$; **c)** $y = e^{(x-c)^2}$.

6.4 Nullstellen von Funktionen

Häufig interessiert man sich für die Werte der unabhängigen Variablen einer Funktion, für die der Funktionswert 0 wird.

D 6.4.1

> **Nullstelle einer Funktion**
> Gegeben sei eine Funktion $y = f(x)$. Ein Wert x_0 der unabhängigen Variablen x, für den gilt $f(x_0) = 0$, heißt Nullstelle der Funktion.

B 6.4.2 *Die Funktion* $y = x^2 + ax + b$ *besitzt* **zwei** *reelle Nullstellen*
$x_1 = -\frac{a}{2} + \sqrt{\frac{a^2}{4} - b}$ *und* $x_2 = -\frac{a}{2} - \sqrt{\frac{a^2}{4} - b}$ *falls* $\frac{a^2}{4} > b$. *Sie besitzt*

eine Nullstelle $x = -\frac{a}{2}$ *falls* $\frac{a^2}{4} = b$. *Für* $\frac{a^2}{4} < b$ *besitzt sie* **keine** *reelle Nullstelle. Vgl. dazu auch* R 2.5.9.

Die Bestimmung der Nullstellen einer Funktion $y = f(x)$ geschieht dadurch, dass man $f(x) = 0$ setzt und die sich dafür ergebende Gleichung nach x auflöst.

B 6.4.3   a) $y = 4x - 8$; $4x - 8 = 0 \Rightarrow x_0 = 2$.

b) $y = x^2 - 4x - 5$; $x^2 - 4x - 5 = 0 \Rightarrow x_{1/2} = 2 \pm \sqrt{4 + 5}$
$\qquad = 2 \pm \sqrt{9} = 2 \pm 3 \Rightarrow x_1 = -1$, $x_2 = 5$.

c) $y = 3 \cdot 2^x - 24$; $3 \cdot 2^x - 24 = 0 \Rightarrow 3 \cdot 2^x = 24 \Rightarrow 2^x = 8 \Rightarrow x_0 = 3$.

d) $y = 10^x + 3$; $10^x + 3 = 0 \Rightarrow 10^x = -3$. *Es gibt kein* $x \in \mathbb{R}$, *für das gilt:* $10^x = -3$. *Die Funktion hat keine Nullstelle.*

In der grafischen Darstellung entsprechen die Nullstellen einer Funktion ihren Schnittpunkten mit der x-Achse. In F 6.4.4 sind die Funktionen aus B 6.4.3 grafisch dargestellt.

$y = 4x - 8$ $\qquad$ $y = x^2 - 4x - 5$ $\qquad$ $y = 3 \cdot 2^x - 24$ $\qquad$ $y = 10^x + 3$

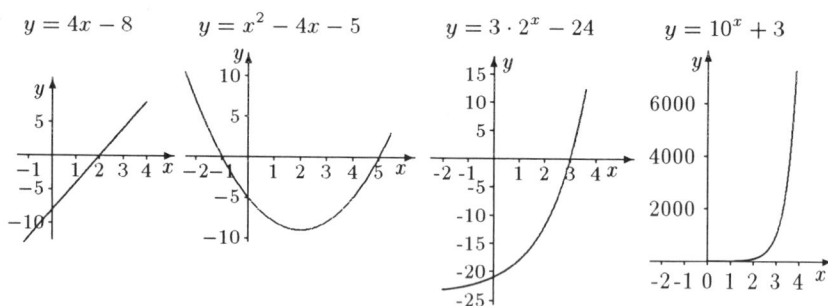

F 6.4.4   Funktionen und ihre Nullstellen

Die Bestimmung der Nullstellen von Funktionen ist nur in einfachen Fällen ohne Probleme möglich.[1] Wenn einfache Verfahren zur Nullstellenbestimmung nicht anwendbar sind, hilft man sich in sehr vielen Fällen mit **Näherungsverfahren**. Diesen liegt meistens folgende Regel zugrunde:

---

[1] Vgl. dazu Abschnitt 2.5 in diesem Buch und die Ausführungen über die Bestimmung der Lösungen von Gleichungen in SCHWARZE, J.: Mathematik für Wirtschaftswissenschaftler, Elementare Grundlagen für Studienanfänger, Herne/Berlin, NWB-Verlag (Abschnitte 7.3, 7.6, 7.9 und Kapitel 9).

R 6.4.5

> Ist die Funktion $y = f(x)$ im Intervall $\{x | x_1 \leq x \leq x_2\}$ stetig und gilt $f(x_1)f(x_2) < 0$, d.h. haben $f(x_1)$ und $f(x_2)$ entgegengesetztes Vorzeichen, dann gibt es wenigstens ein x_0 mit $x_1 < x_0 < x_2$ und $f(x_0) = 0$, d.h. es gibt wenigstens eine Nullstelle zwischen x_1 und x_2.

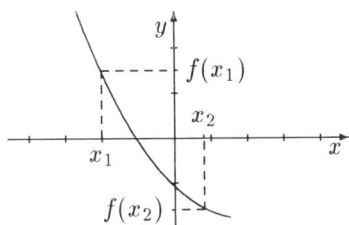

Anhand einer grafischen Darstellung wie in F 6.4.6 kann man sich R 6.4.5 leicht klar machen. Das Bild der Funktion muss von $f(x_1) > 0$ (oder < 0) bei einer stetigen Funktion ohne Sprung zu $f(x_2) < 0$ (oder $>$ 0) führen. Dabei muss dann wenigstens einmal die x-Achse geschnitten werden.

F 6.4.6 Nullstelle einer Funktion

Eines der bekanntesten Näherungsverfahren zur Nullstellenbestimmung ist die **Regula Falsi** (Verfahren der linearen Interpolation). Bei der Regula Falsi geht man von R 6.4.5 aus. Zwischen den beiden Werten x_1 und x_2 der Funktion $y = f(x)$ mit $f(x_1)f(x_2) < 0$ wird die Funktion linear angenähert, indem man durch die Punkte $(x_1, f(x_1))$ und $(x_2, f(x_2))$ eine Gerade legt. Der Schnittpunkt dieser Geraden mit der Abszisse ist eine erste Näherung für eine Nullstelle. Ist die Näherung noch nicht ausreichend, so wird diese lineare Näherung wiederholt, und zwar schrittweise solange, bis man eine Nullstelle gefunden hat oder die Näherung gut genug ist, wobei x_1 oder x_2 durch die Näherung ersetzt wird, je nachdem, ob der Funktionswert der Näherung größer oder kleiner 0 ist. Für die Güte der Näherung benötigt man ein Gütekriterium (s.u.).
Das Vorgehen soll zunächst an einem grafischen Beispiel erläutert werden.

B 6.4.7 *In F 6.4.8 ist eine Funktion dargestellt und für x_1 und x_2 gilt $f(x_1)f(x_2) < 0$, d.h. die Funktionswerte bei x_1 und x_2 haben entgegengesetztes Vorzeichen. Die geradlinige Verbindung der Punkte A und B ergibt bei x_3 einen Schnittpunkt mit der x-Achse. Das ist die erste Näherung für die Nullstelle. Bei x_3 liegt der Punkt C. Im nächsten Schritt wird nun A mit C geradlinig verbunden. Als nächste Näherung für die Nullstelle erhält man dabei x_4. Es wird dann A mit D geradlinig verbunden usw. Das Verfahren wird abgebrochen, wenn der Funktionswert einer angenäherten Nullstelle nahe genug bei Null liegt oder wenn die beiden Werte der unabhängigen Variablen, zwischen denen die Funktion linear approximiert wird, nahe genug beieinander liegen. Dafür wird eine Schranke vorgegeben.*

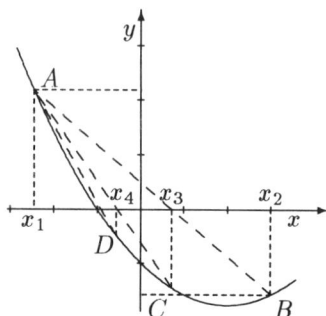

F 6.4.8

An F 6.4.8 kann man sich Folgendes deutlich machen (Benutzung der Strahlensätze):

$$\frac{x_2 - x_1}{f(x_2) - f(x_1)} = \frac{x_3 - x_1}{-f(x_1)}.$$

Daraus folgt durch Auflösung der Gleichung nach x_3:

$$x_3 = x_1 - \frac{x_2 - x_1}{f(x_2) - f(x_1)} f(x_1).$$

Mit dieser Gleichung kann zu einer gegebenen Funktion und zu gegebenen Werten x_1 und x_2 mit $f(x_1)f(x_2) < 0$ ein Näherungswert für eine Nullstelle bestimmt werden.

R 6.4.9

> **Regula Falsi**
> **Verfahren zur näherungsweisen Bestimmung von Nullstellen einer Funktion:**
> Gegeben sei eine Funktion $y = f(x)$, die im Intervall (x_1, x_2) stetig ist, und es sei $f(x_1)f(x_2) < 0$. Ferner sei $c \in \mathbb{R}^+$ gegeben.
>
> (1) Bestimme $x_3 = x_1 - \dfrac{x_2 - x_1}{f(x_2) - f(x_1)} f(x_1)$.
> Gehe zu (2).
> (2) Berechne $f(x_3)$.
> Falls $f(x_3) = 0$, liegt bei x_3 eine Nullstelle.
> Gehe zu (5). Falls $f(x_3) \neq 0$, gehe zu (3).
> (3) Falls $|f(x_3)| < c$, ist die Näherung ausreichend.
> Gehe zu (5). Andernfalls gehe zu (4).
> (4) Bestimme $f(x_3)f(x_1)$.
> Falls $f(x_3)f(x_1) < 0$, setze $x_2 := x_3$ (x_2 wird durch x_3 ersetzt).
> Falls $f(x_3)f(x_1) > 0$, setze $x_1 := x_3$ (x_1 wird durch x_3 ersetzt).
> Gehe zu (1).
> (5) Ende.

In Schritt (3) wird geprüft, ob $f(x_3)$ so klein ist, dass x_3 eine ausreichend gute Näherung für die gesuchte Nullstelle ist. Dazu wird eine Schranke c vorgegeben. In Schritt (4) wird x_1 oder x_2 durch x_3 ersetzt, und zwar so, dass die Funktionswerte der beiden „neuen" x-Werte entgegengesetztes Vorzeichen haben.

B 6.4.10 *Für die Funktion $y = f(x) = x^3 - 1{,}75x^2 + 2x - 3{,}5$ und $x_1 = 1, x_2 = 2$ gilt $f(1) = -2{,}25$ und $f(2) = 1{,}5$, also $f(1)f(2) < 0$. Es sei $c = 0{,}0002$.*

(1) $x_3 = 1 - \dfrac{2 - 1}{1{,}5 - (-2{,}25)}(-2{,}25) = 1 + 0{,}6 = 1{,}6.$

(2) $f(1{,}6) = -0{,}684.$

(3) $|f(1{,}6)| = 0{,}684 > c.$

(4) $f(1{,}6)f(1) = 1{,}539 > 0.\ x_1 := 1{,}6.$

Im nächsten Schritt (Iteration 2) ergibt sich

(1) $x_3 = 1{,}6 - \dfrac{2 - 1{,}6}{1{,}5 - (-0{,}684)}(-0{,}684) = 1{,}7253.$

(2) $f(1{,}7253) = -0{,}123.$

(3) $|f(1{,}7253)| = 0{,}123 > c.$

(4) $f(1{,}7253)f(1{,}6) > 0,\ x_1 := 1{,}7253.$

Iteration 3

(1) $x_3 = 1{,}7253 - \dfrac{2 - 1{,}7253}{1{,}5 - (-0{,}123)}(-0{,}123) = 1{,}7461.$

(2) $f(1{,}7461) = -0{,}0197.$

(3) $|f(1{,}7461)| = 0{,}0197 > c.$

(4) $f(1{,}7461)f(1{,}7253) > 0,\ x_1 := 1{,}7461.$

Iteration 4

(1) $x_3 = 1{,}7461 - \dfrac{2 - 1{,}7461}{1{,}5 - (-0{,}0197)}(-0{,}0197) = 1{,}7494.$

(2) $f(1{,}7494) = -0{,}003036.$

(3) $|f(1{,}7494)| = 0{,}003036 > c.$

(4) $f(1{,}7494)f(1{,}7461) > 0,\ x_1 := 1{,}7494.$

Iteration 5

(1) $x_3 = 1{,}7494 - \dfrac{2 - 1{,}7494}{1{,}5 - (-0{,}003036)}(-0{,}003036) = 1{,}7499.$

(2) $f(1{,}7499) = -0{,}000506215.$

(3) $|f(1{,}7499)| = 0{,}000506215 > c.$

(4) $f(1{,}7499)f(1{,}7494) > 0,\ x_1 := 1{,}7499.$

Iteration 6

(1) $x_3 = 1,7499 - \dfrac{2 - 1,7499}{1,5 - (-0,000506215)}(-0,000506215) = 1,74998.$

(2) $f(1,74998) = -0,00010125.$

(3) $|f(1,74998)| = 0,00010125 < c.$

Das Verfahren ist damit beendet. Rundet man den gefundenen Wert, ergibt sich $x = 1,75$ mit $f(1,75) = 0$.

Das Beispiel zeigt, dass man mit der Regula Falsi gute Näherungslösungen für Nullstellen bestimmen kann. Allerdings konvergiert das Verfahren langsam, und es entsteht ein hoher Rechenaufwand.

An dem Beispiel kann man sich auch deutlich machen, dass der Abstand von x_1 und x_2 nicht immer ein Gütekriterium für eine Näherungslösung liefert. In dem Beispiel nähert man sich der Nullstelle von links, die Näherungslösungen sind immer kleiner als $x = 1,75$. Da für alle Schritte gilt $x_2 = 2$ und $x_1 < 1,75$, ist der Abstand $|x_2 - x_1|$ immer größer als 0,25.

Anstelle von Schritt (1) bei der Regula Falsi (R 6.4.9), der aus der linearen Approximation der Funktion zwischen x_1 und x_2 entsteht, kann man x_3 auch als die Mitte des Intervalls zwischen x_1 und x_2 bestimmen und im übrigen wie bei der Regula Falsi vorgehen. Diesen Ansatz verwendet das so genannte Halbierungsverfahren.

R 6.4.11

> **Halbierungsverfahren**
> **zur näherungsweisen Bestimmung von Nullstellen**
> **einer Funktion:**
> Gegeben sei eine Funktion $y = f(x)$, die im Intervall (x_1, x_2) stetig ist, und es sei $f(x_1)f(x_2) < 0$. Ferner sei $c \in \mathbb{R}^+$ gegeben.
> (1) Bestimme $x_3 = \frac{x_1 + x_2}{2}$.
> (2) Berechne $f(x_3)$. Falls $f(x_3) = 0$, liegt bei x_3 eine Nullstelle. Gehe zu (5). Falls $f(x_3) \neq 0$, gehe zu (3).
> (3) Falls $|f(x_3)| < c$, ist die Näherung ausreichend. Gehe zu (5). Andernfalls gehe zu (4).
> (4) Bestimme $f(x_3)f(x_1)$. Falls $f(x_3)f(x_1) < 0$, setze $x_2 := x_3$. Falls $f(x_3)f(x_1) > 0$, setze $x_1 := x_3$. Gehe zu (1).
> (5) Ende.

B 6.4.12 *Es wird die Funktion $y = x^3 - 1,75x^2 + 2x - 3,5$ untersucht. Mit $x_1 = 1$ und $x_2 = 2$, d.h. $f(1) = -2,25$ und $f(2) = 1,5$, sowie $c = 0,001$ ergibt sich:*

Iteration 1

(1) $x_3 = \frac{1+2}{2} = 1{,}5$.

(2) $f(1{,}5) = -1{,}0625$.

(3) $|f(1{,}5)| = 1{,}0625 > c$.

(4) $f(1{,}5)f(1) = +2{,}39 > 0$, $x_1 := 1{,}5$.

Iteration 2

(1) $x_3 = \frac{1{,}5+2}{2} = 1{,}75$.

(2) $f(1{,}75) = 0$. *Bei $x = 1{,}75$ liegt eine Nullstelle.*

Ein weiteres Verfahren zur näherungsweisen Nullstellenbestimmung geht auf NEWTON zurück. Es wird in Band 2 behandelt. Eine spezielle Möglichkeit zur Bestimmung der Nullstellen rationaler Funktionen wird weiter unten bei der Behandlung dieser Funktionen dargestellt.

Aufgaben

Die Übungsaufgaben 6.4.1 bis 6.4.4 sind Wiederholungen zu den Verfahren zum Auflösen von Gleichungen.[2]

Ü 6.4.1 *Bestimmen Sie die Nullstellen der folgenden Funktionen:*

a) $y = x^2 + 2x - 8$;   **b)** $y = 2x^2 - 12x + 18$;

c) $y = x^2 - 13x + 12$;   **d)** $y = 2x^2 - 9{,}8x - 19{,}2$.

Ü 6.4.2 *Bestimmen Sie die Nullstellen der folgenden Funktionen:*

a) $y = x^3 - 16x$;   **b)** $y = x^4 - 20x^2 + 64$;

c) $y = 3x^4 - 222x^2 + 3675$;   **d)** $y = 5x^4 - 180x^2$.

Ü 6.4.3 *Bestimmen Sie die Nullstellen der folgenden Funktionen:*

a) $y = 9x^{12} - 36x^{10}$;   **b)** $y = 7x^8 + 21x^7$;

c) $y = 3x^7 + 12x^6 - 15x^5$;   **d)** $y = 8x^{11} - 40x^{10} + 50x^9$.

Ü 6.4.4 *Bestimmen Sie die Nullstellen der folgenden Funktionen:*

a) $y = x^5 - 32$;   **b)** $y = 4x^3 + 108$;   **c)** $y = x^7 - 12$;

d) $y = 3^x - 9$;   **e)** $y = 4^x - 256$;   **f)** $y = 0{,}25^x - 256$;

g) $y = 12{,}1^x - 173$;   **h)** $y = 0{,}4^x - 0{,}7$.

Ü 6.4.5 *Die Funktion $y = 2x^3 - 21x^2 + 36x + 8$ hat eine Nullstelle zwischen $x_1 = 2$ und $x_2 = 3$. Bestimmen Sie einen Näherungswert für diese Nullstelle mit **a)** der Regula Falsi und **b)** dem Halbierungsverfahren ($c = 0{,}001$).*

Ü 6.4.6 *Die Funktion $y = x^5 - 3x^3 - 2x^2 + x + 1$ hat eine Nullstelle zwischen $x_1 = 1$ und $x_2 = 2$. Bestimmen Sie einen Näherungswert für diese Nullstelle mit der Regula Falsi ($c = 0{,}001$).*

---

[2]Vgl. dazu Abschnitt 7.9 und Kap. 9 aus SCHWARZE, J.: Mathematik für Wirtschaftswissenschaftler, Elementare Grundlagen für Studienanfänger, Herne/Berlin, NWB-Verlag.

6.5 Überblick über die elementaren Funktionen

Es gibt in der Mathematik eine Fülle unterschiedlicher Funktionen, die hier nicht alle behandelt werden können. In diesem Abschnitt wird zunächst ein Überblick und eine Einteilung der Funktionen in Klassen gegeben. Im nächsten Abschnitt wird dann auf einzelne Funktionen und ihre Eigenschaften eingegangen. Eine Möglichkeit zur Klassifizierung von Funktionen ist die Unterscheidung rationaler und irrationaler Funktionen.

D 6.5.1 | **Rationale Funktionen**
Eine Funktion der Form

$$y = \frac{a_n x^n + a_{n-1} x^{n-1} + \cdots + a_1 x + a_0}{b_m x^m + b_{m-1} x^{m-1} + \cdots + b_1 x + b_0} = \frac{\sum\limits_{i=0}^{n} a_i x^i}{\sum\limits_{j=0}^{m} b_j x^j}$$

mit $x \in \mathbb{R}$ und $\sum\limits_{j=0}^{m} b_j x^j \neq 0$; $a_i, b_j \in \mathbb{R}$

heißt **rationale** Funktion.
Alle Funktionen, die sich nicht auf die angegebene Form bringen lassen, heißen **irrational**.

B 6.5.2 *Die Funktion* $y = \frac{x^3 + 5x^2 + 7x - 2}{x^4 - x^2 + 2x}$ *ist eine rationale Funktion.*
$y = \sqrt{x^2 + x - 2}$ *ist irrational.*

Neben der Einteilung der Funktionen in rationale und irrationale kann auch eine Klassifizierung der Funktionen in algebraische und transzendente erfolgen.

D 6.5.3 | **Algebraische Funktionen**
Eine Funktion $p_0(x) + p_1(x)y + p_2(x)y^2 + \ldots + p_n(x)y^n \equiv 0$,
bzw. $\sum\limits_{i=0}^{n} p_i(x)y^i \equiv 0$, mit $p_i(x) = \sum\limits_{j=0}^{m_i} a_{ij} x^j$ heißt **algebraische** Funktion.
Alle nichtalgebraischen Funktionen heißen **transzendent**.

Die rationalen Funktionen sind ein Sonderfall der algebraischen Funktionen, und zwar erhält man für $n = 1$ eine rationale Funktion, denn aus $p_0(x) + p_1(x)y \equiv 0$ folgt $y = -\frac{p_0(x)}{p_1(x)}$. Zur Klasse der algebraischen Funktionen gehören auch alle **Wurzelfunktionen**.

B 6.5.4 *Die Funktion* $y = \sqrt{x^2 + \sqrt{x}}$ *ist eine algebraische Funktion. Um das zu zeigen wird die Funktion umgeformt:*
$y^2 = x^2 + \sqrt{x}$ *oder* $y^2 - x^2 = \sqrt{x}$ *oder* $(y^2 - x^2)^2 = x$ *oder*
$y^4 - 2x^2y^2 + x^4 = x$ *und schließlich* $x^4 - x - 2x^2y^2 + y^4 \equiv 0$.
Dieses ist eine algebraische Funktion mit
$p_0(x) = x^4 - x$; $p_2(x) = -2x^2$; $p_4(x) = 1$; $p_1(x) = p_3(x) \equiv 0$.

Zu den transzendenten Funktionen gehören die trigonometrischen Funktionen, Logarithmusfunktionen und Exponentialfunktionen.

B 6.5.5 *Transzendente Funktionen sind also z.B.*
$y = \sin x$; $y = \cos x$; $y = \log x$; $y = a^x$.

Die folgende Figur 6.5.6 veranschaulicht die Klassifizierungen aus D 6.5.1 und D 6.5.3.

rationale	irrationale	
algebraisch rationale	algebraisch irrationale	transzendent irrationale
algebraische		transzendente

F 6.5.6 Klassifizierung von Funktionen

Aufgaben

Ü 6.5.1 *Bringen Sie a)* $y = \sqrt[3]{x^2 - \sqrt{x+3}}$ *und b)* $y = \sqrt{x^3 - \sqrt{x^2}} - 2$ *auf die in D 6.5.3 eingeführte allgemeine Form der algebraischen Funktion.*

6.6 Elementare Funktionen und ihre Eigenschaften

Dieser Abschnitt ist den wichtigsten elementaren Funktionen und ihren Eigenschaften gewidmet.

a) Ganze rationale Funktionen
Gilt für den Nenner einer rationalen Funktion (D 6.5.1) $m = 0$ und $b_0 \neq 0$, dann erhält man eine ganze rationale Funktion:

D 6.6.1

Ganze rationale Funktion
Eine Funktion der Form
$$y = a_n x^n + a_{n-1} x^{n-1} + \ldots + a_1 x + a_0 = \sum_{i=0}^{n} a_i x^i,$$
$a_i \in \mathbb{R}$, $i = 0, \ldots, n$, heißt **ganze rationale Funktion** **n-ten Grades**.

B 6.6.2   *Die einfachste Form einer ganzen rationalen Funktion neben der Konstanten $y = c$ ist die lineare Funktion $y = ax + b$. Auch die Parabel $y = ax^2 + bx + c$ ist eine ganze rationale Funktion, ebenso wie die Funktion $y = ax^3 + bx^2 + cx + d$.*

$$y = x^2 - 1{,}5x - 4$$

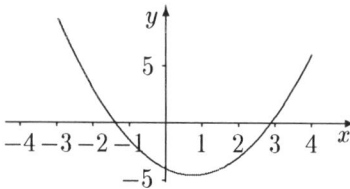

$$y = -1{,}5x^2 + 4$$

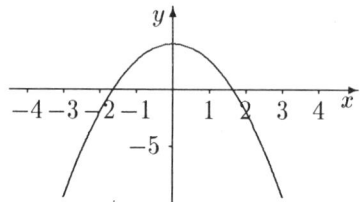

$$y = 0{,}2x^4 - 2x^2 + 8$$

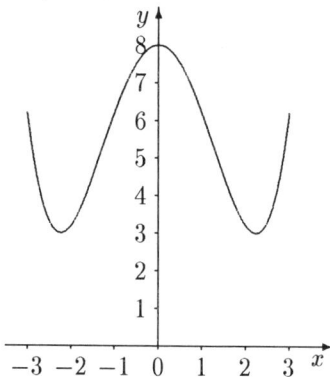

$$y = -\frac{4}{3}x^6 + 10x^4 - 16x^2 + 5$$

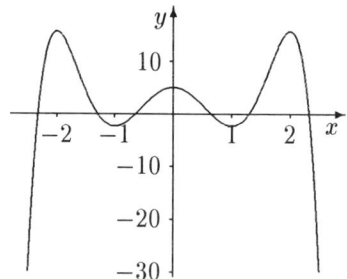

$$y = x^3 - 1{,}5x + 2$$

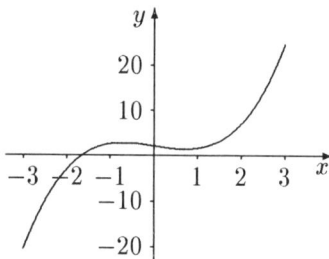

$$y = -0{,}2x^5 + \frac{5}{3}x^3 - 4x + 1$$

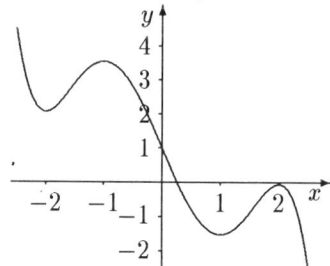

F 6.6.3 Beispiele ganzer rationaler Funktionen

D 6.6.4 | **Polynom n-ten Grades**
Ein Ausdruck der Form
$$a_n x^n + a_{n-1} x^{n-1} + \ldots + a_1 x + a_0 \text{ bzw. } \sum_{i=0}^{n} a_i x^i,$$
$a_i \in \mathbb{R}$ für $i = 0, \ldots, n$,
heißt auch Polynom n-ten Grades in x.

Wegen D 6.6.4 werden ganze rationale Funkionen auch als Polynome bezeichnet.

Für ganze rationale Funktionen n-ten Grades und ihre grafische Darstellung gilt Folgendes:

– Ist n gerade und $a_n > 0$, so ist die Funktion nach unten beschränkt;
– ist n gerade und $a_n < 0$, so ist die Funktion nach oben beschränkt;
– ist n ungerade, so ist die Funktion nicht beschränkt.

Für die Bestimmung der Nullstellen einer ganzen rationalen Funktion sind die folgenden Regeln wichtig.

R 6.6.5 | Eine ganze rationale Funktion n-ten Grades hat höchstens n reelle Nullstellen $x_1, \ldots, x_n$.

R 6.6.6 | Gilt für zwei Nullstellen x_i und x_j $(i \neq j)$ $x_i = x_j = x_r$, so heißt x_r **zweifache Nullstelle.** Gilt für Nullstellen $x_i, x_j, x_k, \ldots$ $(i \neq j \neq k, i \neq k)$ $x_i = x_j = x_k = \ldots = x_s$, so heißt x_s **mehrfache Nullstelle.**

B 6.6.7 *Die ganze rationale Funktion 2. Grades $y = a_2 x^2 + a_1 x + a_0$ hat z.B. zwei, eine doppelte oder keine Nullstelle, je nachdem, ob $(a_1^2/4a_2 - a_0) > 0, = 0$ oder < 0 ist (vgl. R 2.5.9).*

B 6.6.8 *Für $y = x^3 - 9x^2 + 27x - 27$ gilt $x^3 - 9x^2 + 27x - 27 = (x-3)^3$. Die Funktion hat eine dreifache Nullstelle bei $x_3 = 3$.*

Für den Fall, dass n (nicht notwendigerweise verschiedene) Nullstellen existieren, gilt folgender Satz:

R 6.6.9 | Für eine ganze rationale Funktion
$$y = a_n x^n + a_{n-1} x^{n-1} + \ldots + a_1 x + a_0 = \sum_{i=0}^{n} a_i x^i$$
mit den n Nullstellen $x_1, x_2, \ldots, x_n$ gilt:
$$\sum_{i=0}^{n} a_i x^i = a_n (x - x_1)(x - x_2)(x - x_3) \ldots (x - x_n).$$

Auf R 6.6.9 baut die folgende Regel auf.

R 6.6.10

> Ist $x = x_1$ eine Nullstelle der ganzen rationalen Funktion $y = \sum_{i=0}^{n} a_i x^i$, so kann das **Polynom** $\sum_{i=0}^{n} a_i x_i$ ohne Rest durch $(x - x_1)$ dividiert werden:
> $\left(\sum_{i=0}^{n} a_i x^i \right) : (x - x_1) = \sum_{i=0}^{n-1} b_i x^i$. Das Ergebnis ist eine ganze rationale Funktion $(n-1)$-ten Grades. Die Nullstellen dieser Funktion sind zugleich Nullstellen der ursprünglichen Funktion.

Diese Regel ist wichtig, wenn man zu einem Polynom bereits eine oder mehrere Nullstellen kennt und weitere bestimmen will.

Kennt man mehrere Nullstellen $x_1, x_2, \ldots, x_r$ eines Polynoms, so kann man gleich durch $(x - x_1)(x - x_2) \ldots (x - x_r) = \prod_{p=1}^{r} (x - x_p)$ dividieren.
Für die Division wird das Polynom nach fallenden Potenzen von x geordnet. Im ersten Schritt wird das Glied mit dem höchsten Exponenten des Polynoms durch das Glied mit dem höchsten Exponenten des Divisors dividiert. Diese Division ergibt das erste Glied des Quotienten. Dieses erste Glied des Quotienten wird mit dem ganzen Divisor multipliziert und anschließend vom Dividenden gliedweise subtrahiert. Mit dem sich nach der Subtraktion ergebenden Rest verfährt man in gleicher Weise, bis sich der Rest Null ergibt.

In dem folgenden Beispiel sind rechts von der senkrechten Linie zusätzliche Erläuterungen gegeben.

B 6.6.11 $y = x^4 - x^3 - 28x^2 - 20x + 48$ *hat die Nullstellen* $x_1 = 1$ *und* $x_2 = -2$. *Es ist* $(x - x_1)(x - x_2) = (x - 1)(x + 2) = x^2 + x - 2$.
Die Division ergibt:

$$
\begin{array}{ll}
(x^4 - x^3 - 28x^2 - 20x + 48) : (x^2 + x - 2) & \left| \begin{array}{l} x^4 : x^2 = x^2 \\ (x^2 + x - 2)x^2 \end{array} \right.
\end{array}
$$

$(x^4 - x^3 - 28x^2 - 20x + 48) : (x^2 + x - 2)$	$x^4 : x^2 = x^2$
$\underline{x^4 + x^3 - 2x^2}$ $\qquad = x^2 - 2x - 24$	$(x^2 + x - 2)x^2$
$- 2x^3 - 26x^2 - 20x + 48$	$-2x^3 : x^2 = -2x$
$\underline{- 2x^3 - 2x^2 + 4x}$	$(x^2 + x - 2)(-2x)$
$- 24x^2 - 24x + 48$	$-24x^2 : x^2 = -24$
$\underline{- 24x^2 - 24x + 48}$	$(x^2 + x - 2)(-24)$
0	

Die Division ist ohne Rest möglich. Das Ergebnis ist $x^2 - 2x - 24$. *Die Auflösung von* $x^2 - 2x - 24 = 0$ *ergibt die beiden anderen Nullstellen* $x_3 = 6$ *und* $x_4 = -4$.

Es sei hier noch einmal erwähnt, dass sich die Nullstellen einer ganzen rationalen Funktion 2. Grades $y = a_2 x^2 + a_1 x + a_0$ aus

$$x_{1/2} = -\frac{a_1}{2a_2} \pm \sqrt{\frac{a_1^2}{4a_2^2} - \frac{a_0}{a_2}}$$ ergeben (vgl. R 2.5.8).

Man beachte, dass ein Polynom, dessen absolutes Glied verschwindet (in $\sum\limits_{i=0}^{n} a_i x^i$ gilt dann $a_0 = 0$), immer eine Nullstelle bei $x_1 = 0$ hat. Die Polynomdivision entspricht dann einfach dem Ausklammern von x,

d.h. $\sum\limits_{i=1}^{n} a_i x^i = x \cdot \sum\limits_{i=1}^{n} a_i x^{i-1} = x \cdot \sum\limits_{i=0}^{n-1} a_{i+1} x^i.$

B 6.6.12 *$y = x^5 - 5x^4 - 94x^3 + 104x^2 + 192x$ hat eine Nullstelle bei $x_1 = 0$ und zwei weitere Nullstellen bei $x_2 = -1$ und $x_3 = 2$. Es ist $(x - x_1)(x - x_2)(x - x_3) = x(x+1)(x-2) = x^3 - x^2 - 2x$. Durch dieses Polynom wird das ursprüngliche dividiert:*

$$
\begin{array}{l}
(x^5 - 5x^4 - 94x^3 + 104x^2 + 192x) : (x^3 - x^2 - 2x) = x^2 - 4x - 96 \\
\underline{x^5 - x^4 - 2x^3} \\
-4x^4 - 92x^3 + 104x^2 + 192x \\
\underline{-4x^4 + 4x^3 + 8x^2} \\
-96x^3 + 96x^2 + 192x \\
\underline{-96x^3 + 96x^2 + 192x} \\
0
\end{array}
$$

$x^2 - 4x - 96 = 0 \Rightarrow x_{4/5} = 2 \pm \sqrt{4 + 96} = 2 \pm 10, x_4 = 12, x_5 = -8.$

Damit sind alle Nullstellen bestimmt.

b) Gebrochene rationale Funktionen
Ist bei einer rationalen Funktion (vgl. D 6.5.1) $m > 0$ und $b_m \neq 0$ so spricht man auch von einer gebrochenen rationalen Funktion.

D 6.6.13

> **Gebrochene rationale Funktion**
> Eine rationale Funktion der Form
> $$y = \frac{a_n x^n + a_{n-1} x^{n-1} + \ldots + a_1 x + a_0}{b_m x^m + b_{m-1} x^{m-1} + \ldots + b_1 x + b_0} = \frac{\sum\limits_{i=0}^{n} a_i x^i}{\sum\limits_{j=0}^{m} b_j x^j},$$
> $a_i, b_j \in \mathbb{R}$, $b_m \neq 0$, $m \geq 1$, heißt **gebrochene rationale Funktion**.

Für gebrochene rationale Funktionen gilt Folgendes:

(1) Die **Nullstellen** einer gebrochenen rationalen Funktion ergeben sich als Nullstellen des Polynoms im Zähler. Dabei muss der Nenner von Null verschieden sein:

$$\frac{\sum\limits_{i=0}^{n} a_i x^i}{\sum\limits_{j=0}^{m} b_j x^j} = 0 \Leftrightarrow \sum_{i=0}^{n} a_i x^i = 0 \wedge \sum_{j=0}^{m} b_j x^j \neq 0.$$

Auf die Nullstellenbestimmung von Polynomen ist weiter oben ausführlich eingegangen worden. Deshalb wird die Nullstellenbestimmung gebrochener rationaler Funktionen hier nicht behandelt.

(2) Hat das Polynom im Nenner bei $x = x_0$ eine Nullstelle und ist das Polynom im Zähler an dieser Stelle von Null verschieden, d.h. gilt

$$\sum_{i=0}^{n} a_i x_0^i \neq 0 \text{ und } \sum_{j=0}^{m} b_j x_0^j = 0,$$

so hat die Funktion an dieser Stelle einen so genannten **Pol**; die Funktion ist an der Stelle x_0 nicht definiert (Division durch 0). Nähert sich x dem Wert x_0, so geht der Funktionswert gegen plus oder minus unendlich. Bei $x = x_0$ liegt eine Unstetigkeitsstelle.

(3) Werden an einer Stelle $x = x_0$ Zähler und Nenner Null, so ist die Funktion an dieser Stelle ebenfalls nicht definiert. Ist dabei der Grad des Polynoms im Zähler größer als der Grad des Polynoms im Nenner, kann die gebrochene rationale Funktion durch $x - x_0$ oder, bei einer n-fachen Nullstelle bei x_0, durch $(x - x_0)^n$, $n > 1$ und $n \in \mathbb{N}$, gekürzt werden. Für die gekürzte Funktion kann dann der Funktionswert an der Stelle x_0 bestimmt werden. Die Unstetigkeitsstelle bei x_0 kann dadurch „beseitigt" werden. Man spricht von einer **hebbaren Unstetigkeitsstelle**.

B 6.6.14 *Bei der gebrochenen rationalen Funktion* $y = \dfrac{x^2 - 10x + 16}{x^2 - 5x + 6}$ *hat der Zähler Nullstellen bei $x_1 = 2$ und $x_2 = 8$ und der Nenner bei $x_3 = 2$ und $x_4 = 3$. F 6.6.15 zeigt die Zeichnung der Funktion. Die Funktion hat eine Nullstelle bei $x_2 = 8$ (Zähler Null, Nenner von Null verschieden). Bei $x_4 = 3$ hat sie einen Pol (Nenner Null, Zähler von Null verschieden). Bei $x_1 = x_3 = 2$ werden Zähler und Nenner 0. Die Funktion ist dort nicht definiert. Dividiert man Zähler und Nenner durch $x - 2$, so ergibt sich $y = \frac{x-8}{x-3}$. Für $x = 2$ nimmt diese Funktion den Wert $y = 6$ an. Aus F 6.6.15 ist zu ersehen, dass die ursprüngliche Funktion für x-Werte nahe bei 2 Funktionswerte nahe bei 6 annimmt. Die Unstetigkeitsstelle bei $x = 2$ wird dann dadurch behoben, dass man $f(2) := 6$ setzt.*

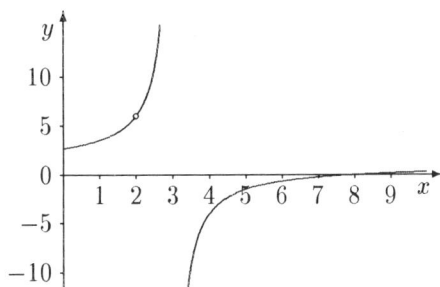

F 6.6.15 Funktion zu B 6.6.14

Von den gebrochenen rationalen Funktionen ist die einfachste Form:

$$y = \frac{a_1 x + b_1}{a_2 x + b_2}; a_2 \neq 0, a_2 x + b_2 \neq 0.$$

Es handelt sich hierbei um eine rechtwinklige Hyperbel, deren Asymptoten parallel zu den Koordinatenachsen verlaufen.

$$y = \frac{4x}{x^2 - 9}$$

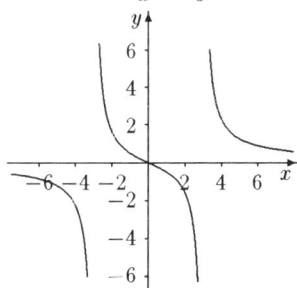

$$y = \frac{x^2 - 4}{x - 2}$$

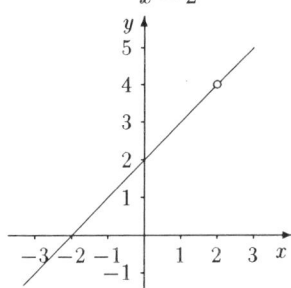

$$y = \frac{2x + 3}{x - 1}$$

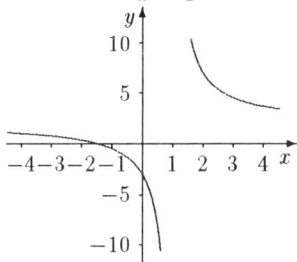

$$y = \frac{2x^2 - 9}{x^2 - 2}$$

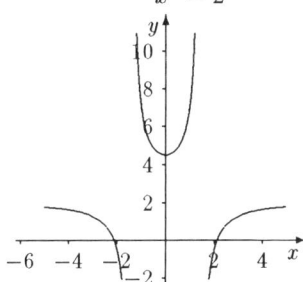

F 6.6.16 Beispiele gebrochener rationaler Funktionen

Eine Anwendung einer gebrochenen rationalen Funktion zeigt das folgende Beispiel.

B 6.6.17 *Für einen Pkw fallen jährlich fixe, kilometerunabhängige Kosten K_f an, z.B. für Steuern und Versicherungen. Ferner fallen variable Kosten pro Kilometer k_v an, beispielsweise für Benzin. Ist x die Anzahl der in einem Jahr gefahrenen Kilometer, dann betragen die jährlichen Gesamtkosten für den PKW $K = K_f + k_v x$. Die durchschnittlichen Kosten pro Kilometer betragen dann $k = \frac{K_f + k_v x}{x}$.*
Für die Durchschnittskosten erhält man also eine gebrochene rationale Funktion.

c) Partialbruchzerlegung gebrochener rationaler Funktionen
Es wird eine gebrochene rationale Funktion (vgl. D 6.6.13) betrachtet mit $n < m$ und es sei (aus Vereinfachungsgründen) $b_m = 1$. Hat der Nenner m reelle Nullstellen $x_1, x_2, \ldots, x_m$ und sind diese alle bekannt, so kann man, unter Verwendung von R 6.6.9, für die gebrochene rationale Funktion auch schreiben:

$$\frac{a_n x^n + a_{n-1} x^{n-1} + \ldots + a_1 x + a_0}{x^m + b_{m-1} x^{m-1} + \ldots + b_1 x + b_0} = \frac{a_n x^n + a_{n-1} x^{n-1} + \ldots + a_1 x + a_0}{(x - x_1)(x - x_2) \ldots (x - x_m)}.$$

Die gebrochene rationale Funktion kann nun in eine Summe von m Brüchen so umgeformt werden, dass der j-te Bruch den Nenner $(x - x_j)$ hat $(j = 1, \ldots, m)$:

$$\frac{a_n x^n + a_{n-1} x^{n-1} + \ldots + a_1 x + a_0}{(x - x_1)(x - x_2) \ldots (x - x_m)} = \frac{A_1}{(x - x_1)} + \frac{A_2}{(x - x_2)} + \ldots + \frac{A_m}{(x - x_m)}.$$

D 6.6.18

> **Partialbruchzerlegung**
> Gegeben sei eine gebrochene rationale Funktion
> $$y = \frac{a_n x^n + a_{n-1} x^{n-1} + \ldots + a_1 x + a_0}{x^m + b_{m-1} x^{m-1} + \ldots + b_1 x + b_0}$$
> mit $n < m$ und den m reellen Nullstellen $x_1, x_2, \ldots, x_m$ des Nenners. Die Zerlegung der Funktion in Brüche
> $$\frac{a_n x^n + a_{n-1} x^{n-1} + \ldots + a_1 x + a_0}{x^m + b_{m-1} x^{m-1} + \ldots + b_1 x + b_0} =$$
> $$\frac{A_1}{x - x_1} + \frac{A_2}{x - x_2} + \ldots + \frac{A_m}{x - x_m}$$
> heißt **Partialbruchzerlegung**, wobei $A_j \in \mathbb{R}$ für $j = 1, \ldots, m$.
> Die Brüche $\dfrac{A_j}{x - x_j}$ $(j = 1, \ldots, m)$ heißen **Partialbrüche**.

Die Bestimmung der A_j geschieht durch **Koeffizientenvergleich**.

B 6.6.19 a) *Der Nenner der Funktion* $y = \dfrac{x+4}{x^2 - x - 2}$ *hat die Nullstellen* $x_1 = -1$ *und* $x_2 = 2$. *Es muss gelten:*

$$\frac{x+4}{x^2 - x - 2} = \frac{A_1}{x+1} + \frac{A_2}{x-2} = \frac{A_1(x-2)}{(x+1)(x-2)} + \frac{A_2(x+1)}{(x+1)(x-2)}$$

$$= \frac{(A_1 + A_2)x - 2A_1 + A_2}{x^2 - x - 2}.$$

Die beiden Zähler der Brüche links und rechts müssen übereinstimmen: $x + 4 = (A_1 + A_2)x - 2A_1 + A_2$. *Daraus folgt* (1) $A_1 + A_2 = 1$ *und* (2) $-2A_1 + A_2 = 4$. *Die Auflösung dieses Gleichungssystems liefert* $A_1 = -1$ *und* $A_2 = 2$. *Damit ergibt sich folgende Partialbruchzerlegung:*

$$\frac{x+4}{x^2 - x - 2} = -\frac{1}{x+1} + \frac{2}{x-2}.$$

Die Richtigkeit der Partialbruchzerlegung prüft man leicht nach, indem man die beiden Brüche wieder zu einem addiert. Der Hauptnenner ist $(x+1)(x-2)$. *Der erste Bruch wird mit* $x - 2$ *erweitert und der zweite mit* $x + 1$. *Man erhält dann:*

$$\frac{-(x-2)}{(x+1)(x-2)} + \frac{2(x+1)}{(x+1)(x-2)} = \frac{-x+2+2x+2}{(x+1)(x-2)} = \frac{x+4}{x^2 - x - 2}.$$

b) *Der Nenner der Funktion* $y = \dfrac{6x^2 - 35x + 11}{x^3 - 6x^2 - x + 30}$ *hat die Nullstellen*

$x_1 = -2, x_2 = 3$ *und* $x_3 = 5$. *Es ergibt sich damit:*

$$\frac{6x^2 - 35x + 11}{x^3 - 6x^2 - x + 30} = \frac{A_1}{x+2} + \frac{A_2}{x-3} + \frac{A_3}{x-5}$$

$$= \frac{A_1(x-3)(x-5) + A_2(x+2)(x-5) + A_3(x+2)(x-3)}{(x+2)(x-3)(x-5)}$$

$$= \frac{(A_1 + A_2 + A_3)x^2 - (8A_1 + 3A_2 + A_3)x + (15A_1 - 10A_2 - 6A_3)}{x^3 - 6x^2 - x + 30}.$$

Durch Koeffizientenvergleich erhält man folgende Gleichungen:

(1) $A_1 + A_2 + A_3 = 6$;   (2) $8A_1 + 3A_2 + A_3 = 35$;

(3) $15A_1 - 10A_2 - 6A_3 = 11$.

Die Auflösung ergibt $A_1 = 3, A_2 = 4$ *und* $A_3 = -1$.
Es gilt somit folgende Partialbruchzerlegung:

$$\frac{6x^2 - 35x + 11}{x^3 - 6x^2 - x + 30} = \frac{3}{x+2} + \frac{4}{x-3} - \frac{1}{x-5}.$$

Für die Partialbruchzerlegung ist Folgendes zu beachten:
(1) Ist $m \leq n$, so wird zunächst der Zähler durch den Nenner dividiert (vgl. dazu B 6.6.11 und B 6.6.12). Die Partialbruchzerlegung wird dann nur auf den evtl. verbleibenden Rest angewendet.
(2) Hat der Nenner eine k-fache Nullstelle bei x_j, dann sind für x_j k Partialbrüche mit den Nennern $(x - x_j), (x - x_j)^2, \ldots, (x - x_j)^k$ anzusetzen.
(3) Hat der Nenner weniger als m reelle Nullstellen, dann kommen Brüche mit Polynomen der Ordnung $k < m$ im Nenner vor, die dann keine reelle Nullstelle haben.

B 6.6.20 a) *Für die Funktion* $y = \dfrac{x^4 - 4x^3 + x^2 + 7x + 4}{x^2 - x - 2}$ *ergibt die Division des Zählers durch den Nenner*

$$(x^4 - 4x^3 + x^2 + 7x + 4) : (x^2 - x - 2) = x^2 - 3x + \frac{x + 4}{x^2 - x - 2}.$$

Die Partialbruchzerlegung des Restes liefert (vgl. B 6.6.19a)):

$$\frac{x + 4}{x^2 - x - 2} = \frac{2}{x - 2} - \frac{1}{x + 1}.$$

Damit ergibt sich:

$$\frac{x^4 - 4x^3 + x^2 + 7x + 4}{x^2 - x - 2} = x^2 - 3x + \frac{2}{x - 2} - \frac{1}{x + 1}.$$

b) *Bei der Funktion* $y = \dfrac{2x^4 - 13x^3 + 38x^2 - 55x + 32}{x^5 - 7x^4 + 19x^3 - 25x^2 + 16x - 4}$ *hat der Nenner eine dreifache Nullstelle bei* $x_{1,2,3} = 1$ *und eine zweifache Nullstelle bei* $x_{4,5} = 2$. *Die Partialbruchzerlegung ergibt:*

$$\frac{2x^4 - 13x^3 + 38x^2 - 55x + 32}{x^5 - 7x^4 + 19x^3 - 25x^2 + 16x - 4}$$

$$= \frac{3}{x - 1} - \frac{2}{(x - 1)^2} + \frac{4}{(x - 1)^3} - \frac{1}{x - 2} + \frac{2}{(x - 2)^2}.$$

c) *Bei der Funktion* $y = \dfrac{-2x^2 + 9x - 19}{x^3 - 5x^2 + 8x - 6}$ *hat der Nenner nur eine einfache Nullstelle bei* $x = 3$. *Es ergibt sich:*

$$\frac{-2x^2 + 9x - 19}{x^3 - 5x^2 + 8x - 6} = \frac{5}{x^2 - 2x + 2} - \frac{2}{x - 3}.$$

Die Partialbruchzerlegung spielt u.a. als Hilfsmittel für die Integration gebrochener rationaler Funktionen eine Rolle.

d) Potenz- und Wurzelfunktionen

Ist in einem Polynom $a_n = 1$ und $a_0 = a_1 = \ldots = a_{n-1} = 0$, dann erhält man als Spezialfall die rationale Funktion $y = x^n$. Dabei kann auch $n < 0$ zugelassen werden.

D 6.6.21

> **Potenzfunktion**
> Eine Funktion der Form $y = x^n, n \in \mathbb{Z}$, mit $x \neq 0$ falls $n < 0$, heißt Potenzfunktion.

D 6.6.22

> **Wurzelfunktion**
> Eine Funktion $y = f(x)$, in der außer Potenzen von x und deren Summen auch Wurzeln vorkommen, heißt Wurzelfunktion.

Es ist nicht möglich, für Wurzelfunktionen eine allgemeine Form anzugeben, da die Wurzeln auf unterschiedliche Art verschachtelt sein können.

B 6.6.23 *Wurzelfunktionen sind z.B.*

$$y = \sqrt{x^2 - x}; \; y = \sqrt[3]{x^4 + 3x^3 - \sqrt[4]{x^5 + \sqrt{x^2 + 5}}}; \; y = \sqrt[5]{x}.$$

Eine spezielle Form der Wurzelfunktionen ist mit den Potenzfunktionen verwandt: $y = x^n$ mit $n \in \mathbb{Q} \setminus \mathbb{Z}$.
Wurzelfunktionen sind nichtrationale algebraische Funktionen (vgl. D 6.5.3 und B 6.5.4).

R 6.6.24

> Die Umkehrfunktion zu einer eineindeutigen Potenzfunktion ist eine Wurzelfunktion.

B 6.6.25 $y = x^3 \Rightarrow x = \sqrt[3]{y}$.

Potenzfunktionen mit geraden Exponenten sind nur bei Beschränkung des Definitionsbereichs umkehrbar.

B 6.6.26 $y = x^4$ *mit* $x \geq 0 \Rightarrow x = \sqrt[4]{y} \Rightarrow y = x^4$ *mit* $x \leq 0 \Rightarrow x = -\sqrt[4]{y}$.

Bei Wurzelfunktionen ist zu beachten, dass der Definitionsbereich oft dadurch beschränkt ist, dass Wurzeln aus negativen Zahlen nicht definiert sind.

B 6.6.27 a) $y = \sqrt[4]{x}$ *ist nur für* $x \geq 0$ *definiert:* $D(f) = \{x \in \mathbb{R} \,|\, x \geq 0\}$.

b) $y = \sqrt{x^2 - x}$ *ist nur für* $x^2 - x \geq 0$ *definiert, d.h.*
$D(f) = \{x \in \mathbb{R} \,|\, x \leq 0 \vee x \geq 1\}$.

In F 6.6.28 sind einige Potenz- und Wurzelfunktionen dargestellt.

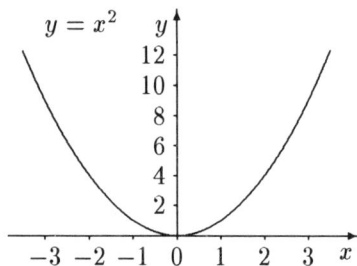

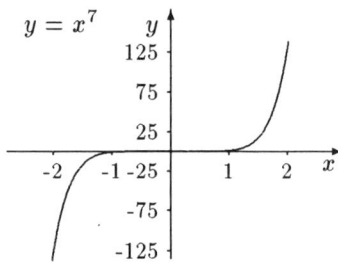

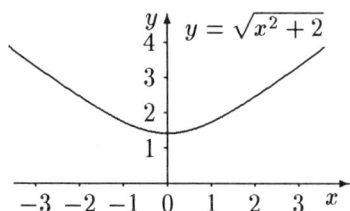

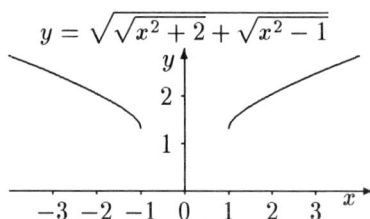

F 6.6.28 Potenzfunktionen und Wurzelfunktionen

e) Exponentialfunktionen
Exponentialfunktionen gehören zu den transzendenten Funktionen.

D 6.6.29

> **Exponentialfunktion**
> Eine Funktion der Form
>
> $$y = \frac{\sum\limits_{i=1}^{n} k_i a_i^{f_i(x)}}{\sum\limits_{j=1}^{m} c_j b_j^{g_j(x)}}, \text{ mit dem Definitionsbereich}$$
>
> $$\{x \,|\, x \in \mathbb{R} \wedge \sum\limits_{j=1}^{m} c_j b_j^{g_j(x)} \neq 0\}; \; a_i, b_j > 0,$$
>
> wobei $f_i(x)$ und $g_j(x)$ algebraische Ausdrücke in x sind,
> heißt Exponentialfunktion.

Bei Anwendungen kommen nur wenige spezielle Formen dieser allgemeinen Exponentialfunktion vor. Dabei spielt auch die Basis der natürlichen Logarithmen e eine Rolle.

D 6.6.30

> **Spezielle Exponentialfunktionen** sind:
> a) $y = ca^{f(x)}$, $\quad a > 0$,
> b) $y = ce^{f(x)}$,
> c) $y = ca^x$, $\qquad a > 0$,
> d) $y = ce^x$.

Exponentialfunktionen mit einer Basis a können immer in solche zu einer Basis b umgewandelt werden. Es gilt[3] $a = b^{\log_b a}$ und somit

$$y = ca^x = cb^{\log_b a x} \text{ bzw. allgemein } y = ca^{f(x)} = cb^{f(x)\log_b a}.$$

Wegen $a = e^{\ln a}$ gilt speziell:

$$y = ca^x = ce^{x \ln a} \text{ bzw. allgemein } y = ca^{f(x)} = ce^{f(x)\ln a}.$$

Jede Exponentialfunktion der Form $y = ca^{f(x)}$ kann also in eine entsprechende zur Basis e umgeformt werden. Solche Umformungen spielen z.B. für die Differentiation von Funktionen eine Rolle (darauf wird in Band 2 eingegangen).

In F 6.6.31 sind einige Beispiele von Exponentialfunktionen grafisch dargestellt.

1: $y = 3 \cdot 4^x$
2: $y = 3e^x$

1: $y = 3e^{x^2 - 2x - 1}$
2: $y = 1/e^{x^2 - 2x - 1}$
3: $y = 3/e^{x^2 - 2x - 1}$

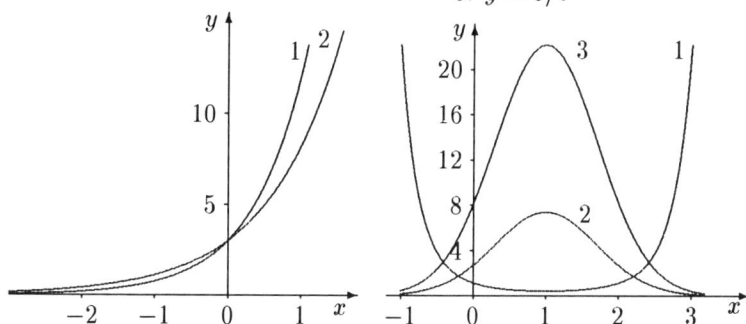

F 6.6.31 Exponentialfunktionen

---

[3] Vgl. dazu Definition 6.1.1 des Logarithmus in SCHWARZE, J.: Mathematik für Wirtschaftswissenschaftler, Elementare Grundlagen für Studienanfänger, Herne/Berlin, NWB-Verlag.

Da für Potenzen $a^{-x} = \frac{1}{a^x} = (\frac{1}{a})^x$ gilt, gilt für Exponentialfunktionen:
$y = ca^{-x} = c(\frac{1}{a})^x$.

Sofern der Definitionsbereich für $f(x)$ nicht beschränkt ist, gilt für die Exponentialfunktionen aus D 6.6.29: $D(f) = \mathbb{R}$. Für $y = ca^x$ und $y = ce^x$ gilt $W(f) = \mathbb{R}^+$ falls $c > 0$ und $W(f) = \mathbb{R}^-$ falls $c < 0$.

Ergibt sich in $y = ca^{f(x)}$ bzw. $y = ce^{f(x)}$ für $f(x)$ ein komplizierter Ausdruck, dann ist es zweckmäßig, anstelle von $e^{f(x)}$ die Schreibweise $\exp(f(x))$ zu verwenden. Statt z.B. $e^{-\frac{1}{2}(\frac{x-\mu}{\sigma})^2}$ kann man also übersichtlicher $\exp(-\frac{1}{2}(\frac{x-\mu}{\sigma})^2)$ schreiben.

Löst man $y = a^x$ bzw. $y = e^x$ nach x auf, so ergibt sich (Logarithmieren der Gleichung):
$\log_a y = x$ bzw. $\ln y = x$.
Es gilt also:

R 6.6.32   **Umkehrfunktion**
Als Umkehrfunktion zu $y = a^x$ ergibt sich $x = \log_a y$ und zu $y = e^x$ die Funktion $x = \ln y$.

Die Umkehrfunktionen dieser speziellen Exponentialfunktionen sind Logarithmusfunktionen, auf die weiter unten eingegangen wird.

f) Logistische Funktionen
Eine spezielle Exponentialfunktion ist die so genannte logistische Funktion.

D 6.6.33   **Logistische Funktion**
Eine Funktion der Form
$y = \dfrac{k}{1 + e^{f(x)}}, k \in \mathbb{R}^+$, heißt logistische Funktion, falls $f(x)$ eine streng monoton fallende Funktion ist, die weder nach unten noch nach oben beschränkt ist.

Die logistische Funktion ist eine streng monoton steigende Funktion, die zwischen den Asymptoten $y = 0$ und $y = k$ (Sättigungsgrenze) verläuft. Sie hat den in Figur F 6.6.34 an einem Beispiel gezeigten charakteristischen Verlauf. Die logistische Funktion findet insbesondere in der Wachstumstheorie sowie bei der Diskussion der so genannten **Engelkurven** Anwendung.

$$y = \frac{k}{1 + e^{f(k)}}$$

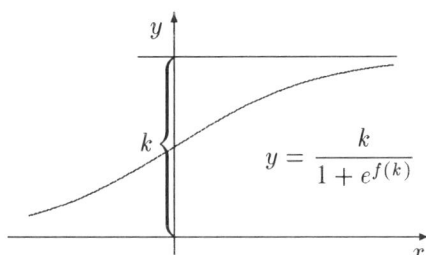

F 6.6.34 Logistische Funktion

g) Logarithmusfunktionen

D 6.6.35

> **Logarithmusfunktion**
> Eine Funktion der Form $y = \log_a x$ heißt Logarithmusfunktion (zur Basis a).

Spezialfälle der Logarithmusfunktion ergeben sich für den dekadischen und für den natürlichen Logarithmus:

$y = \log x$ bzw. $y = \ln x$.

Da Logarithmen nur für positive reelle Zahlen definiert sind (vgl. Abschnitt 2.4), gilt generell $D(f) = \mathbb{R}^+$ und $W(f) = \mathbb{R}$ für alle Logarithmusfunktionen. Nach R 6.6.32 ergeben sich Logarithmusfunktionen als Umkehrfunktionen zu $y = a^x$. Die **Umkehrfunktion** einer Logarithmusfunktion $y = \log_a x$ ist eine Exponentialfunktion $x = a^y$. F 6.6.36 zeigt Beispiele von Logarithmusfunktionen.

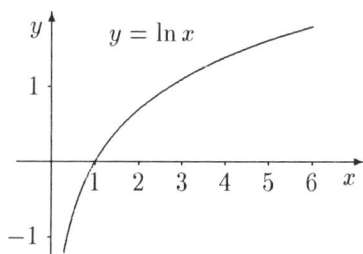

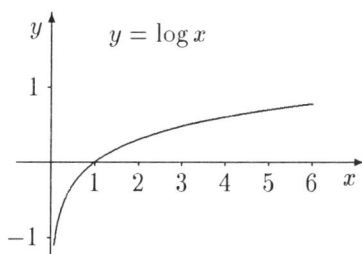

F 6.6.36 Logarithmusfunktionen

Anmerkung: Eine verallgemeinerte Logarithmusfunktion lautet: $y = \log_a f(x)$. Die Funktionen $y = \log(x^3 + 4x^2 - 20)$ und $y = \ln \sqrt{x^2 + 4x}$ sind Beispiele dafür. Diese verallgemeinerte Logarithmusfunktion wird hier nicht weiter behandelt.

h) Trigonometrische Funktionen

Die trigonometrischen Funktionen oder Winkelfunktionen können am rechtwinkligen Dreieck oder am Einheitskreis definiert werden.[4]

D 6.6.37

> **Trigonometrische Funktionen am rechtwinkligen Dreieck**
> Gegeben sei ein rechtwinkliges Dreieck und der Winkel α zwischen Hypotenuse und einer Kathete, der so genannten Ankathete. α gegenüber liege die Gegenkathete. Dann gilt:
>
> $$\sin \alpha = \frac{\text{Gegenkathete}}{\text{Hypotenuse}}; \quad \cos \alpha = \frac{\text{Ankathete}}{\text{Hypotenuse}};$$
>
> $$\tan \alpha = \frac{\text{Gegenkathete}}{\text{Ankathete}}; \quad \cot \alpha = \frac{\text{Ankathete}}{\text{Gegenkathete}}.$$
>
> (Lesen Sie: „sinus", „cosinus", „tangens" bzw. „cotangens".)

Zu der folgenden Definition vgl. F 6.6.39.

D 6.6.38

> **Trigonometrische Funktionen am Einheitskreis**
> Gegeben sei ein Einheitskreis (Radius $r = 1$) um den Koordinatenursprung eines rechtwinkligen (x, y)-Koordinatensystems, ein Winkel α mit der positiven Richtung der x-Achse als einem Schenkel und einem zweiten Schenkel, der den Einheitskreis im Punkt P, die Tangente an den Einheitskreis im Schnittpunkt mit der x-Achse im Punkt Q und die Tangente im Schnittpunkt mit der y-Achse im Punkt R schneidet. Dann gilt:

$\sin \alpha$	entspricht	der	y-Koordinate	von	P bzw. P'
$\cos \alpha$	"	"	x-	"	"	P bzw. P'
$\tan \alpha$	"	"	y-	"	"	Q bzw. Q'
$\cot \alpha$	"	"	x-	"	"	R bzw. R'

An D 6.6.38 wird deutlich, dass die trigonometrischen Funktionen für Winkel von 0° bis 360° am Einheitskreis definiert werden können. Stellt man sich einen auf dem Einheitskreis umlaufenden Punkt vor, dann kann man diesen bei 360° weiter laufen lassen und erhält noch größere Winkel. Für die trigonometrischen Funktionen ergeben sich für Winkel von 360° bis 720° dann die gleichen Werte wie für Winkel von 0° bis 360°.

---

[4] Vgl. hierzu Kapitel 13 in SCHWARZE, J.: Mathematik für Wirtschaftswissenschaftler, Elementare Grundlagen für Studienanfänger, Herne/Berlin, NWB-Verlag.

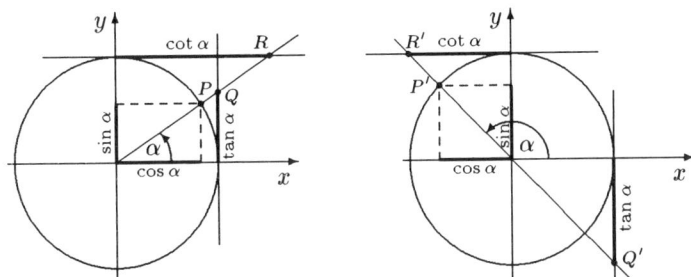

F 6.6.39 Trigonometrische Funktionen am Einheitskreis

R 6.6.40

$$\begin{aligned}\sin(k \cdot 360° + \alpha) &= \sin\alpha;\\\cos(k \cdot 360° + \alpha) &= \cos\alpha;\\\tan(k \cdot 360° + \alpha) &= \tan\alpha;\\\cot(k \cdot 360° + \alpha) &= \cot\alpha;\quad k \in \mathbb{Z}.\end{aligned}$$

Alle 360° nehmen die trigonometrischen Funktionen wieder denselben Funktionswert an. Diese Eigenschaft nennt man auch **Periodizität**. Die trigonometrischen Funktionen sind **periodische Funktionen**.

Häufig wird das Argument der trigonometrischen Funktionen nicht als Winkel in Grad (°), sondern als so genanntes **Bogenmaß** ausgedrückt (vgl. F 6.6.41). Dabei wird die Länge des zu dem Winkel α gehörenden Bogens auf dem Einheitskreis verwendet. Da der Einheitskreis den Umfang 2π hat, gilt für den zu α gehörigen Kreisbogen:

$$\frac{x}{2\pi} = \frac{\alpha}{360°} \text{ oder } x = \frac{2\pi}{360°}\alpha.$$

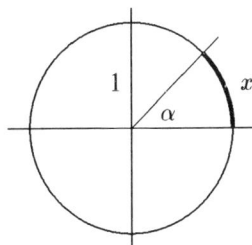

F 6.6.41 Bogenmaß

B 6.6.42 *Zu Winkeln von* $45°, 90°$ *und* $180°$ *gehören Bogenmaße von* $\frac{\pi}{4}, \frac{\pi}{2}$ *und* π.

Die in R 6.6.40 ausgedrückten Periodizitäten lauten unter Verwendung des Bogenmaßes $\sin(2\pi k + x) = \sin x$ $(k \in \mathbb{Z})$ und entsprechend für $\cos, \tan, \cot$.

In F 6.6.43 sind die trigonometrischen Funktionen grafisch dargestellt. Dabei ist Folgendes aus der Zeichnung unmittelbar zu ersehen:

• $|\sin x| \leq 1$ und $|\cos x| \leq 1$, d.h. $\sin$ und $\cos$ sind beschränkte Funktionen;

• $\tan x$ hat Pole bei $x = (2k + 1)\frac{\pi}{2}, k \in \mathbb{Z}$.

• $\cot x$ hat Pole bei $x = k\pi, k \in \mathbb{Z}$.

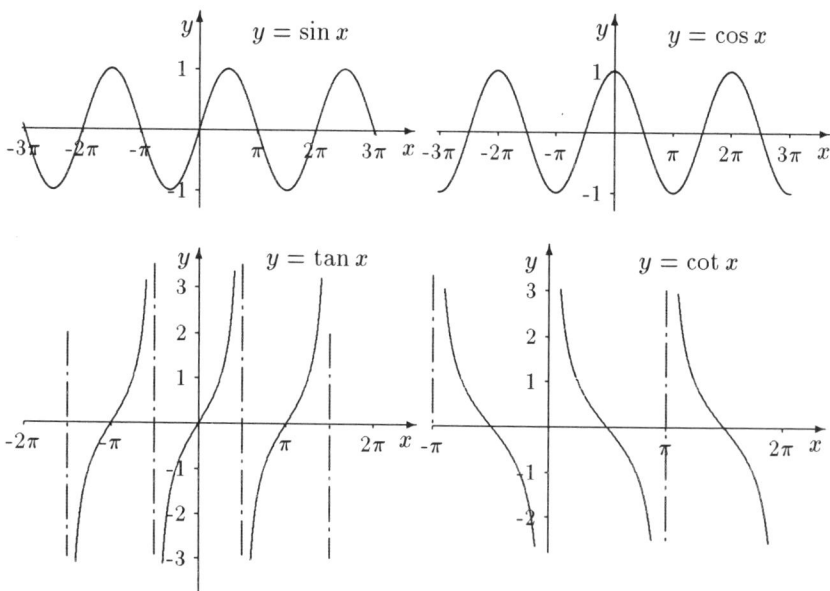

F 6.6.43 Trigonometrische Funktionen

In manchen Anwendungen hat man es auch mit Funktionen der Form

$$y = a \sin cx; \ y = a \cos cx \text{ oder } y = \sum_{i=1}^{m} (a_i \sin c_i x + b_i \cos c_i x)$$

zu tun, z.B. bei der Zeitreihenanalyse: Dabei gilt: $\sin cx$ und $\cos cx$ durchlaufen eine volle Periode (Schwingung) auf dem c-ten Teil der ursprünglichen Periodenlänge von 2π. In F 6.6.44 sind einige Beispiele für derartige Funktionen dargestellt.

$$y = 4\sin 2x + 4\cos 4x - 2\sin 4x - \cos x \qquad y = 3\sin 2x + 5\cos 3x - 2\sin 4x - \cos x$$

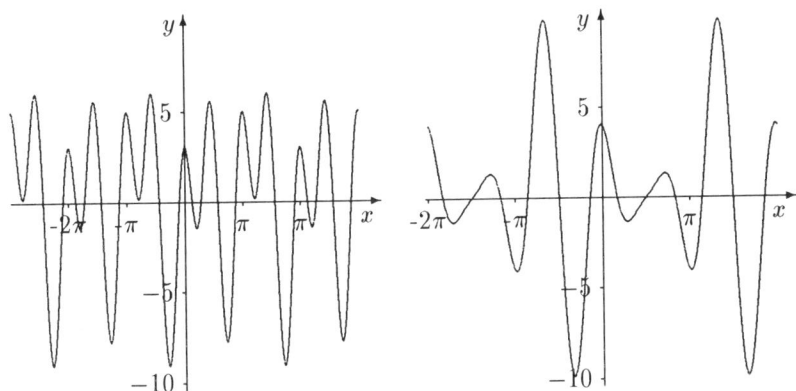

F 6.6.44 Zusammengesetzte trigonometrische Funktionen

Für die grafische Betrachtung von Funktionen spielt $\tan \alpha$ eine besondere Rolle, da durch $\tan \alpha$ die Steigung einer Geraden ausgedrückt werden kann. Die Gerade I in Figur 6.6.45 bildet mit der positiven Richtung der x-Achse den Winkel α. Die Gleichung der Geraden lautet $y = mx + n$ und es gilt $m = \tan \alpha$. m bzw. $\tan \alpha$ gibt die Steigung der Geraden an.

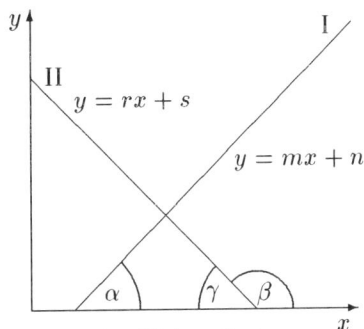

F 6.6.45 Geraden mit unterschiedlicher Steigung

Die Gerade II in Figur 6.6.45 bildet mit der x-Achse den Winkel β und ihre Steigung wird gegeben durch $r = \tan \beta$. Es ist $\beta = 180° - \gamma$ und somit gilt $r = \tan \beta = \tan(180° - \gamma) = -\tan \gamma$. $\tan \alpha$ bzw. die Steigung einer Funktion kann auch grafisch bestimmt werden.[5]

---

[5] Vgl. SCHWARZE, J.: Mathematik für Wirtschaftswissenchaftler, Elementare Grundlagen für Studienanfänger, Herne/Berlin, NWB-Verlag.

j) Treppenfunktionen

Eine weitere Art von Funktionen, mit denen man es in den Wirtschaftswissenschaften mitunter zu tun hat, sind die so genannten **Treppenfunktionen.** Das sind Funktionen, die intervallweise konstant sind. Ein Beispiel dafür ist die in B 6.2.6 angeführte Funktion, die die Abhängigkeit des Briefportos vom Gewicht beschreibt. Die grafische Darstellung dieser Funktion zeigt Figur 6.6.46. Aus dem für alle Treppenfunktionen charakteristischen Verlauf wird auch der Begriff erklärlich. Die Sprünge „von Stufe zu Stufe" sind Unstetigkeitsstellen der Funktion. Meist legt man durch einen dicker gezeichneten Punkt fest, welchen Wert die Funktion an der Sprungstelle selbst hat (siehe Figur 6.6.46).

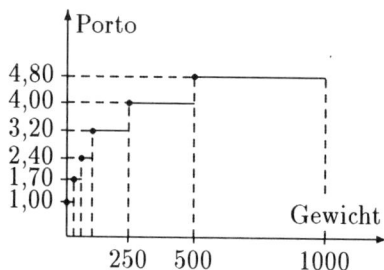

F 6.6.46 Treppenfunktion

Aufgaben

Ü 6.6.1 *Wenn man das Produkt* $(x-3)(x+2)(x-1)$ *ausmultipliziert, bekommt man ein Polynom 3. Grades. Wie lautet das Polynom und welche Nullstellen hat dieses Polynom?*

Ü 6.6.2 *Gegeben sei das Polynom* $y = 2x^3 - 6x^2 - 2x + 6$ *mit der Nullstelle* $x_1 = 3$. *Bestimmen Sie die restlichen Nullstellen.*

Ü 6.6.3 *Gegeben sei das Polynom* $y = x^3 - 5x^2 + 7x - 3$ *mit der zweifachen Nullstelle* $x = 1$. *Bestimmen Sie die dritte Nullstelle.*

Ü 6.6.4 *Das Polynom* $x^5 - 13x^3 + 36x$ *hat Nullstellen bei* $x_1 = 2$ *und* $x_2 = 3$. *Bestimmen Sie die restlichen Nullstellen.*

Ü 6.6.5 *Zeigen Sie, dass jedes Polynom, in dem nur gerade Potenzen von* x *auftreten, eine symmetrische Funktion in bezug auf* $x = 0$ *ist.*

Ü 6.6.6 *Bei der gebrochenen rationalen Funktion* $y = \dfrac{x^2 + 2x - 15}{x^2 - 5x + 6}$ *hat der Zähler Nullstellen bei* $x_1 = 3$ *und* $x_2 = -5$ *und der Nenner bei* $x_3 = 3$ *und* $x_4 = 2$. *Bestimmen Sie* **a)** *Nullstellen,* **b)** *Pole und* **c)** *hebbare Unstetigkeitsstellen und geben Sie gegebenenfalls an, welchen Funktionswert man an einer hebbaren Unstetigkeitsstelle verwenden soll.*

Ü 6.6.7 *Untersuchen Sie* $y = \dfrac{x^3 - 4x^2 + 3x}{x^3 + 2x^2 - 3x}$ *auf* a) *Nullstellen,* b) *Pole und* c) *hebbare Unstetigkeitsstellen.*

Ü 6.6.8 *Zerlegen Sie in Partialbrüche:* a) $y = \dfrac{3x^2 - 2x + 9}{x^3 + 2x^2 - 9x - 18}$ *mit den Nenner-Nullstellen* $x_1 = -3, x_2 = -2$ *und* $x_3 = 3$;

b) $y = \dfrac{x}{x^2 - 4x + 4}$; c) $y = \dfrac{1}{x^3(x-1)}$.

Ü 6.6.9 *Bestimmen Sie für* $y = f(x) = x^n, n > 1$ *und* $D(f) = \mathbb{R}$, *den Wertevorrat falls* a) n *gerade,* b) n *ungerade ist.*

Ü 6.6.10 *Wann ist* $y = ca^{f(x)}$ *streng monoton fallend bzw. steigend?*

Ü 6.6.11 *Bestimmen Sie die Umkehrfunktion zu:* a) $y = a^{2x}$; b) $y = a^{x+2}$; c) $y = 4e^x$; d) $y = e^x + 4$; e) $y = \ln x$; f) $y = \ln x + \ln 0{,}5$.

Ü 6.6.12 *Geben Sie das zu* 60° *und* 270° *gehörige Bogenmaß an.*

Ü 6.6.13 *Geben Sie den Wertevorrat zu* $y = \sin x$ *und* $y = \cos x$ *an.*

6.7 Koordinatentransformationen

Mitunter steht man vor der Aufgabe, die Variablen x und y einer Funktion aus irgendwelchen Gründen in geeignete andere Variablen zu überführen. Man spricht von einer **Transformation der Variablen** oder **Koordinatentransformation**. Dabei wird x in eine Variable x^* mittels einer Funktion $x^* = g(x)$ überführt und y durch eine geeignete Funktion in die Variable $y^* = h(y)$. Anstelle von $y = f(x)$ hat man dann schließlich $y^* = f^*(x^*)$. Wird nur x transformiert und erhält man $y = f(g(x))$, so hat man es mit einer mittelbaren Funktion zu tun.

Von besonderem Interesse sind **lineare Koordinatentransformationen** mit den Transformationsgleichungen:

$$x^* = a_1 x + b_1 \quad \text{und} \quad y^* = a_2 y + b_2.$$

Eine derartige lineare Transformation bedeutet grafisch gesehen:

• eine **Verschiebung des Koordinatenursprungs**, wenn wenigstens eine der beiden Konstanten b_1 und b_2 von Null verschieden ist. Der Koordinatenursprung des (x^*, y^*)-Koordinatensystems liegt im Punkt $\left(-\dfrac{b_1}{a_1}, -\dfrac{b_2}{a_2}\right)$ des (x, y)-Koordinatensystems und dessen Ursprung hat im neuen Koordinatensystem die Koordinaten (b_1, b_2);

- eine Maßstabsänderung, wenn $a_1 > 0$ und $a_2 > 0$ ($a_1 \neq 1$ und/oder $a_2 \neq 1$). Der Maßstab der x-Achse verändert sich auf das a_1-fache und der Maßstab der y-Achse auf das a_2-fache. $a_1 > 1$ bzw. $a_2 > 1$ bedeutet eine Maßstabsvergrößerung (**Streckung**) und $0 < a_1 < 1$ bzw. $0 < a_2 < 1$ eine Verkleinerung (**Stauchung**);
- eine Spiegelung an der x-Achse, falls $a_1 < 0$, und/oder eine Spiegelung an der y-Achse, falls $a_2 < 0$. Dabei werden die positive und die negative Richtung der Achsen vertauscht. Ist $a_1 \neq -1$ bzw. $a_2 \neq -1$, so liegt gleichzeitig Streckung oder Stauchung vor.

Für die praktische Durchführung einer linearen Transformation löst man die Transformationsgleichungen nach x bzw. y auf und setzt in die gegebene Funktion $y = f(x)$ ein. Durch Auflösung nach y^* erhält man dann $y^* = f^*(x^*)$.

B 6.7.1 *Es sei die Funktion $y = x^2$ gegeben und folgende Transformation durchzuführen: $y^* = 2y - 4; x^* = x + 2$. Man erhält $y = \frac{1}{2}y^* + 2$ und $x = x^* - 2$ und es ergibt sich dann:*

$$\tfrac{1}{2}y^* + 2 = (x^* - 2)^2 = x^{*^2} - 4x^* + 4$$

bzw. $y^* = 2x^{*^2} - 8x^* + 4$. Die grafische Darstellung erhält man am besten, wenn man das (alte) (x, y)-Koordinatensystem und das (neue) (x^*, y^*)-Koordinatensystem in einer Zeichnung darstellt. Man erhält dafür das Bild in F 6.7.2.

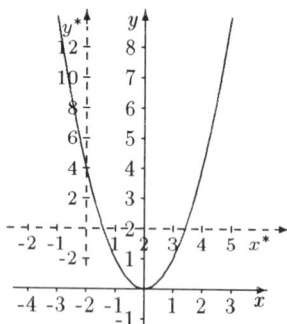

F 6.7.2 Koordinatentransformation (zu B 6.7.1)

Eine andere Form der Transformation ist die Drehung des Koordinatensystems um den Winkel w. Die x^*-Achse schließt dann mit der x-Achse den Winkel w ein.

B 6.7.3 *Die Funktion $y = \sqrt{x^2 + 2}$ geht durch Drehung des Koordinatensystems um $w = 45°$ über in die Funktion $y^* = \frac{1}{x^*}$ (vgl. F 6.7.4).*

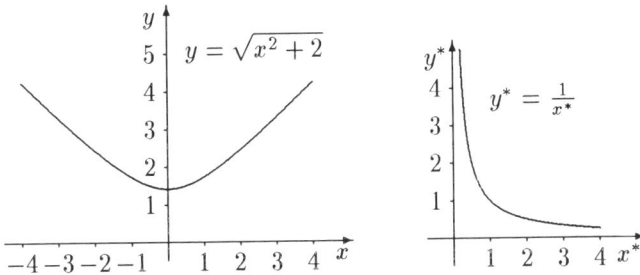

F 6.7.4 Drehung des Koordinatensystems (zu B 6.7.3)

Für die Anwendung der Mathematik in den Wirtschaftswissenschaften und in der Statistik sind auch die so genannten **Logarithmischen Transformationen** von Bedeutung:

$$y^* = \log y \text{ bzw. } x^* = \log x \text{ oder } y^* = \ln y \text{ bzw. } x^* = \ln x.$$

Durch eine logarithmische Transformation lassen sich die meisten Exponentialfunktionen linearisieren.

B 6.7.5 a) $y = a^x = 10^{x \log a}$ *für* $a > 0$. *Durch die Transformation* $y^* = \log y$ *bzw.* $y = 10^{y^*}$ *ergibt sich* $10^{y^*} = 10^{x \log a}$. *Daraus folgt:* $y^* = x \log a$. *Durch die angegebene logarithmische Transformation wird aus der Exponentialfunktion* $y = a^x$ *die lineare Funktion* $y^* = x \log a$.
b) *Entsprechendes gilt für die Potenzfunktion* $y = ax^b$. *Mit* $y^* = \ln y$, $A = \ln a$ *und* $x^* = \ln x$ *erhält man* $\ln y = \ln a + b \ln x$ *bzw.* $y^* = A + bx^*$.

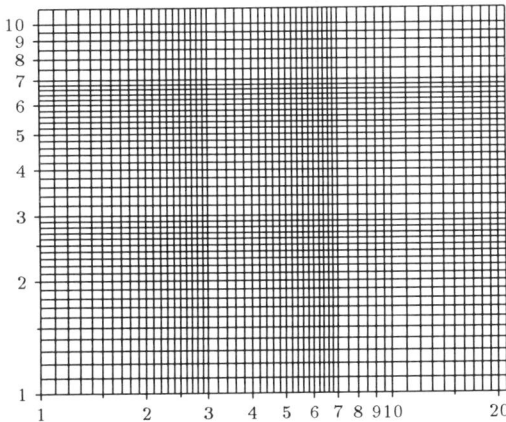

F 6.7.6 Doppellogarithmisches Koordinatensystem

Logarithmische Transformationen spielen auch bei der grafischen Darstellung von Funktionen in einem logarithmischen Koordinatensystem eine Rolle, bei dem x-Achse, y-Achse oder beide Achsen logarithmisch unterteilt sind. F 6.7.6 zeigt ein Beispiel eines so genannten doppellogarithmischen Koordinatensystems.

F 6.7.7 enthält weitere Beispiele logarithmischer Transformationen.

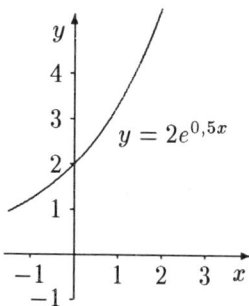

$$y^* = \ln y$$
$$= \ln\left(2e^{0,5x}\right)$$
$$= \ln 2 + 0,5x$$

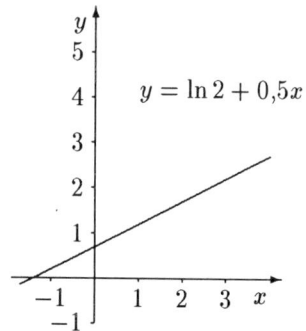

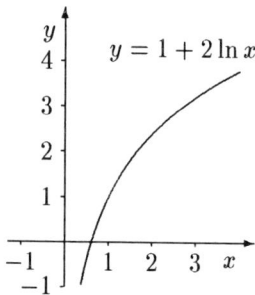

$$x^* = \ln x$$
$$x = e^{x^*}$$
$$y = 1 + 2x^*$$

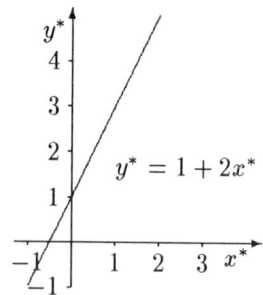

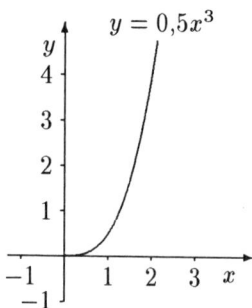

$$x^* = \ln x$$
$$y^* = \ln y$$
$$= \ln\left(0,5x^3\right)$$
$$= \ln 0,5 + 3\ln x$$
$$= \ln 0,5 + 3x^*$$

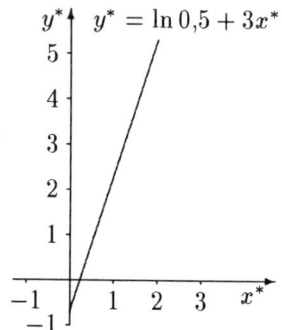

F 6.7.7 Logarithmische Transformationen

Die Linearisierung von Exponential- und Potenzfunktionen durch logarithmische Transformationen erhält man am einfachsten dadurch, dass man die die Funktionen beschreibenden Gleichungen logarithmiert. Der Leser kann das bei Kenntnis der Rechenregeln für Logarithmen für Beispiel 6.7.5 leicht nachvollziehen.

Eine spezielle Klasse von Transformationen sind die **monotonen** Transformationen. Wird x in die Variable $x^* = f(x)$ transformiert, so folgt bei einer monotonen Transformation aus $x_1 < x_2$, dass $x_1^* = f(x_1) < x_2^* = f(x_2)$ gilt. Die Ordnung der Variablenwerte bleibt also bei einer monotonen Transformation erhalten.

Aufgaben

Ü 6.7.1 *Wie lauten die Funktionen* **a)** $y = 2x + 10$*;* **b)** $y = x^2 + 2$ *in einem* (x^*, y^*)*-Koordinatensystem, das man durch die Transformationen* $x^* = 2x - 2$ *und* $y^* = y + 2$ *erhält?*

Ü 6.7.2 *Wie lauten die Funktionen* **a)** $y = ka^x$*,* $a > 0$*;* **b)** $y = Ax^n$*,* $n > 1$*, in einem* (x^*, y^*)*-Koordinatensystem, wenn man auf die Funktion* **a)** *die Transformation* $x^* = x$ *und* $y^* = \log y$ *sowie auf die Funktion* **b)** *die Transformation* $x^* = \log x$ *und* $y^* = \log y$ *anwendet?*

Ü 6.7.3 *Am Ende eines Jahres hat ein Wald einen Holzbestand von* $y = 1000m^3$*. Der Bestand nimmt jährlich um* 10% *zu.*
a) *Wie lautet die Funktion des Holzbestandes* y *in Abhängigkeit von der Zeit* x*?*
b) *Stellen Sie diese Funktion in einem* (x, y)*- und in einem* $(x, \log y)$*-Koordinatensystem grafisch dar.*

Ü 6.7.4 *Wie lautet die Funktion* $y = f(x) = e^{2x+2} + 3$ *in einem* (x^*, y^*)*-Koordinatensystem mit* $x^* = 2x + 1$ *und* $y^* = \ln(y - 3)$*.*

Ü 6.7.5 *Die Funktion* $y = (x - 2)^2 + x + 2$ *soll durch eine Variablentransformation* $y^* = y - 4$*;* $x^* = x - 2$ *transformiert werden. Wie lautet diese Funktion in einem* (y^*, x^*)*-Koordinatensystem?*

Ü 6.7.6 *Bestimmen Sie die Funktion* $y = f(x)$*, welche in einem* (x^*, y^*)*-Koordinatensystem mit* $x^* = x^2$ *und* $y^* = y + 1$ *folgende Gestalt hat:* $y^* = {x^*}^2 + x^*$*.*

6.8 Ökonomische Funktionen I

Ökonomische Beziehungen lassen sich mit Hilfe von Funktionen beschreiben. Dabei ist **typisch, dass die Beziehungen der Wirtschaftstheorie und die Funktionen, durch die sie beschrieben werden, gewöhnlich eine nicht spezifizierte oder unbekannte**

Form haben. Für eine funktionale Beziehung zwischen den Größen y und x schreibt man $y = f(x)$, ohne die Funktion näher zu spezifizieren. Man kann also häufig nicht sagen, ob es sich bei einer wirtschaftlichen Funktion um eine Parabel, eine gebrochene rationale Funktion, eine Wurzelfunktion oder einen anderen Funktionstyp handelt.

Auf eine Spezifikation von Funktionen wird meistens nicht deshalb verzichtet, weil die wenig aussagefähige allgemeine Form $y = f(x)$ ausreicht, sondern weil die zur Spezifizierung durchzuführenden ökonometrischen und statistischen Untersuchungen einen unverhältnismäßig hohen Aufwand erfordern oder weil eine allgemeine Spezifizierung überhaupt unmöglich ist, z.B. weil ein bestimmter ökonomischer Zusammenhang - je nach Situation - durch unterschiedliche Funktionen beschrieben werden kann.

Die ökonomischen Bedingungen eines durch eine Funktion beschriebenen Zusammenhangs führen jedoch in den meisten Fällen dazu, dass wenigstens bestimmte Eigenschaften der Funktionen angegeben werden können, wie z.B. Monotonie, Symmetrie, Konvexität oder manchmal sogar der Funktionstyp.

B 6.8.1   a) *Bei Wachstumsvorgängen kann man aufgrund der ökonomischen Bedingungen des Problems häufig zeigen, dass sie durch eine Exponentialfunktion $y = ka^t$ oder (bei Wachstum mit Sättigung) durch eine logistische Funktion $y = \frac{k}{1+e^{a+bt}}$ ($b < 0$) beschrieben werden können, wobei die Variable t die Zeit angibt. Die nummerischen Werte der Koeffizienten sind dabei nicht bekannt. Sie können für konkrete Probleme häufig aus empirischen Daten geschätzt werden.*
b) *Kostenfunktionen können z.B. linear, stückweise linear oder gekrümmt sein. Eine generelle Spezifizierung ist nicht möglich, so dass man häufig nur allgemein $K = K(x)$ schreibt. In allen Fällen sind Gesamtkostenfunktionen aber monoton steigend.*

Die Kenntnis der Eigenschaften von Funktionen genügt oft, um wirtschaftstheoretische Folgerungen abzuleiten. Auch grafische Darstellungen und Verfahren leisten wertvolle Dienste.

Im Allgemeinen ist eine ökonomische Variable von mehreren Einflussfaktoren abhängig. Zur Darstellung bedarf es deshalb einer Funktion mit mehreren unabhängigen Variablen (vgl. Kapitel 7). Es ist aber häufig zweckmäßig, nur den Einfluss **eines** Faktors isoliert zu untersuchen. Die übrigen Einflussgrößen werden dann als konstant angesehen (ceteris-paribus-Bedingung). In diesem Fall kann man die Abhängigkeit in einem zweidimensionalen Koordinatensystem (wie in vielen Lehrbüchern üblich) darstellen.

So ist z.B. die Nachfrage nach einem Gut eine Funktion des Preises dieses Gutes, aber auch der Preise der Konkurrenzgüter. Man unterstellt bei $x = x(p)$ und Darstellung in einem zweidimensionalen Koordina-

tensystem, dass die Preise aller Konkurrenzgüter konstant bleiben und
beschränkt sich auf die Untersuchung der Abhängigkeit der nachgefragten Menge vom Preis des Gutes. Die Kurve der Abhängigkeit setzt
festgelegte Werte für die übrigen Variablen voraus. Ändert sich nur eine
dieser Variablen um einen bestimmten Betrag, dann verschiebt sich die
gesamte Kurve. Es ist daher notwendig, bei der Analyse streng zwischen Veränderungen durch Bewegung entlang einer gegebenen Kurve
und Verschiebungen der gesamten Kurve zu unterscheiden.

Die Möglichkeit, ökonomische Zusammenhänge durch Funktionen zu
erfassen und eindeutig zu beschreiben, wirft die **Frage nach dem
zeitlichen Gültigkeitsbereich der Konstanten und dem Definitionsbereich bzw. Wertevorrat der Funktionen** auf. Kennt man
nicht nur den Funktionstyp, sondern auch die nummerischen Werte der
Konstanten einer ökonomischen Funktion, so ist der **Gültigkeitsbereich** dieser Funktion im Allgemeinen **zeitlich und räumlich begrenzt.** Z.B. wird eine Konsumfunktion für Deutschland aus dem
Jahre 2003 weder für das Jahr 1990 noch für ein anderes Land gültig
sein. Bei ökonomischen Funktionen, die hinsichtlich ihres Funktions-
typs und der nummerischen Werte ihrer Konstanten spezifiziert sind,
ist also eine genaue Angabe des zeitlichen und örtlichen Gültigkeitsbe-
reichs erforderlich.

Ein anderes spezielles Problem ökonomischer Funktionen ist ihr Definitionsbereich. Während in der Mathematik meist $D(f) = \mathbb{R}$ gilt, ist der
Definitionsbereich ökonomischer Funktionen fast immer beschränkt.

B 6.8.2 *Bei einer Kostenfunktion $K = K(x)$ kann die unabhängige Variable weder negative Werte noch Werte größer als x_K annehmen, wobei x_K die Kapazitätsgrenze, d.h. die maximal produzierbare Menge angibt. Ist x die Menge, so lautet also der **ökonomische Definitions-
bereich** der Kostenfunktion $D(K) = \{x | 0 \leq x \leq x_K\}$. x kann dabei
beliebig reell oder (z.B. bei Stückzahlen) nur ganzzahlig sein.*

Die Beschränktheit des ökonomischen Definitionsbereichs wird bei wirt-
schaftstheoretischen Untersuchungen häufig nicht ausdrücklich angegeben.

Schließlich ist noch auf eine weitere Besonderheit ökonomischer Funktionen hinzuweisen. Ökonomische Größen sind häufig solche, die nur
diskret variieren, d.h. Werte aus der Menge der rationalen Zahlen annehmen. Vielfach kommen nur die natürlichen Zahlen und Null als
Werte einer ökonomischen Größe in Frage. Das gilt z.B. für alle Mengen, die man durch Zählen ermittelt. Häufig werden aber Zusammenhänge zwischen diskreten Größen oder zwischen diskreten und stetigen Größen in der Wirtschaftstheorie durch stetige Funktionen beschrieben, bei denen die Funktion zumindest in einem beschränkten

Intervall jeden Wert der reellen Zahlen annehmen kann. In derartigen Fällen kann die Funktion keine exakte Beschreibung des wirtschaftlichen Zusammenhangs liefern, sondern hat nur **approximative Gültigkeit**.

Auf spezielle ökonomische Funktionen wird am Ende des nächsten Kapitels eingegangen, da dann sowohl Funktionen mit einer unabhängigen Variablen als auch solche mit mehreren unabhängigen Variablen behandelt werden können.

6.9   Durchschnittsfunktionen

Bei wirtschaftswissenschaftlichen Anwendungen von Funktionen spielen häufig Durchschnittsgrößen bzw. Durchschnittsfunktionen ökonomischer Funktionen eine Rolle.

B 6.9.1   *Neben den von der produzierten Menge x abhängigen Gesamtkosten $K = K(x)$ in einer Periode werden die durchschnittlich für eine Einheit angefallenen Durchschnittskosten $k = \frac{K}{x}$ betrachtet.*

D 6.9.2

> **Durchschnittsfunktion**
> Gegeben sei die Funktion $y = f(x)$ mit $D(f) = \mathbb{R}^+$. Die Funktion $\overline{y} = \frac{y}{x} = \frac{f(x)}{x}$ heißt Durchschnittsfunktion zu $y = f(x)$.

$\overline{y}$ gibt den auf eine Einheit von x bezogenen durchschnittlichen Funktionswert an. $\overline{y}$ wird auch als Durchschnittsgröße der ökonomischen Größe y bezeichnet.

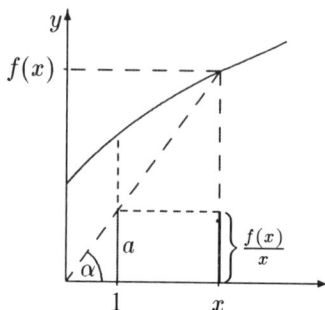

F 6.9.3   Grafische Bestimmung einer Durchschnittsfunktion

Grafisch kann man die Durchschnittsfunktion wie folgt bestimmen (vgl. Figur 6.9.3): Es ist $\tan \alpha = \frac{f(x)}{x} = \bar{y}$, d.h. die Steigung der Verbindungsgeraden des Koordinatenursprungs mit einem Kurvenpunkt entspricht dem entsprechenden Wert der Durchschnittsfunktion. Mit Hilfe einer Senkrechten bei $x = 1$ kann man dann für beliebiges x den Wert der Durchschnittsfunktion $\frac{f(x)}{x}$ grafisch bestimmen, denn es gilt

$$\frac{f(x)}{x} = \tan \alpha = \frac{a}{1} = a.$$

Aufgaben

Ü 6.9.1

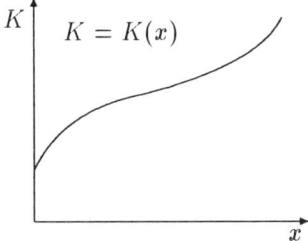

Die nebenstehende Zeichnung zeigt die grafische Darstellung einer Gesamtkostenfunktion (so genannter s-förmiger Kostenverlauf). Diese kann durch eine Funktion des Typs

$$K = ax^3 + bx^2 + cx + d$$

beschrieben werden.

a) *Leiten Sie aus der Gesamtkostenfunktion die zugehörige Durchschnittskostenfunktion analytisch ab.*
b) *Zerlegen Sie die Durchschnittskostenfunktion in ein Polynom und eine (echt) gebrochene rationale Funktion und geben Sie eine ökonomische Interpretation der beiden Teile.*
c) *Geben Sie eine grafische Interpretation der Durchschnittskosten an einer bestimmen Stelle und bestimmen Sie die Durchschnittskosten auf grafischem Wege.*

Ü 6.9.2 *Skizzieren Sie den Verlauf der Durchschnittsfunktionen zu folgenden Funktionen.*

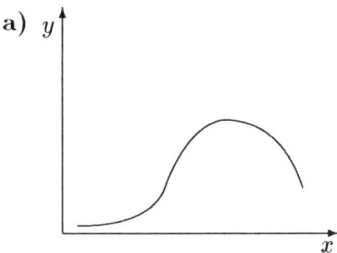

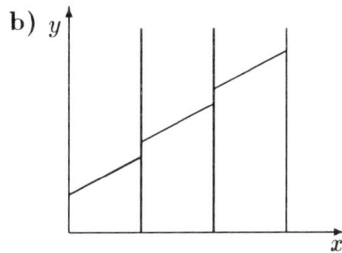

7 Funktionen mit mehreren Variablen

7.1 Begriff

In vielen Fällen werden ökonomische Größen von mehr als einer anderen ökonomischen Größe beeinflusst. Funktionen der Form $y = f(x)$, wie sie im vorangegangenen Kapitel 6 betrachtet wurden, reichen dann für eine Beschreibung nicht mehr aus, da die abhängige Variable y von mehreren unabhängigen Variablen $x_1, x_2, \ldots, x_i, \ldots, x_n$ beeinflusst wird. In einem solchen Fall beschreibt man den ökonomischen Zusammenhang durch eine Funktion mit mehreren unabhängigen Variablen.

D 7.1.1

> **Funktion mit mehreren unabhängigen Variablen**
> Eine Abbildung f aus dem n-fachen kartesischen Produkt der reellen Zahlen mit sich selbst
> $$\mathbb{R} \times \mathbb{R} \times \ldots \times \mathbb{R} = \mathop{\mathsf{X}}_{i=1}^{n} \mathbb{R} = \mathbb{R}^n$$
> in die reellen Zahlen, d.h. $\mathbb{R}^n \xrightarrow{f} \mathbb{R}$, heißt **Funktion mit mehreren unabhängigen Variablen**.

Für eine Funktion mit mehreren unabhängigen Variablen wird im Folgenden explizit $y = f(x_1, \ldots, x_n)$ geschrieben. $x_1, x_2, \ldots, x_n$ sind die unabhängigen Variablen. y ist die abhängige Variable.

B 7.1.2 *Beispiele für Funktionen mit mehreren unabhängigen Variablen sind:* $y = x_1^2 + 6x_1x_2 - x_2^2$; $y = ax_1^b x_2^c x_3^d$; $y = \sqrt{x_1^2 + 3x_2^4}$; $y = a_1 x_1 + a_2 x_2 + a_3 x_3 + a_4 x_4 + a_5 x_5$.

Ebenso wie bei Funktionen mit einer unabhängigen Veränderlichen gibt es auch für Funktionen mit mehreren unabhängigen Variablen eine **implizite** Schreibweise. Sie lautet $f(x_1, x_2, \ldots, x_n; y) \equiv 0$. Diese Schreibweise wird in der Wirtschaftstheorie z.B. bei Produktionsfunktionen mit mehreren Produktionsfaktoren verwendet. Die Produktionsfunktion lautet dann $f(r_1, r_2, \ldots, r_n; x) \equiv 0$ (s.u.), wobei x die produzierte Menge und r_i $(i = 1, \ldots, n)$ die Einsatzmengen der n Produktionsfaktoren bezeichnen.

Da sich die meisten Überlegungen zu Funktionen mit einer unabhängigen Variablen sinngemäß auf Funktionen mit mehreren unabhängigen Variablen übertragen lassen, wird nur auf wichtige Besonderheiten von Funktionen mit mehreren unabhängigen Variablen eingegangen.

7.2 Darstellung

Funktionen mit mehreren unabhängigen Variablen können
(1) analytisch (ohne Schwierigkeiten),
(2) tabellarisch (nur bei wenigen unabhängigen Variablen und verhältnismäßig unübersichtlich und aufwendig) oder
(3) grafisch (nur bei zwei unabhängigen Variablen)
dargestellt werden.

Zur **grafischen Darstellung** von Funktionen mit einer unabhängigen Variablen verwendet man üblicherweise ein rechtwinkliges Koordinatensystem. Jeder Punkt in der Ebene kann dann durch Angabe seiner auf dieses Koordinatensystem bezogenen x- und y-Koordinate eindeutig beschrieben werden. Eine Funktion $y = f(x)$ ergibt dann eine Kurve in der Ebene (vgl. dazu Abschnitt 6.2). **Funktionen mit zwei unabhängigen Variablen** lassen sich in entsprechender Weise als Flächen im Raum darstellen. Die drei Variablen (bei $z = f(x,y)$ sind es z als abhängige Variable und x und y als unabhängige Variable) werden den drei Koordinaten des Raumes zugeordnet (Länge, Breite, Höhe). Die drei Koordinatenachsen (z-Achse, x-Achse, y-Achse) stehen paarweise senkrecht aufeinander. Praktisch ergeben sich hier jedoch Schwierigkeiten, da man eine Funktion $z = f(x,y)$ im Allgemeinen nur mit erheblichem Aufwand im Raum darstellen kann. Man kann sich dadurch helfen, dass man eine **perspektivische Darstellung des Raumes in der Ebene** benutzt. Die perspektivische grafische Darstellung eines Punktes P mit den Koordinaten x_1, y_1 und z_1 zeigt Figur 7.2.1.

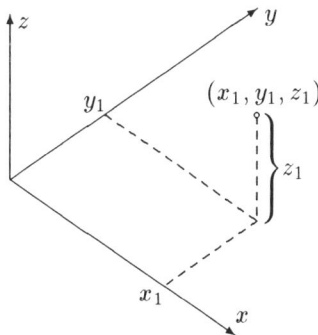

F 7.2.1 Darstellung eines Punktes im Raum

B 7.2.2 *Als Beispiel für die grafische Darstellung einer Funktion mit zwei unabhängigen Variablen soll hier zunächst eine lineare Funktion behandelt werden. Eine lineare Funktion mit einer unabhängigen Variablen lautet allgemein $y = ax + b$ und ergibt in der grafischen Darstellung eine Gerade. Eine lineare Funktion mit zwei unabhängigen Variablen lautet allgemein $z = ax + by + c$. Das Bild dieser Funktion ist eine ebene oder gerade Fläche im Raum, eine so genannte schiefe Ebene. Um eine Ebene im Raum darzustellen, genügen drei Punkte. Es ist zweckmäßig, die Schnittpunkte mit den Koordinatenachsen zu bestimmen. Das sei an der linearen Funktion $z = 8 - 4x - 2y$ erläutert. Für den Schnittpunkt mit der z-Achse ist $x = 0$ und $y = 0$ und es ergibt sich $z = 8$. Die Ebene schneidet also die z-Achse bei $z = 8$. Für den Schnittpunkt mit der x-Achse ist entprechend $z = 0$ und $y = 0$ und es ist $x = 2$. Im Schnittpunkt mit der y-Achse ist $z = 0$ und $x = 0$ und es folgt $y = 4$. Die Schnittpunkte werden durch Geraden verbunden und der Verlauf der Ebene kann dann durch eine geeignete Schraffierung dargestellt werden (vgl. F 7.2.3). In F 7.2.3 stellt die schraffierte Fläche nur einen Teil der Ebene dar.*

Die Geraden, durch die die Schnittpunkte der Fläche mit den Koordinatenachsen verbunden sind, sind Schnitte der Fläche mit den Koordinatenebenen. Man erhält diese Geraden, indem man in der gegebenen Funktion jeweils eine der Variablen gleich Null setzt. Für $z = 0$ ergibt sich die Schnittgerade mit der x-y-Ebene: $0 = 8 - 4x - 2y$ bzw. $y = -2x + 4$. Für $x = 0$ ergibt sich die Schnittgerade mit der z-y-Ebene: $z = 8 - 4 \cdot 0 - 2y$ bzw. $z = -2y + 8$. Für $y = 0$ erhält man $z = 8 - 4x - 2 \cdot 0$ bzw. $z = -4x + 8$ als Schnittgerade mit der z-x-Ebene. Die Geraden sind in F 7.2.3 eingezeichnet.

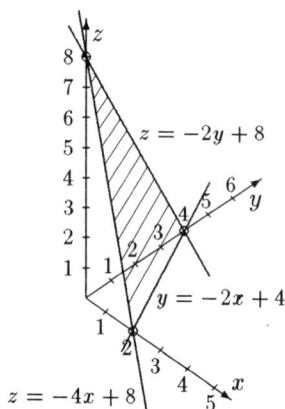

F 7.2.3 Ebene im Raum

Allgemein ergeben sich für eine lineare Funktion $z = ax+by+c$ folgende Schnittgeraden mit den Koordinatenebenen

$$y = -\tfrac{a}{b}x - \tfrac{c}{b}; \quad z = by + c; \quad z = ax + c.$$

a und b sind die Steigungen der beiden Schnittgeraden mit der z-x- bzw. z-y-Ebene. Sie werden häufig auch als Steigungen der Ebene $z = ax + by + c$ bezeichnet.

Im Gegensatz zu linearen Funktionen bereitet die grafische Darstellung nichtlinearer Funktionen mit zwei unabhängigen Variablen einige Schwierigkeiten. Die sich ergebenden gekrümmten Flächen kann man nur durch Hilfslinien skizzieren. Man bestimmt dazu meistens nicht nur die Schnittkurven der Funktion mit den Koordinatenebenen, sondern zusätzliche Schnitte parallel zu den Koordinatenebenen.

B 7.2.4   *Als Beispiel sei die Funktion $z = x^2 + y^2$ betrachtet (F 7.2.5).*

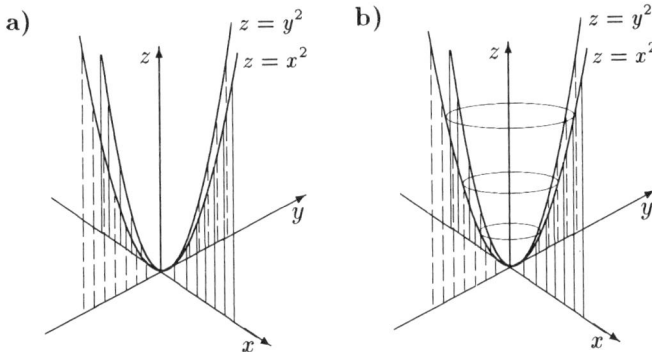

F 7.2.5   Darstellung von $z = x^2 + y^2$

Für die Schnittkurven mit den Koordinatenebenen ergibt sich:
x-y-Ebene: $z = 0 \Rightarrow x^2 + y^2 = 0$. Daraus folgt: $x = 0$ und $y = 0$. Man erhält also den Koordinatenursprung.
z-x-Ebene: $y = 0 \Rightarrow z = x^2$; z-y-Ebene: $x = 0 \Rightarrow z = y^2$.
Als Schnitte mit der z-x- und mit der z-y-Ebene ergeben sich also Parabeln. Diese sind in F 7.2.5a) skizziert. Der Verlauf der Funktion $z = x^2 + y^2$ lässt sich aus der F 7.2.5a) nur schwer ersehen. Man erhält ein besseres Bild, wenn man zusätzlich Schnittkurven der Funktion einzeichnet, die sich mit Ebenen ergeben, die parallel zu den Koordinatenebenen verlaufen. In dem Beispiel eignen sich dazu am besten Schnitte parallel zur x-y-Ebene. Ebenen parallel zur x-y-Ebene können durch $z = c = $ const. beschrieben werden. c gibt dabei den Abstand der Ebene von der x-y-Ebene an. Für $z = 1$ ergibt sich als Schnittkurve $1 = x^2 + y^2$, also ein Kreis mit dem Radius 1. Für $z = 2$ erhält man

einen Kreis mit dem Radius $\sqrt{2}$, nämlich $2 = x^2 + y^2$. Zeichnet man diese Schnittkurven mit ein, so ergibt sich das Bild in F 7.2.5b).

dass perspektivische Darstellungen von Funktionen mit zwei unabhängigen Variablen sehr anschaulich sein können, zeigt F 7.2.6.

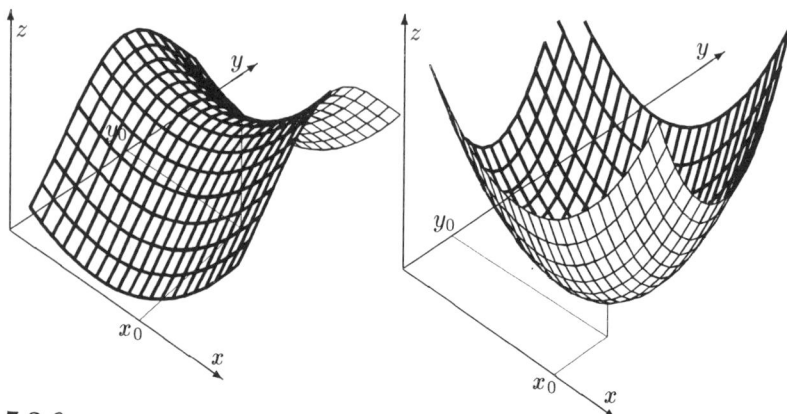

F 7.2.6

Die gezeigte perspektivische Darstellung von Funktionen mit zwei unabhängigen Variablen bereitet für nichtlineare Funktionen nicht nur erhebliche Schwierigkeiten, sondern sie reicht auch häufig für die Darstellung und Analyse ökonomischer Zusammenhänge nicht aus. Man greift dann auf eine grafische Darstellung zurück, bei der nur die **Schnittkurven** parallel zur x-y-Ebene gezeichnet werden. Diese zeichnet man dann in ein x-y-Koordinatensystem ein. An jede Schnittkurve schreibt man den zugehörigen z-Wert. Auf einer Schnittkurve liegen alle Punkte der Funktion, die von der x-y-Ebene den gleichen Abstand haben. Sie haben in bezug auf die x-y-Ebene alle die gleiche Höhe. Man bezeichnet diese Schnittkurven deshalb auch als **Isohöhenlinien**.

Die Darstellung von gekrümmten Flächen im Raum durch Isohöhenlinien dürfte jedem Leser aus der Geographie her geläufig sein. Auf Landkarten werden die Unebenheiten der Erdoberfläche häufig durch Isohöhenlinien dargestellt. Auf einer Isohöhenlinie liegen alle Punkte, die die gleiche Höhe in bezug auf den Meeresspiegel aufweisen.

B 7.2.7   *Für die Funktion $z = x^2 + y^2$ ergeben sich als Schnittkurven parallel zur x-y-Ebene konzentrische Kreise (F 7.2.8a)).*
Für $z = 8 + 4x + 2y$ ergibt sich eine Schar paralleler Geraden (F 7.2.8b)).

a)

b)

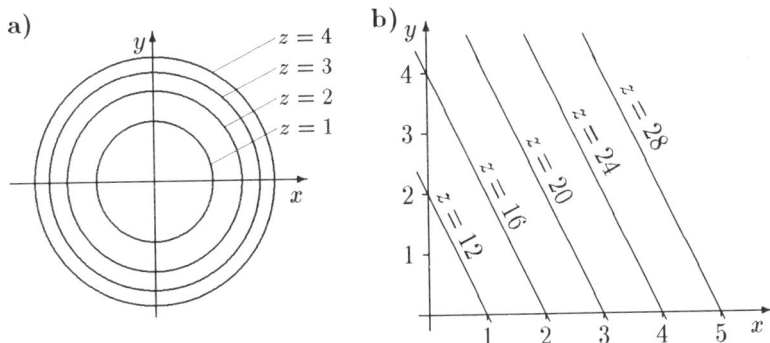

F 7.2.8 Darstellung von Funktionen durch Isohöhenlinien

Aufgaben

Ü 7.2.1 *Gegeben sei die Funktion $z = 4 - 0{,}2x - 0{,}5y$.*
a) *Zeichnen Sie den Teilbereich der Funktionsfläche, für den gilt: $x \geq 0$, $y \geq 0$ und $z \geq 0$.*
b) *Bestimmen Sie und zeichnen Sie die Schnittkurven mit den Koordinatenebenen.*
c) *Bestimmen Sie und zeichnen Sie die Schnittkurven zwischen der Funktionsfläche und den Flächen: $z = 0$, $z = 1$, $z = 3$, $z = 4$ und $z = 5$ (Isohöhenlinien).*

Ü 7.2.2 *Gegeben sei die Funktion $z = x^2 + 2y^2$.*
a) *Skizzieren Sie die Funktionsfläche.*
b) *Bestimmen Sie die Schnittkurven mit den Koordinatenebenen.*
c) *Bestimmen Sie und zeichnen Sie die Schnittkurven zwischen der Funktionsfläche und den Flächen: $z = 0$, $z = 2$, $z = 10$.*

7.3 Eigenschaften

Auf eine ausführliche Behandlung von Funktionen mit mehreren unabhängigen Variablen wird hier verzichtet, da nur wenige Eigenschaften für die Wirtschaftswissenschaften von Bedeutung sind.

D 7.3.1

Homogenität
Die Funktion $y = f(x_1, \ldots, x_n)$ heißt **homogen vom Grad r** (wobei $r \in \mathbb{R}$), wenn für jedes $a \in \mathbb{R}$ gilt $f(ax_1, ax_2, \ldots, ax_n) = a^r f(x_1, x_2, \ldots, x_n)$.

Eine Vervielfachung aller unabhängigen Variablen mit dem gleichen Faktor a führt bei einer Funktion $y = f(x_1, x_2, \ldots, x_n)$, die homogen vom Grad r ist, zu einer Vervielfachung des Funktionswertes um den Faktor a^r. Man beachte, dass **alle** unabhängigen Variablen mit dem **gleichen** Faktor a multipliziert werden.

B 7.3.2   a) *Für die Funktion $z = f(x, y) = xy$ gilt: $f(ax, ay) = axay = a^2xy = a^2 f(x, y)$. Die Funktion ist also homogen vom Grad 2.*

b) *Für $z = f(x, y) = x^3 + y^3$ gilt:*
$f(ax, ay) = (ax)^3 + (ay)^3 = a^3x^3 + a^3y^3 = a^3(x^3 + y^3) = a^3 f(x, y)$.
Die Funktion ist homogen vom Grad 3.

c) $y = f(x_1, x_2, x_3) = \sqrt[4]{x_1^3 + x_1 x_2 x_3 + x_2^2 x_3}$;

$$f(ax_1, ax_2, ax_3) = \sqrt[4]{(ax_1)^3 + ax_1 ax_2 ax_3 + (ax_2)^2 ax_3}$$

$$= \sqrt[4]{a^3 x_1^3 + a^3 x_1 x_2 x_3 + a^3 x_2^2 x_3}$$

$$= a^{\frac{3}{4}} \sqrt[4]{x_1^3 + x_1 x_2 x_3 + x_2^2 x_3} = a^{\frac{3}{4}} f(x_1, x_2, x_3).$$

Die Funktion ist homogen vom Grad $\frac{3}{4}$.

d) $z = f(x, y) = \dfrac{x^3 + xy^2}{y^3 + x^2 y}$;

$$f(ax, ay) = \frac{a^3 x^3 + axa^2 y^2}{a^3 y^3 + a^2 x^2 ay} = \frac{a^3(x^3 + xy^2)}{a^3(y^3 + x^2 y)} = a^0 f(x, y).$$

Die Funktion ist homogen vom Grad 0.

e) $y = f(x_1, \ldots, x_n) = x_1^{b_1} x_2^{b_2} x_3^{b_3} \ldots x_n^{b_n}$;

$$f(ax_1, \ldots, ax_n) = (ax_1)^{b_1} (ax_2)^{b_2} \ldots (ax_n)^{b_n}$$

$$= a^{b_1} x_1^{b_1} a^{b_2} x_2^{b_2} \ldots a^{b_n} x_n^{b_n}$$

$$= a^{b_1 + b_2 + \ldots + b_n} x_1^{b_1} x_2^{b_2} \ldots x_n^{b_n}$$

$$= a^{b_1 + b_2 + \ldots + b_n} f(x_1, x_2, \ldots, x_n).$$

Die Funktion ist homogen vom Grad $b_1 + b_2 + \ldots + b_n$.

Auch für Funktionen mehrerer unabhängigen Variablen ist es möglich, die Begriffe „konvex" und „konkav" zu definieren. Da der Definitionsbereich dieser Funktionen eine Teilmenge des $\mathbb{R}^n$ ist, stellen die Argumente der Funktionen keine Zahlen $x \in \mathbb{R}$ dar, sondern n-Tupel $(x_1, \ldots, x_n) \in \mathbb{R}^n$.

In Analogie zu den Funktionen mit einer unabhängigen Variablen ergibt sich dann:

D 7.3.3

> **Konvexität**
> Die Funktion $f(x_1, \ldots, x_n)$ heißt **konvex (konkav)** über einem Intervall $I \subset D(f) \subset \mathbb{R}^n$, wenn für je zwei beliebige n-Tupel $(x_1, \ldots, x_n) \subset I$ und $(x_1', \ldots, x_n') \subset I$ gilt:
> $$f(\tfrac{1}{2}x_1 + \tfrac{1}{2}x_1', \ldots, \tfrac{1}{2}x_n + \tfrac{1}{2}x_n') \leq (\geq)$$
> $$\tfrac{1}{2}f(x_1, \ldots, x_n) + \tfrac{1}{2}f(x_1', \ldots, x_n').$$

Die anschauliche Deutung dieser Definition gelingt allerdings nur bei Funktionen mit höchstens zwei unabhängigen Variablen. „$f(x_1, x_2)$ ist konvex über I" bedeutet dann z.b., dass die Verbindungslinie je zweier beliebiger Funktionswerte von Argumenten aus I immer oberhalb der Funktionsfläche verläuft.
Bei mehr als zwei unabhängigen Variablen bezieht sich konvex bzw. konkav immer auf den Ursprung des $\mathbb{R}^n$. Man spricht deshalb auch von „konvex (bzw. konkav) in bezug auf den Koordinatenursprung".

Lässt man bei speziellen Betrachtungen einer Funktion zu, dass Konstanten variieren, dann ist es üblich, diese dann nicht auch als unabhängige Variable zu bezeichnen, sondern als **Parameter**. So kann man z.B. bei einer Ursprungsgeraden $y = ax$ den „Parameter" a verändern und erhält eine Schar von Ursprungsgeraden.

Aufgaben

Ü 7.3.1 *Bestimmen Sie den Grad r der Homogenität folgender Funktionen:*

a) $z = 10\sqrt[4]{x^2y^3}$; b) $z = \sqrt[3]{ax^3 + bxy^2 + cy^3}$; c) $z = Ax^ay^b$;

d) $z = \dfrac{x}{y}$; e) $z = \dfrac{xy}{x+y}$; f) $z = \dfrac{xy}{x^2 + y^2}$; g) $z = \dfrac{xy}{x^2 + y}$.

7.4 Ökonomische Funktionen II

Es wird an Abschnitt 6.8 angeknüpft. Nach den allgemeinen Ausführungen zur Verwendung von Funktionen in den Wirtschaftswissenschaften dort wird jetzt auf spezielle Funktionen eingegangen.

a) Konsumfunktion

Eine **Konsumfunktion** spezifiziert die Zusammenhänge zwischen der Höhe der Konsumausgaben und den Einflussfaktoren, die die Höhe der Konsumausgaben eines Haushalts oder einer Gruppe von Haushalten bestimmen. Man unterscheidet:

(1) Makroökonomische Konsumfunktion
Eine makroökonomische Konsumfunktion beschreibt die Abhängigkeit
der gesamten Konsumausgaben C einer Volkswirtschaft von den Preisen p_i aller Konsumgüter und den Einkommen y_i aller Haushalte:

$$C = C(p_1, \ldots, p_n; y_1, \ldots, y_m).$$

Es interessiert insbesondere ein Spezialfall, den man unter der Annahme konstanter Preise erhält. Da die individuellen Einkommen
$y_1, \ldots, y_m$ das Volkseinkommen Y bestimmen, ist dann der Konsum
eine Funktion des Volkseinkommens:

$$C = C(Y).$$

(2) Mikroökonomische oder individuelle Konsumfunktion
Sie beschreibt den Zusammenhang zwischen den Konsumausgaben c
eines Wirtschaftssubjektes und dessen Einkommen y sowie den Preisen
aller (Konsum-)Güter:

$$c = c(p_1, \ldots, p_n; y).$$

Bei Konstanz der Preise erhält man:

$$c = c(y).$$

Für die Funktionen

$$c = c(y) \text{ bzw. } C = C(Y)$$

darf man annehmen, dass sie mindestens monoton steigend sind, d.h.
bei steigendem Einkommen nehmen die Konsumausgaben nicht ab.
Durch Aggregation der individuellen Konsumfunktionen erhält man
eine makroökonomische Konsumfunktion.

b) Sparfunktion
Der nicht zum Konsum verwendete Teil des Volkseinkommens bzw.
des individuellen Einkommens wird häufig als **Ersparnis** S bzw. s
definiert. Die Ersparnis hängt ebenfalls vom Einkommen ab und man
erhält die **makroökonomische Sparfunktion**

$$S = S(Y) = Y - C(Y)$$

bzw. die **mikroökonomische oder individuelle Sparfunktion**

$$s = s(y) = y - c(y).$$

c) Nachfragefunktion
Ebenso wie bei der Konsumfunktion kann auch zwischen makro- und
mikroökonomischen **Nachfragefunktionen** unterschieden werden. In
einer mikroökonomischen oder individuellen Nachfragefunktion eines
Gutes kommt der Zusammenhang zwischen der von einem Haushalt
nachgefragten Menge x_i des Gutes i und den Preisen aller Güter sowie
den Konsumausgaben zum Ausdruck:

$$x_i = x_i(p_1, \ldots, p_i, \ldots, p_n; c).$$

Durch Aggregation der individuellen Nachfragefunktionen eines Gutes ergibt sich die makroökonomische Nachfragefunktion des Gutes. In ihr kommt der Zusammenhang zwischen der Gesamtnachfrage X_i des Gutes i, den Preisen aller Güter und den gesamten Konsumausgaben zum Ausdruck

$$X_i = X_i(p_1, \ldots, p_i, \ldots, p_n; C).$$

Einen Spezialfall einer Nachfragefunktion erhält man, wenn nur die Abhängigkeit der Nachfrage eines Gutes von seinem eigenen Preis betrachtet wird: $x = x(p)$ bzw. $X = X(p)$. Wenn man von der Nachfragefunktion eines Gutes spricht, dann ist im Allgemeinen diese Funktion gemeint. Bei der Darstellung in einem Koordinatensystem ist zu beachten, dass man, einer wirtschaftswissenschaftlichen Konvention folgend, p immer auf der senkrechten Achse (Ordinate, y-Achse) und x auf der waagerechten Achse (Abszisse, x-Achse) abträgt (vgl. Figur 7.4.1).

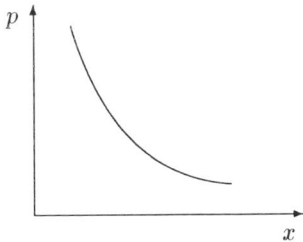

F 7.4.1 Nachfragefunktion

Allgemein darf erwartet werden, dass die nachgefragte Menge um so größer ist, je niedriger der Preis ist. Die Nachfragefunktion verläuft also von links oben nach rechts unten (streng monoton fallend). Häufig bezeichnet man auch die Umkehrfunktionen von x bzw. X als Nachfragefunktion: $p = p(x)$ bzw. $p = p(X)$.

d) Preis-Absatz-Funktion einer Unternehmung

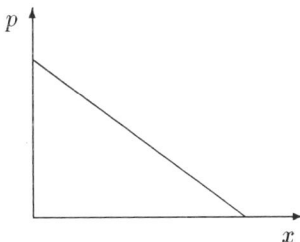

F 7.4.2 Preis-Absatz-Funktion

Die Preis-Absatz-Funktion einer Unternehmung gibt die Abhängigkeit der in einer Periode abgesetzten Menge x eines Gutes von dessen Preis p an. Ihrem Charakter nach ist die Preis-Absatz-Funktion eines Gutes eine Nachfragefunktion, wobei die Nachfrage jedoch nicht von den Nachfragern her betrachtet wird, sondern von der Angebotsseite. Es ist $x = x(p)$. In der Wirtschaftstheorie sind zwei Fälle von Interesse:

Einmal kann die Unternehmung den Preis des Gutes nicht beeinflussen (so genannte atomistische Konkurrenz). Ihr Marktanteil ist so klein, dass sie zu dem vorgegebenen Preis des Gutes praktisch beliebige Mengen absetzen kann. Im anderen Fall kann der Preis des Gutes autonom beeinflusst werden, steigende Preise werden sinkende Absatzmengen zur Folge haben (so genannter Monopolfall).

F 7.4.2 zeigt den typischen Verlauf einer Preis-Absatz-Funktion für den Monopolfall.

e) Erlösfunktion einer Unternehmung
Der Erlös E eines Gutes ist definiert als das Produkt aus dem Preis p des Gutes und der zu diesem Preis abgesetzten Menge x, d.h. $E = px$. Die **Erlösfunktion** beschreibt die Abhängigkeit des Erlöses E von der abgesetzten Menge x: $E = E(x) = px$.

Da p eine Funktion der Menge x ist (Umkehrung der Preis-Absatz-Funktion $p = p(x)$), kann man statt $E = px$ auch schreiben: $E = xp(x)$. Es ist auch möglich, den Erlös als Funktion des Preises darzustellen:

$$E = E(p) = px(p).$$

In F 7.4.3 ist zu der Preis-Absatz-Funktion aus F 7.4.2 der Verlauf der Erlösfunktion gezeichnet.

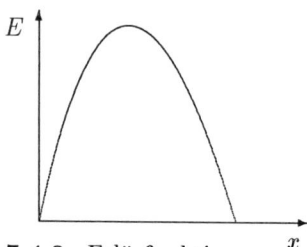

F 7.4.3 Erlösfunktion

f) Angebotsfunktion
Für die Behandlung vieler wirtschaftlicher Probleme ist es zweckmäßig, die Angebotsverhältnisse eines Gutes in ähnlicher Weise darzustellen, wie dieses für die Nachfrage geschieht. Ergebnisse solcher Darstellungen sind Angebotsfunktionen, die die Zusammenhänge zwischen der angebotenen Menge eines Gutes und den sie beeinflussenden Faktoren beschreiben. Auch hier kann man zwischen mikroökonomischen Angebotsfunktionen, bei denen das Angebot eines einzigen Anbieters betrachtet wird, und makroökonomischen Angebotsfunktionen, bei denen das gesamte Angebot eines Gutes betrachtet wird, unterscheiden. Die wichtigste Einflussgröße ist auch hier der Preis des Gutes, und wenn man von der Angebotsfunktion spricht, versteht man darunter im allgemeinen die Funktion $x = x(p)$. Je höher der Marktpreis ist, um so höher ist im allgemeinen die angebotene Menge. Die Angebotsfunktion verläuft somit im Allgemeinen von links unten nach rechts oben (streng monoton steigend). Auch hier wird bei der grafischen Darstellung p auf der vertikalen Achse abgetragen. F 7.4.4 zeigt den typischen Verlauf einer Angebotsfunktion.

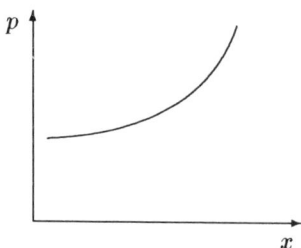

F 7.4.4 Angebotsfunktion

g) Wachstumsfunktion

Wirtschaftliches Wachstum ist ein zeitabhängiger Prozess, so dass man die positiven Veränderungen wirtschaftlicher Größen, die man als Wachstum bezeichnet, in Abhängigkeit von der Zeit betrachtet. In einer **Wachstumsfunktion** kommt deshalb allgemein der Zusammenhang zwischen einer wirtschaftlichen Größe y und der Zeit t als unabhängiger Variablen zum Ausdruck

$$y = y(t).$$

Dem steht nicht entgegen, dass man es in der Wachstumstheorie auch mit anderen Funktionen zu tun hat, beispielsweise mit den im Folgenden besprochenen Produktionsfunktionen.

h) Produktionsfunktion (Ertragsfunktion)

Die bei der Produktion eines Gutes eingesetzten Arbeitskräfte, Rohstoffe, Maschinen usw. werden als **Produktionfaktoren** bezeichnet. Eine **Produktionsfunktion** eines Betriebes oder eines Wirtschaftszweiges beschreibt die Abhängigkeit der Produktionsmenge x eines Gutes von den Einsatzmengen r_i der Produktionsfaktoren:

$$x = x(r_1, \ldots, r_n).$$

Häufig sieht man die Einsatzmengen aller Faktoren außer der Einsatzmenge r eines Faktors als konstant an. Dann gilt $x = x(r)$. F 7.4.5 zeigt für diesen Fall den Verlauf einer typischen Produktionsfunktion.

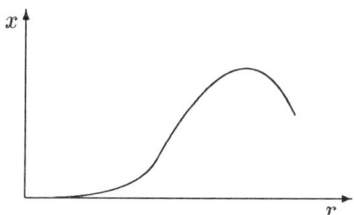

F 7.4.5 Produktionsfunktion

Die zu einer Produktionsfunktion gehörige inverse Funktion $r = r(x)$, die die Abhängigkeit der Faktoreinsatzmenge r (alle übrigen Faktoreinsatzmengen sind konstant) von der Produktionsmenge darstellt, wird als **(Faktor-)Verbrauchsfunktion** bezeichnet. Die Funktion $\overline{x} = \frac{x}{r} = \frac{x(r)}{r}$ gibt die Abhängigkeit zwischen eingesetzter Faktormenge und **durchschnittlich** pro Faktoreinheit erzielter Produktionsmenge an. $\overline{x}$ ist also eine Durchschnittsgröße, nämlich der durchschnittliche Ertrag. Die zugehörige Funktion wird als **Durchschnittsertragsfunktion** bezeichnet.

Ertragsfunktion ist üblicherweise ein Synonym zu Produktionsfunktion. Das so genannte „Ertragsgesetz" bezeichnet dagegen einen bestimmten Typ von Produktionsfunktion.

Die Funktionen $x = x(r_1, \ldots, r_n)$ bzw. $x = x(r)$ sind mikroökonomische Produktionsfunktionen. Bei einer makroökonomischen Produktionsfunktion betrachtet man als unabhängige Variablen entsprechend der Definition makroökonomischer Produktionsfaktoren nur noch die

Größen Arbeit (A), Kapital (K) und Boden (B) und möglicherweise auch den technischen Fortschritt. Als makroökonomische Produktionsfunktion erhält man somit:

$$Q = Q(A, K, B),$$

wobei Q eine makroökonomische Outputgröße bezeichnet.

i) Kostenfunktion

Die **(Gesamt-)Kostenfunktion** eines Betriebes beschreibt die Abhängigkeit der gesamten Kosten K pro Periode (Gesamtkosten) von der produzierten Menge x eines Gutes:

$$K = K(x).$$

Der hier unterstellte Fall, dass die Unternehmung nur ein Produkt herstellt **(Einproduktunternehmung)**, liegt den meisten kostentheoretischen Erörterungen zugrunde. **Die Kostenfunktion wird im Allgemeinen aus der Produktionsfunktion abgeleitet.**

Gewöhnlich wird unterstellt, dass die Gesamtkosten aus einem sich mit x verändernden Teil, den **variablen Kosten** $K_v = g(x)$, und einem von der Produktionsmenge unabhängigen Teil, den **fixen Kosten** K_f, zusammengesetzt sind. Statt $K = K(x)$ kann man dann auch schreiben:

$$K = K_f + K_v = K_f + g(x).$$

Dividiert man die Gesamtkosten K einer Periode durch die in dieser Periode produzierte Menge x, so erhält man die **Durchschnittskosten**. Da K eine Funktion von x ist, ist auch $k = k(x)$ eine solche, und man erhält die so genannte **Durchschnittskostenfunktion**:

$$k = \frac{K(x)}{x}.$$

F 7.4.6 zeigt den typischen Verlauf einer in der Betriebswirtschaftslehre häufig benutzten Gesamtkostenkurve und der dazugehörigen Durchschnittskosten.

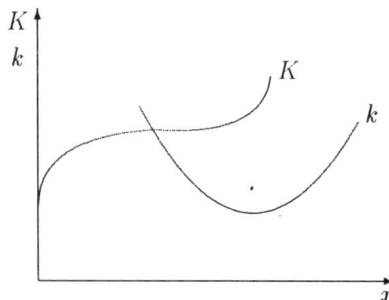

F 7.4.6   Gesamtkosten und Durchschnittskosten

j) Gewinnfunktion

Der Gewinn ist definiert als die Differenz aus Erlös und Kosten:
$G = E - K$. Die Gewinnfunktion stellt die Abhängigkeit des Gewinns
von der Menge x dar:

$$G = G(x) = E(x) - K(x).$$

Bisweilen wird auch der Gewinn als Funktion des Preises betrachtet:

$$G = G(p) = E(p) - K(p).$$

Die Gestalt der Gewinnfunktion hängt definitionsgemäß von der Gestalt der Erlös- und der Kostenfunktion ab.

Es ist auch hier möglich, eine Durchschnittsfunktion anzugeben:

$$g = \frac{G}{x} = \frac{G(x)}{x} = \frac{E(x)}{x} - \frac{K(x)}{x}.$$

k) Indifferenzkurven

In den vorhergehenden Unterabschnitten wurden wirtschaftliche Funktionen einer Variablen behandelt, die sich explizit darstellen lassen. Daneben treten auch Funktionen auf, die üblicherweise als implizite Form angegeben werden. Diese implizite Form resultiert unmittelbar aus der Fragestellung. Ein Wirtschaftssubjekt konsumiert zwei Güter in den Mengen x und y. Diese Güter stiften einen Nutzen, sie dienen der subjektiven Bedürfnisbefriedigung, die man auch als **Ophelimität** bezeichnet. Das Maß für die Bedürfnisbefriedigung ist der **Ophelimitätsindex** z, den man als Funktion der Mengen x und y darstellen kann:

$$z = z(x, y).$$

Einen vorgegebenen, konstanten Ophelimitätsindex $z = c =$ const. kann man nun mit verschiedenen Kombinationen der Mengen der beiden Güter erreichen. Man erhält dann

$$z(x, y) = c = \text{const.},$$

oder die implizite Funktion:

$$f(x, y; c) \equiv 0,$$

wobei der Ophelimitätsindex c einen Parameter der Funktion darstellt. Eine derartige Funktion bzw. die dazugehörige Kurve bezeichnet man als **Indifferenzkurve**. Auf ihr liegen alle Mengenkombinationen der beiden Güter, die zum gleichen Ophelimitätsindex führen. Sie gibt an, wie das Wirtschaftssubjekt die Mengen seiner beiden Konsumgüter ändern kann, ohne den Ophelimitätsindex zu verändern. Sie sind ein Spezialfall einer Funktion mit zwei unabhängigen Variablen. Für verschiedene Werte von c erhält man dann jeweils eine Indifferenzkurve.

l) Isoquanten

Isoquanten liegt eine ähnliche Fragestellung wie den Indifferenzkurven zugrunde. Eine Unternehmung produziert ein Gut in der Menge x mit den Mengen r_1 und r_2 von zwei Produktionsfaktoren. Dann hat man als Produktionsfunktion:

$$x = x(r_1, r_2).$$

Kann eine vorgegebene Menge des Gutes mit verschiedenen Mengenkombinationen der Produktionsfaktoren hergestellt werden, dann kann man die Produktionsmenge konstant lassen und die Faktoreinsatzmengen variieren. Die so erhaltene Funktion lautet $x(r_1, r_2) = $ const. oder $f(r_1, r_2; x) \equiv 0$.

Man erhält eine implizite Funktion der Faktoreinsatzmengen, die zu einer konstanten Ausbringung führen. Diese Kurven gleicher Ausbringung heißen **Isoquanten** (vgl. F 7.4.7).

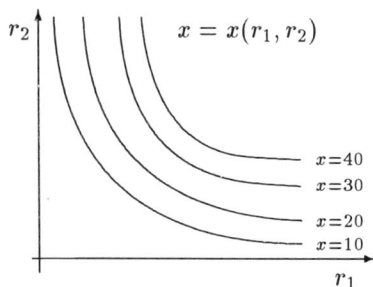

F 7.4.7   Isoquanten

Aufgaben

Ü 7.4.1   *Es sei eine Produktionsfunktion $x = x(r)$ gegeben. Leiten Sie aus dieser Produktionsfunktion grafisch und analytisch eine Kostenfunktion ab.*

Ü 7.4.2   *Gegeben seien die beiden folgenden Produktionsfunktionen $x = f(r)$ und die zugehörigen konstanten Faktorpreise p.*
a) $x = \sqrt{r - 20}; r > 20; p = 3$,   **b)** $x = (r - 20)^2; r > 20; p = 4$.
Bestimmen Sie die zugehörigen Gesamtkosten- und Durchschnittskostenfunktionen.

Ü 7.4.3   *Eine Konsumfunktion habe die Form $c = 100 + 0{,}8y$.*
a) *Stellen Sie die Konsumfunktion grafisch dar.*
b) *Bestimmen Sie analytisch und grafisch die zugehörige Sparfunktion.*
c) *Geben Sie eine ökonomische Interpretation des absoluten Gliedes der Konsumfunktion.*
d) *Bei der Sparfunktion gibt es einen Bereich, für den die Ersparnis negativ ist. Bestimmen Sie den Punkt (das Einkommen), von dem ab die Ersparnis positiv ist.*
e) *Interpretieren Sie die negative Ersparnis.*

Ü 7.4.4   *Gegeben sei die Produktionsfunktion $x = f(r_1, r_2)$. Wie ermittelt man grafisch und analytisch die Isoquante für $x = x_0$?*

8 Folgen, Reihen, Grenzwerte

8.1 Folgen und Reihen

Manchmal hat man es mit Funktionen $f(x)$ zu tun, deren Definitionsbereich die Menge $\mathbb{N}$ der natürlichen Zahlen ist. Jeder natürlichen Zahl
wird dabei eine reelle Zahl zugeordnet.

D 8.1.1	**Zahlenfolgen** Eine Funktion, durch die jeder natürlichen Zahl eine reelle Zahl zugeordnet wird, heißt **Zahlenfolge** und wird mit $a_1, a_2, a_3, \ldots$ oder $a_1, a_2, \ldots, a_n, \ldots$ oder $\{a_n\}$ mit $n \in \mathbb{N}$ bezeichnet. Die a_n heißen **Glieder** der Zahlenfolge und a_1 **Anfangsglied**.

B 8.1.2 *Bei den folgenden Beispielen sind die ersten 5 Glieder und das
allgemeine Folgeglied a_n gegeben.*

a) $1, 2, 3, 4, 5, \ldots ; a_n = n;$ b) $1, \frac{1}{2}, \frac{1}{3}, \frac{1}{4}, \frac{1}{5}, \ldots ; a_n = \frac{1}{n};$

c) $\frac{1}{2}, \frac{2}{3}, \frac{3}{4}, \frac{4}{5}, \frac{5}{6}, \ldots ; a_n = \frac{n}{n+1};$ d) $2, 4, 8, 16, 32, \ldots ; a_n = 2^n.$

Manchmal unterscheidet man auch zwischen **endlichen Folgen**, die
nur endlich viele Glieder haben, und **unendlichen Folgen**. Die folgenden Ausführungen beziehen sich auf unendliche Folgen, die kurz als
Folgen bezeichnet werden. Um bei der Schreibweise $\{a_n\}$ Verwechs-
lungen mit Mengen auszuschließen, schreibt man auch $\{a_n\}_{n \in \mathbb{N}}$.
Bei den Zahlenfolgen sind vor allem zwei Klassen von besonderem Interesse.

D 8.1.3	**Arithmetische Folge** Eine Folge $\{a_n\}$, bei der für jedes $n \in \mathbb{N}$ gilt: $a_{n+1} - a_n = d = $ const., heißt **arithmetische Folge**.

Die Differenz zweier beliebiger aufeinanderfolgender Glieder einer arithmetischen Folge ist also konstant, d.h. je zwei aufeinanderfolgende Glieder haben stets denselben Abstand.

B 8.1.4   **a)** $5, 8, 11, 14, 17, \ldots; a_n = 3n + 2; d = a_{n+1} - a_n = 3;$
b) $11, 6, 1, -4, -9, \ldots; a_n = 16 - 5n; d = (16 - 5(n+1)) - (16 - 5n) = -5.$

Wegen der konstanten Differenz der Folgeglieder ist eine arithmetische Folge eindeutig durch das Anfangsglied und die konstante Differenz d der Folgeglieder bestimmt.

R 8.1.5

> Mit dem Anfangsglied a und der Differenz d erhält man für die Glieder einer arithmetischen Folge:
>
> $a, a+d, a+2d, \ldots, a+(n-1)d, \ldots$ bzw. $a_n = a + (n-1)d.$

Eine andere Klasse von Folgen ist dadurch charakterisiert, dass der Quotient zweier beliebiger aufeinanderfolgender Glieder gleich ist.

D 8.1.6

> **Geometrische Folge**
> Eine Folge $\{a_n\}$, bei der für jedes $n \in \mathbb{N}$ gilt
> $\frac{a_{n+1}}{a_n} = q = $ const., heißt **geometrische Folge**.

B 8.1.7   **a)** $2, 4, 8, 16, 32, \ldots; a_n = 2^n; q = \frac{a_{n+1}}{a_n} = \frac{2^{n+1}}{2^n} = 2;$

b) $\frac{4}{3}, \frac{4}{9}, \frac{4}{27}, \frac{4}{81}, \frac{4}{243}, \ldots; a_n = \frac{4}{3^n}; q = \frac{4/3^{n+1}}{4/3^n} = \frac{1}{3}.$

R 8.1.8

> Eine **geometrische Folge** ist eindeutig durch ihr **Anfangsglied** a und den **Quotienten** q zweier aufeinanderfolgender Glieder bestimmt:
> $a, aq, aq^2, \ldots, aq^{n-1}, \ldots$ bzw. $a_n = aq^{n-1}.$

Das folgende Beispiel zeigt eine ökonomische Anwendung, auf die in Kapitel 9 ausführlich eingegangen wird.

B 8.1.9   *Für die Entwicklung eines Kapitals K_0, das zu Zinseszinsen angelegt ist, erhält man eine geometrische Folge. Der Zinsfuß (in % pro Jahr) wird mit p bezeichnet. Nach einem Jahr wächst das Kapital an auf $K_1 = K_0 + K_0 \cdot \frac{p}{100} = K_0(1 + \frac{p}{100})$. Mit $1 + \frac{p}{100} = q$ erhält man $K_1 = K_0 q$. Nach zwei Jahren hat man $K_2 = K_1 q = K_0 q^2$ und nach n Jahren $K_n = K_{n-1} q = K_0 q^n$. Die Entwicklung des Kapitals ergibt also eine geometrische Folge mit dem Anfangsglied K_0 und dem Quotienten $q = 1 + \frac{p}{100}$.*

Mit dem Begriff der Zahlenfolge eng verbunden ist der Begriff der Reihe.

D 8.1.10

> **Reihe**
> Gegeben sei eine Zahlenfolge $\{a_n\}$.
>
> $a_1 + a_2 + a_3 + \ldots = \sum\limits_{n=1}^{\infty} a_n$ heißt unendliche Reihe oder
> kurz **Reihe**. Die a_n heißen Glieder der Reihe.

D 8.1.11

> **Arithmetische und geometrische Reihe**
> Eine **arithmetische (geometrische) Reihe** ist eine Reihe, deren Glieder den Gesetzen einer arithmetischen (geometrischen) Folge gehorchen.

Häufig interessiert man sich für die Summe der ersten Glieder einer Reihe oder Folge.

D 8.1.12

> **Partialsumme**
> Gegeben sei eine Zahlenfolge $\{a_i\}$ bzw. eine Reihe $\sum\limits_{i=1}^{\infty} a_i$.
>
> Die Summe der ersten n Glieder $S_n = \sum\limits_{i=1}^{n} a_i$ heißt
> **n-te Partialsumme** oder **n-te Teilsumme** der Folge oder Reihe. Die Partialsummen ergeben wieder eine Folge.

Für Anwendungen ist die n-te Partialsumme von arithmetischen und geometrischen Reihen von Interesse.

Für eine arithmetische Reihe erhält man:

$$S_n = \sum\limits_{i=1}^{n} a_i = a_1 + a_2 + \ldots + a_n$$
$$= a + (a + d) + (a + 2d) + \ldots$$
$$+ (a + (n-2)d) + (a + (n-1)d).$$

Schreibt man die ausführliche Summe zweimal in entgegengesetzter Reihenfolge der Glieder hin und addiert gliedweise, so erhält man:

$$
\begin{array}{rcccccc}
S_n = & a & + & (a+d) & + \ldots + & (a + (n-1)d) \\
+S_n = & (a + (n-1)d) & + & (a + (n-2)d) & + \ldots + & a \\
\hline
2S_n = & (2a + (n-1)d) & + & (2a + (n-1)d) & + \ldots + & (2a + (n-1)d)
\end{array}
$$

Für $2S_n$ hat man also n gleiche Summanden, und es folgt:

$$S_n = \frac{n}{2}(2a + (n-1)d) = \frac{n}{2}(a + a + (n-1)d).$$

Damit ergibt sich wegen $a + (n-1)d = a_n$ und $a = a_1$:

R 8.1.13
$$\sum_{i=1}^{n}(a+(i-1)d) = \tfrac{n}{2}(2a+(n-1)d) = \tfrac{n}{2}(a_1+a_n).$$

n-te Partialsumme einer arithmetischen Reihe

Aus der in R 8.1.13 angegebenen Formel folgt speziell:

R 8.1.14
$$\sum_{i=1}^{n} i = 1+2+3+\ldots+(n-1)+n = \tfrac{n(n+1)}{2}$$

Zur Bestimmung der Summe der ersten n Glieder einer geometrischen Folge schreibt man die Summe zunächst aus und darunter die mit q multiplizierte Summengleichung. Dann subtrahiert man gliedweise.

$$
\begin{aligned}
S_n &= a + aq + aq^2 + \ldots + aq^{n-2} + aq^{n-1}\\
-qS_n &= \quad\ aq + aq^2 + \ldots + aq^{n-2} + aq^{n-1} + aq^n\\
\hline
S_n - qS_n &= a - aq^n
\end{aligned}
$$

Daraus folgt für $q \neq 1$: $S_n = a\frac{1-q^n}{1-q}$. Es gilt somit:

R 8.1.15 **n-te Partialsumme einer geometrischen Reihe**
$$\sum_{i=1}^{n} aq^{i-1} = a\frac{1-q^n}{1-q}; q \neq 1$$

Für $a=1$ folgt daraus speziell:

R 8.1.16
$$\sum_{i=1}^{n} q^{i-1} = \frac{1-q^n}{1-q}; q \neq 1$$

B 8.1.17 *In B 8.1.9 wurde die Entwicklung eines zu Zinseszinsen angelegten Kapitals betrachtet, wofür sich eine geometrische Folge ergibt. Wird, wie bei einem Ratensparvertrag, zu Beginn eines jeden Jahres ein Betrag r auf ein Konto gezahlt, so ist bei Zinseszinsen die erste Zahlung nach n Jahren auf rq^n angewachsen ($q = 1 + \frac{p}{100}$), die zweite Zahlung, die nur für n − 1 Jahre verzinst wird, wächst auf rq^{n-1}. Die Zahlung zu Beginn des dritten Jahres wird für n − 2 Jahre verzinst und wächst auf rq^{n-2} an. Die Zahlung zu Beginn des vorletzten Jahres verzinst sich noch für 2 Jahre und wächst auf rq^2, und die Zahlung zu Beginn des letzten Jahres wächst auf rq.*

Insgesamt befindet sich dann nach n Jahren auf dem Konto ein Betrag von:

$$R_n = \sum_{i=1}^{n} rq^i = rq \sum_{i=1}^{n} q^{i-1} = rq\frac{1-q^n}{1-q}.$$

Ebenso wie die in B 8.1.9 hergeleitete Zinseszinsformel fällt dieses Problem in den Bereich der Finanzmathematik, deren Grundzüge in Kapitel 9 behandelt werden.

Das folgende Beispiel behandelt ein Problem, das eine Vorstellung davon vermittelt, wie schnell die Glieder einer geometrischen Folge für $q > 1$ wachsen.

B 8.1.18 *Ein babylonischer Kaiser wollte den Erfinder des Schachspiels belohnen und stellte ihm einen Wunsch frei. Der Erfinder äußerte folgenden bescheidenen Wunsch: Er wolle in Reis entlohnt werden, und zwar sollten den 64 Feldern des Schachbretts Reiskörner zugeordnet werden nach folgendem Gesetz: 1. Feld 1 Korn, 2. Feld 2 Körner und auf jedes weitere Feld doppelt soviel wie auf das jeweils vorhergehende Feld.*
Für die Anzahl der Reiskörner auf den Feldern ergeben sich die ersten Glieder einer geometrischen Folge mit $a = 1$ und $q = 2$.
Für die Gesamtzahl der Reiskörner erhält man dann:

$$Z = \sum_{i=1}^{64} 2^{i-1} = 1 + 2 + 4 + 8 + 16 + \ldots + 2^{63}.$$

Es ist also die Partialsumme einer geometrischen Reihe zu bestimmen, und es ergibt sich $\left(a = 1, q = 2\right)$:

$$Z = a\frac{q^n-1}{q-1} = 1 \cdot \frac{2^{64}-1}{2-1} = 2^{64} - 1 \simeq 2^{64} \simeq 1{,}8446744 \cdot 10^{19}.$$

Um eine Vorstellung von der Menge Reis zu bekommen, wird angenommen, dass dieser Reis in Güterwagen transportiert werden soll. Dazu wird vereinfachend Folgendes angenommen:
100 Reiskörner wiegen 1 g
1 Güterwagen fasst 50 t Reis und ist 10 m lang.
Das Gewicht des Reis beträgt:
$G \simeq \frac{1{,}8 \cdot 10^{19}}{100} = 1{,}8 \cdot 10^{17}$ *g oder* $1{,}8 \cdot 10^{11}$ *t.*
Zum Transport dieser Menge werden
$W = \frac{1{,}8 \cdot 10^{11}}{50} = 3{,}6 \cdot 10^9$ *Güterwagen benötigt.*
Reiht man diese Güterwagen aneinander, so ergibt sich eine Länge von
$L = 3{,}6 \cdot 10^9 \cdot 10 = 3{,}6 \cdot 10^{10}$ *m oder* $3{,}6 \cdot 10^7$ *km.*
Diese 36.000.000 km entsprechen dem 900fachen Erdumfang oder mehr als dem 93fachen der mittleren Entfernung zwischen Erde und Mond.

Aufgaben

Ü 8.1.1 *Bestimmen Sie das allgemeine Folgeglied a_n und geben Sie an, ob es sich evtl. um eine arithmetische oder geometrische Folge handelt.*

a) $\frac{1}{3}, \frac{1}{6}, \frac{1}{12}, \frac{1}{24}, \frac{1}{48}, \ldots$;   b) $12, 0, -12, -24, -36, \ldots$;

c) $1, \frac{1}{2}, \frac{1}{3}, \frac{1}{4}, \frac{1}{5}, \ldots$;   d) $2, 4, 6, 8, 10, \ldots$;

e) $\frac{3}{2}, \frac{3}{4}, \frac{3}{8}, \frac{3}{16}, \frac{3}{32}, \ldots$;   f) $1, 7, 17, 31, 49, 71, \ldots$;

g) $-\frac{1}{2}, 1, \frac{1}{6}, \frac{1}{13}, \frac{1}{22}, \frac{1}{33}, \ldots$

Ü 8.1.2 *Bestimmen Sie für die folgenden arithmetischen Folgen das Anfangsglied a, die Differenz d, das allgemeine Glied a_n und die 20. Partialsumme.*

a) $7, 11, 15, 19, 23, \ldots$;   b) $1, 3, 5, 7, 9, \ldots$;   c) $4, 4\frac{1}{2}, 5, 5\frac{1}{2}, 6, \ldots$;

d) $20, 17, 14, 11, 8, \ldots$

Ü 8.1.3 *Bestimmen Sie für die folgenden geometrischen Folgen das Anfangsglied a, den Quotienten q, das allgemeine Glied a_n und die 10. Partialsumme.* a) $1, 2, 4, 8, 16, \ldots$;   b) $9, 3, 1, \frac{1}{3}, \frac{1}{9}, \ldots$;

c) $1; 0{,}9; 0{,}81; \ldots$

Ü 8.1.4 *Von einer arithmetischen Reihe sind bekannt: $a = a_1 = 3\frac{1}{3}$, $d = 1\frac{1}{3}, S_n = 448$. Bestimmen Sie n und a_n.*

Ü 8.1.5 *Bestimmen Sie:*

$$a^{n-1} + a^{n-2}b + a^{n-3}b^2 + \ldots + ab^{n-2} + b^{n-1} = \sum_{i=1}^{n} a^{n-i}b^{i-1}.$$

8.2   Wichtige Eigenschaften von Folgen

Einige der für Funktionen behandelten Eigenschaften können auch auf Folgen (als spezielle Funktionen) übertragen werden.

D 8.2.1

> **Beschränkte Folgen**
> Eine Zahlenfolge $\{a_n\}$ heißt **beschränkt**, wenn für alle Glieder der Folge gilt $|a_n| \leq c =$ const.,
> c heißt **Schranke**.
> Eine Zahlenfolge $\{a_n\}$ heißt **nach unten beschränkt**, wenn für alle Glieder der Folge gilt $a_n \geq c =$ const.,
> c heißt **untere Schranke** der Folge.
> Eine Zahlenfolge $\{a_n\}$ heißt **nach oben beschränkt**, wenn für alle Glieder der Folge gilt $a_n \leq c =$ const.,
> c heißt **obere Schranke** der Folge.

B 8.2.2   **a)** *Die Folge* $\{a_n\}$ *mit* $a_n = (-2)^n$ $(n = 1, 2, 3, \ldots)$ *ist sicher nicht beschränkt, da* a_n *beliebig groß bzw. beliebig klein werden kann.*
b) *Die Folge* $\{a_n\}$ *mit* $a_n = \frac{1}{n}$ $(n = 1, 2, 3, \ldots)$ *ist beschränkt, denn es gilt* $0 < \frac{1}{n} \leq 1$, *d.h. es gilt* $|a_n| \leq 1$.
c) *Die Folge* $\{a_n\}$ *mit* $a_n = 2n + 3$ $(n = 1, 2, 3, \ldots)$ *ist nach unten beschränkt, denn es gilt* $a_n \geq 5$ *für* $n = 1, 2, 3, \ldots$
d) *Die Folge* $\{a_n\}$ *mit* $a_n = n - n^2$ $(n = 1, 2, 3, \ldots)$ *ist nach oben beschränkt. Die ersten Glieder der Folge lauten* $0, -2, -6, -12, -20, \ldots$ *Die Glieder werden immer kleiner. Es gilt also* $a_n \leq 0$. *Die Folge ist nach oben beschränkt.*

B 8.2.3   *Es ist für* $|q| < 1$ *auch* $|q^n| < 1$. *Somit gilt* $|aq^n| = |a| \cdot |q^n| \leq a$. *Eine geometrische Folge mit* $|q| < 1$ *ist also beschränkt.*

D 8.2.4

> **Monotone Folge**
> Gegeben sei eine Zahlenfolge $\{a_n\}$.
> Gilt $a_n < a_{n+1}$ für alle $n \in \mathbb{N}$, so heißt die Folge **streng monoton steigend**.
> Gilt $a_n > a_{n+1}$ für alle $n \in \mathbb{N}$, so heißt die Folge **streng monoton fallend**.
> Gilt $a_n \leq a_{n+1}$ bzw. $a_n \geq a_{n+1}$ für alle $n \in \mathbb{N}$, so heißt die Folge **monoton steigend** bzw. **fallend**.

Bei einer streng monoton steigenden (bzw. fallenden) Folge nimmt die Größe der Glieder also ständig zu bzw. ab.

B 8.2.5   **a)** *Die Folge* $\{4n - 3\}$ *ist streng monoton steigend, denn es gilt:* $a_n = 4n - 3 < 4(n + 1) - 3 = a_{n+1}$ *für alle* $n \in \mathbb{N}$.
b) *Die Folge* $\{n - n^2\}$ *ist streng monoton fallend, denn es gilt:*
$a_n = n - n^2$ *und* $a_{n+1} = (n+1) - (n+1)^2 = n + 1 - n^2 - 2n - 1 = -n^2 - n$
und somit $a_n = n - n^2 > -n^2 - n = a_{n+1}$ *für alle* $n \in \mathbb{N}$.

Aufgaben

Ü 8.2.1   *Zeigen Sie die Beschränktheit der Zahlenfolge* $a_n = (-1)^n \dfrac{n + 3}{2n}$, $n \in \mathbb{N}$.

Ü 8.2.2   *Zeigen Sie, dass jede arithmetische Folge mit* $d \neq 0$ *unbeschränkt ist.*

Ü 8.2.3   *Zeigen Sie, dass* **a)** *jede arithmetische und* **b)** *jede geometrische Folge mit* $(q > 0)$ *monoton ist.*

8.3   Grenzwerte von Folgen

Bei Zahlenfolgen interessiert man sich besonders für ihr Verhalten,
wenn n sehr groß wird.

B 8.3.1   **a)** *Die Glieder der Folge* $2, 4, 6, 8, 10, \ldots$ *mit dem allgemeinen
Glied* $a_n = 2n$ *werden mit wachsendem* n *immer größer. Da* n *beliebig
groß werden kann, kann auch* a_n *beliebig groß werden. Man sagt: „Die
Folge wächst über alle Grenzen."* *Ebenso wächst die Folge* $a_n = -3n$,
deren erste Glieder $-3, -6, -9, -12, \ldots$ *lauten, über alle Grenzen.*
b) *Die Folge* $1, \frac{1}{2}, \frac{1}{3}, \frac{1}{4}, \ldots$ *mit* $a_n = \frac{1}{n}$, *ist beschränkt (vgl. B 8.2.2b)).
Sie kann deshalb nicht über alle Grenzen wachsen. Es gilt stets* $\frac{1}{n} > 0$,
da $n > 0$. *Mit zunehmendem* n *wird* $\frac{1}{n}$ *aber immer kleiner. Je größer
n wird, desto mehr nähert sich* $\frac{1}{n}$ *dem Wert* 0. *Dieser Wert wird aber
nicht erreicht, da für jedes* $n \in \mathbb{N}$ *gilt* $\frac{1}{n} > 0$. *Die Folge kann sich dem
Wert Null zwar beliebig nähern, erreicht diesen aber nicht.*
c) *Bei der Folge mit* $a_n = (-1)^n + \frac{1}{n}$, *deren erste Glieder lauten
$0, \frac{3}{2}, -\frac{2}{3}, \frac{5}{4}, -\frac{4}{5}, \ldots$, gilt Folgendes:* $(-1)^n = -1$ *für ungerades* n *und
$+1$ für gerades* n. $\frac{1}{n}$ *nähert sich für wachsendes* n *dem Wert* 0 *beliebig
(s.o.). Die Glieder der Folge nähern sich also den Werten* $+1$ *und* -1
beliebig. Sie liegen bei zunehmendem n *abwechselnd immer näher bei
$+1$ bzw.* -1.

Für die folgenden Ausführungen ist es wichtig, sich klar zu machen,
dass eine Folge immer unendlich viele Glieder hat, da n beliebig groß
werden kann. Auch Teilmengen der natürlichen Zahlen können unendlich viele Elemente haben, wie etwa die Menge der geraden natürlichen
Zahlen, die Menge der ungeraden natürlichen Zahlen oder die Menge
der natürlichen Zahlen größer als 10.

D 8.3.2

> **Häufungspunkt einer Folge**
> Gibt es für jedes (noch so kleine) $\varepsilon \in \mathbb{R}^+$ unendlich viele
> Glieder a_m der Folge $\{a_n\}$ mit $a - \varepsilon < a_m < a + \varepsilon$, so
> besitzt die Folge bei a einen **Häufungspunkt**.

B 8.3.3   **a)** *Die Folge mit* $a_n = (-1)^n$ $(n = 1, 2, 3, \ldots)$ *besitzt Häufungspunkte bei* -1 *und* $+1$, *denn die Glieder nehmen abwechselnd diese
Werte an.*
b) *Die Folge mit* $a_n = 2 \cdot (-1)^n + \frac{1}{n}$ $(n = 1, 2, 3, \ldots)$ *besitzt Häufungspunkte bei* -2 *und* $+2$, *denn für* $n > \frac{1}{\varepsilon}$ *liegen unendlich viele Glieder
zwischen* -2 *und* $-2 + \varepsilon$ *(für ungerades* n) *und zwischen* $+2$ *und* $+2 + \varepsilon$
(für gerades n). *Das gilt für beliebig kleines* $\varepsilon > 0$.

Von besonderem Interesse sind Zahlenfolgen, die nur einen Häufungspunkt besitzen.

B 8.3.4 *Es wird noch einmal die Folge $\{\frac{1}{n}\}$ betrachtet (vgl. B 8.3.1b)).
Lässt man in dieser Zahlenfolge n immer größer werden, dann wird offensichtlich $\frac{1}{n}$ immer kleiner, und zwar nähert sich der Quotient dem Wert 0. Lässt man n gegen unendlich gehen, so geht $\frac{1}{n}$ gegen 0. Man sagt: „$\frac{1}{n}$ strebt dem* **Grenzwert** *0 zu." Dafür schreibt man üblicherweise $\lim\limits_{n\to\infty} \frac{1}{n} = 0$, lesen Sie: „Limes $\frac{1}{n}$ für n gegen unendlich gleich 0".
„Limes" ist das lateinische Wort für Grenze.*

Das Verhalten einer Folge, deren Glieder einem Grenzwert (dem einzigen Häufungspunkt) zustreben, bezeichnet man auch als **Konvergenz**. Die Folge heißt dann **konvergent**.

D 8.3.5

> **Konvergenz und Grenzwert einer Folge**
> Die Folge $\{a_n\}$ **konvergiert** gegen den **Grenzwert** a, wenn es zu jedem positiven $\varepsilon \in \mathbb{R}^+$ eine natürliche Zahl $N(\varepsilon)$ gibt derart, dass $|a_n - a| < \varepsilon$ für **alle** $n \geq N(\varepsilon)$ gilt. Man schreibt „$\lim\limits_{n\to\infty} a_n = a$" oder „$a_n \to a$ für $n \to \infty$".

Man beachte, dass die Konvergenzaussage der Definition 8.3.5 für jedes beliebig kleine, positive ε gelten muss. Dadurch kann man eine beliebig starke Annäherung der a_n an a erreichen, wenn nur n genügend groß wird.

B 8.3.6 **a)** *Für die Folge $\{\frac{1}{n}\}$ und $a = 0$ gilt $|a_n - 0| < \varepsilon$ für jedes $n \geq N(\varepsilon) > \frac{1}{\varepsilon}$.*
b) *Für die Folge $\{\frac{n+5}{16n}\}$ gilt $|a_n - 0| < \varepsilon$, z.B. für $\varepsilon = \frac{1}{10}$ und $n \geq 9$. Aber für $\varepsilon = \frac{1}{20}$ gibt es* **kein** *$N(\varepsilon)$, so dass $|a_n - 0| < \varepsilon$ für $n > N(\varepsilon)$ gilt. 0 kann also nicht Grenzwert der Folge sein. Für jedes $n \in \mathbb{N}$ gilt: $\frac{n+5}{16n} = \frac{1}{16} + \frac{5}{16n} > \frac{1}{16}$.*

Für die Untersuchung von Folgen ist der folgende Satz von Bedeutung.

R 8.3.7

> Eine beschränkte und monotone Zahlenfolge $\{a_n\}$ besitzt genau einen Häufungspunkt a, und es gilt $\lim\limits_{n\to\infty} a_n = a$.

Dieser Satz trifft z.B. auf die Folgen in B 8.3.1b), 8.3.4 und 8.3.6a) zu. Man beachte, dass der Grenzwert einer Zahlenfolge meistens nicht Glied der Folge ist.

B 8.3.8 *Die Folge* $\left\{\frac{1}{n}\right\}$ *konvergiert gegen den Grenzwert* 0, *aber* 0 *ist nicht Glied der Folge, denn es gibt kein* $n \in \mathbb{N}$ *mit* $\frac{1}{n} = 0$.

D 8.3.9

> **Nullfolge**
> Eine Folge mit dem Grenzwert 0 heißt **Nullfolge**.

D 8.3.10

> **Divergenz**
> Eine nicht konvergente Folge heißt **divergent**.

Werden die Glieder einer Folge unendlich groß für $n \to \infty$, dann schreibt man manchmal auch $\lim\limits_{n\to\infty} a_n = \infty$ (oder $\lim\limits_{n\to\infty} a_n = -\infty$).

Für Grenzwerte gelten einige wichtige Regeln, die leicht einzusehen sind und die hier ohne Beweis angegeben werden.

R 8.3.11

> Gegeben seien zwei konvergente Folgen $\{x_n\}$ und $\{y_n\}$, und es sei $\lim\limits_{n\to\infty} x_n = x$ und $\lim\limits_{n\to\infty} y_n = y$.
> Dann gilt für $a \in \mathbb{R}$:
> **a)** $\lim\limits_{n\to\infty} (x_n \pm a) = x \pm a$; **b)** $\lim\limits_{n\to\infty} (ax_n) = ax$;
> **c)** $\lim\limits_{n\to\infty} (x_n \pm y_n) = x \pm y$; **d)** $\lim\limits_{n\to\infty} (x_n y_n) = xy$;
> **e)** $\lim\limits_{n\to\infty} \frac{x_n}{y_n} = \frac{x}{y}, y \neq 0$ und alle $y_n \neq 0$.

Bei Konvergenzuntersuchungen geht man in vielen Fällen so vor, dass man die zu untersuchende Folge nach oben und unten durch eine bekannte Folge abschätzt.

B 8.3.12 *Es wird die Folge* $\sqrt[n]{n}$ *betrachtet. Für die Konvergenzuntersuchung bildet man daraus die Folge* $a_n = \sqrt[n]{n} - 1$ $(n = 1, 2, 3, \ldots)$, *für die stets gilt* $a_n \geq 0$. *Es gilt nach dem binomischen Lehrsatz (vgl. Abschnitt 5.3)* :

$$(1 + a_n)^n = \sum_{k=0}^{n} \binom{n}{k} \cdot a_n^k \cdot 1^{n-k} = \sum_{k=0}^{n} \binom{n}{k} \cdot a_n^k = (\sqrt[n]{n})^n = n.$$

Für $n \geq 2$ *gilt:*

$$\sum_{k=0}^{n} \binom{n}{k} a_n^k = \binom{n}{0} + \binom{n}{1} a_n + \binom{n}{2} a_n^2 + \ldots = n.$$

Es ist $\binom{n}{2} = \frac{n(n-1)}{2}$ *und somit* $\frac{n(n-1)}{2}a_n^2 \le n$, *da auf der linken Seite alle übrigen Glieder weggelassen wurden. Daraus folgt:*

$a_n^2 \le \frac{2}{n-1}$ *bzw.* $|a_n| = a_n \le \sqrt{\frac{2}{n-1}}$.

Es ist nun $\lim\limits_{n \to \infty} \frac{2}{n-1} = 0$ *und damit auch* $\lim\limits_{n \to \infty} \sqrt{\frac{2}{n-1}} = 0$.

Da stets $0 \le a_n \le \sqrt{\frac{2}{n-1}}$ *gilt, folgt daraus:*

$0 \le \lim\limits_{n \to \infty} a_n \le \lim\limits_{n \to \infty} \sqrt{\frac{2}{n-1}} = 0$.

Daraus folgt weiter: $\lim\limits_{n \to \infty} (\sqrt[n]{n} - 1) = 0$ *und* $\lim\limits_{n \to \infty} \sqrt[n]{n} = 1$.

Bei Folgen deren Glieder aus Quotienten von Polynomen in n bestehen, werden Zähler und Nenner durch die höchste vorkommende Potenz von n dividiert. Außer reellen Zahlen erhält man dann im Zähler und Nenner Summanden der Form $\frac{a}{n^k}$, die gegen Null konvergieren. Der Grenzwert lässt sich dann leicht bestimmen.

B 8.3.13 *Es sei die Folge mit* $a_n = \frac{3n^2}{4n^2+n+5}$ *betrachtet. Es ist:*

$$\frac{3n^2}{4n^2+n+5} = \frac{3n^2}{4n^2+n+5} \cdot \frac{\frac{1}{n^2}}{\frac{1}{n^2}} = \frac{3}{4+\frac{1}{n}+\frac{5}{n^2}}.$$

Es gilt: $\lim\limits_{n \to \infty} \frac{1}{n} = 0$ *und* $\lim\limits_{n \to \infty} \frac{5}{n^2} = 0$.

Daraus folgt: $\lim\limits_{n \to \infty} \dfrac{3n^2}{4n^2+n+5} = \lim\limits_{n \to \infty} \dfrac{3}{4+\frac{1}{n}+\frac{5}{n^2}} = \dfrac{3}{4}$.

Aufgaben

Ü 8.3.1 *Bestimmen Sie:* a) $\lim\limits_{n \to \infty} \dfrac{4n^2+3n-27}{8n^2-24n+108}$;

b) $\lim\limits_{n \to \infty} \dfrac{12n^7-8n^5+4n^3-12}{18n^7-3n^4+n^2}$;   c) $\lim\limits_{n \to \infty} \dfrac{5n^3-6n}{8n^4-3}$;

d) $\lim\limits_{n \to \infty} \dfrac{6n^5-7n^3-5}{n^4-6n}$.

Ü 8.3.2 *Bestimmen Sie:* a) $\lim\limits_{n \to \infty} \left[(-1)^n + \frac{1}{n}\right]$; b) $\lim\limits_{n \to \infty} (-1)^n \frac{1}{n}$.

Ü 8.3.3 *Stellen Sie fest, welche der nachstehenden Zahlenfolgen konvergieren und bestimmen Sie gegebenenfalls den Grenzwert.*

a) $1 + (-1)^n$; b) $\dfrac{n^4-16}{(n+2)^2(1-2n-5n^2)}$; c) $\sqrt{9n^2+15n+7} - 3n$.

Ü 8.3.4 *Für die nachstehenden Zahlenfolgen ist zu untersuchen, ob es sich um Nullfolgen handelt!*

a) $a_n = \dfrac{3n^2 + 2n - 1}{n^4 + 1} \cos n;$

b) $a_n = \dfrac{2n^3 + 8n + 5}{5n^3 + 2n^2} \sin(\pi n).$

8.4   Grenzwerte von Reihen

Der bei Zahlenfolgen eingeführte Begriff der Konvergenz lässt sich ohne Schwierigkeiten auf Reihen anwenden. Dabei interessiert es, ob die „unendliche Summe" der Reihe einen endlichen Wert annimmt. Dazu betrachtet man die Folge der Partialsummen und untersucht, ob

$$S_n = \sum_{i=1}^{n} a_i \text{ für } n \to \infty \text{ einem Grenzwert zustrebt oder nicht.}$$

D 8.4.1

> **Konvergenz und Grenzwert einer Reihe**
>
> Gegeben sei eine Zahlenfolge $\{a_n\}$ und $S_n = \sum_{i=1}^{n} a_i$ sei die n-te Teilsumme. Konvergiert die Folge $\{S_n\}$ der Teilsummen, so bezeichnet man den Grenzwert
>
> $$S = \lim_{n\to\infty} S_n = \lim_{n\to\infty} \sum_{i=1}^{n} a_i = \sum_{i=1}^{\infty} a_i$$
>
> als **Summe** oder **Wert der unendlichen Reihe** und nennt die Reihe konvergent.

Von speziellem Interesse ist häufig der Wert der geometrischen Reihe (vgl. D 8.1.11 und R 8.1.15).

Für die geometrische Reihe $a + aq + aq^2 + \ldots + aq^n + \ldots = \sum_{i=1}^{\infty} aq^{i-1}$ erhält man:

$$\sum_{i=1}^{\infty} aq^{i-1} = \lim_{n\to\infty} \sum_{i=1}^{n} aq^{i-1} = \lim_{n\to\infty} a\frac{1 - q^n}{1 - q}$$
$$= \lim_{n\to\infty} a\left(\frac{1}{1-q} - \frac{q^n}{1-q}\right) \text{ für } q \neq 1.$$

Für $|q| > 1$ existiert dieser Grenzwert nicht, da $|q|^n$ für $n \to \infty$ über alle Grenzen wächst. Ist $|q| < 1$, so gilt: $\lim_{n\to\infty} q^n = 0$.

R 8.4.2 | **Wert einer geometrischen Reihe für $|q| < 1$**
Der **Wert** der **unendlichen geometrischen Reihe** mit dem Anfangsglied a und dem Quotienten $\frac{a_{n+1}}{a_n} = q$ mit $|q| < 1$ beträgt $S = \dfrac{a}{1-q}$.

B 8.4.3 *Es sei die Folge* $\left\{\dfrac{1}{2^{n-1}}\right\}$ *gegeben. Es ist $a = 1$ und $q = \frac{1}{2}$ und*

es ergibt sich: $\displaystyle\sum_{n=1}^{\infty} \dfrac{1}{2^{n-1}} = \dfrac{1}{1 - \frac{1}{2}} = 2.$

Hat man eine geometrische Reihe, deren Summation nicht mit der unteren Grenze $n = 1$ beginnt, oder ist der Exponent von q im allgemeinen Glied nicht $n - 1$, dann kann R 8.4.2 am einfachsten dadurch angewendet werden, dass man aus den verfügbaren Angaben a und q bestimmt.

B 8.4.4 *Für* $\displaystyle\sum_{k=2}^{\infty} 5\left(\frac{1}{3}\right)^k$ *ist $q = \frac{1}{3}$. Für $k = 2$ erhält man das Anfangsglied*

$a = 5\left(\frac{1}{3}\right)^2 = \frac{5}{9}.$ *Damit ergibt sich* $\displaystyle\sum_{k=2}^{\infty} 5\left(\frac{1}{3}\right)^k = \frac{5}{9} \cdot \dfrac{1}{1 - \frac{1}{3}} = \dfrac{5}{6}.$

Mit Hilfe von Grenzwerten kann auch die Zahl e definiert werden, und zwar als $e = \displaystyle\sum_{n=0}^{\infty} \frac{1}{n!} = \lim_{n \to \infty} \sum_{i=0}^{n} \frac{1}{i!}.$
e ergibt sich also als Grenzwert der Folge der Teilsummen
$S_n = 1 + \frac{1}{1!} + \frac{1}{2!} + \frac{1}{3!} + \ldots + \frac{1}{n!}$ für $n \to \infty$.
Für beliebiges $n \in \mathbb{N}$ gilt nun $2^{n-1} \leq n!$; die Gleichheit gilt für $n \leq 2$. Dieses überlegt man sich leicht dadurch, dass bei 2^{n-1} alle $n - 1$ Faktoren gleich 2 sind, in $n!$ die n Faktoren aber immer größer werden. Aus $2^{n-1} < n!$ folgt $\dfrac{1}{2^{n-1}} > \dfrac{1}{n!}$ und daraus ergibt sich:

$S_n < 1 + 1 + \dfrac{1}{2} + \dfrac{1}{2^2} + \ldots + \dfrac{1}{2^{n-1}} = 1 + \dfrac{1 - \frac{1}{2^n}}{1 - \frac{1}{2}} < 3.$

e muss also kleiner als 3 sein. Die Folge S_n ist streng monoton steigend, da sämtliche Summanden positiv sind und die Summe mit zunehmendem n wächst. Nimmt man die ersten 3 Glieder der Folge, so gilt $2{,}5 < e < 3$.
Eine genaue Berechnung ergibt einen unendlichen, nicht periodischen Dezimalbruch. Es ist $e = 2{,}71828182845\ldots$

Eine andere Definition ergibt sich aus: $e = \lim\limits_{n\to\infty} \left(1 + \frac{1}{n}\right)^n$. Weiterhin gilt:

$$e^x = \sum_{n=0}^{\infty} \frac{x^n}{n!} = \lim_{n\to\infty} \left(1 + \frac{x}{n}\right)^n.$$

Das folgende Beispiel zeigt eine ökonomische Anwendung der Definition der Exponentialfunktion als $e^x = \lim\limits_{n\to\infty} \left(1 + \frac{x}{n}\right)^n$.

B 8.4.5 *Ein Betrag von 1 EURO, der zu p% Zinsen angelegt wird, ist nach Ablauf eines Jahres angewachsen auf $\left(1 + \frac{p}{100}\right)$ EURO und nach Ablauf von x Jahren auf $y = \left(1 + \frac{p}{100}\right)^x$ EURO, wenn Zinseszinsen berücksichtigt werden (vgl. B 8.1.9). Die Zinsen werden dabei jährlich einmal dem Kapital zugeschlagen und von da ab mitverzinst. Werden die Zinsen halbjährlich zugeschlagen und mit verzinst, so ergibt sich $y = \left(1 + \frac{p}{2\cdot100}\right)^{2x}$ EURO, bei $\frac{1}{n}$-jährlicher Verzinsung $y = \left(1 + \frac{p}{n\cdot100}\right)^{nx}$ EURO. Lässt man n immer größer, d.h. die „Zinszeiträume" immer kleiner werden, so folgt*

$$\lim_{n\to\infty} \left(1 + \frac{\frac{p}{100}}{n}\right)^{nx} = e^{\frac{p}{100}x}.$$

Dies ist der Fall der so genannten **stetigen Verzinsung**. *Bei stetiger Verzinsung eines Kapitals a zu einem Jahreszinssatz von p% ist also das Endkapital y folgende Funktion der Zeit x (gemessen in Jahren) $y = ae^{\frac{p}{100}x}$. Man erhält also eine Exponentialfunktion. Eine solche Exponentialfunktion ergibt sich allgemein für alle Wachstumsprozesse mit stetigem Wachstum und konstanter Wachstumsrate.*

Aufgaben

Ü 8.4.1 *Bestimmen Sie:* **a)** $\sum\limits_{i=1}^{\infty} 5\left(\frac{1}{3}\right)^{i-1}$; **b)** $\sum\limits_{i=1}^{\infty} \frac{6}{4^{i-1}}$.

Ü 8.4.2 *Bestimmen Sie:* **a)** $\sum\limits_{i=1}^{\infty} 12\left(\frac{1}{4}\right)^i$; **b)** $\sum\limits_{i=1}^{\infty} \left(\frac{1}{4}\right)^{i-2}$;

c) $\sum\limits_{i=3}^{\infty} 20\left(\frac{1}{5}\right)^{i-1}$; **d)** $\sum\limits_{i=-1}^{\infty} \left(\frac{1}{2}\right)^i$; **e)** $\sum\limits_{i=-2}^{\infty} \left(\frac{1}{3}\right)^{i-2}$.

Ü 8.4.3 *Stellen Sie fest, ob die nachstehende Reihe konvergiert, und bestimmen Sie evtl. den Grenzwert:* $\sum\limits_{n=0}^{\infty} (-1)^n \frac{1}{2^n}$.

Ü 8.4.4 *Bestimmen Sie:* **a)** $\sum\limits_{n=1}^{\infty} \frac{1}{n(n+1)}$; **b)** $\sum\limits_{K=1}^{\infty} \frac{2}{K(K+2)}$.

(Hinweis: Zerlegen Sie in beiden Fällen das Glied der Reihe in zwei Brüche mittels der in Abschnitt 6.6 erläuterten Partialbruchzerlegung.)

8.5 Grenzwerte von Funktionen

Der Begriff des Grenzwertes lässt sich auch auf Funktionen mit dem Definitionsbereich $D(f) = \mathbb{R}$ übertragen. Es sei eine Funktion mit einer unabhängigen Variablen gegeben: $y = f(x)$. Zu jeder Folge $\{x_n\}$ von Werten der unabhängigen Variablen gehört dann eine Folge von Funktionswerten $\{y_n\} = \{f(x_n)\}$.

Für eine Folge $\{x_n\}$ und die zugehörige Folge von Funktionswerten gilt zunächst Folgendes: Ist eine Funktion $f(x)$ in einem Intervall I ihres Definitionsbereiches $(I \subset D(f))$ beschränkt, d.h. gilt $|f(x)| \le c$ für alle $x \in I$, so gibt es zu jedem Häufungspunkt $x_0 \in I$ einer Folge $\{x_n\}$ mindestens einen Häufungspunkt y_0 der entsprechenden Folge von Funktionswerten. Dass zu einer Folge $\{x_n\}$ mit einem Häufungspunkt x_0 die Folge der zugehörigen Funktionswerte mehr als einen Häufungspunkt haben kann, zeigt das folgende Beispiel.

B 8.5.1 *Es wird von der in F 8.5.2 dargestellten Funktion ausgegangen. Wählt man für $\{x_n\}$ eine Folge, die gegen $x = 4$ konvergiert und abwechselnd Werte größer und kleiner als 4 annimmt, z.B. $x_n = 4 + \left(-\frac{1}{2}\right)^n, n = 1, 2, 3, \ldots$ mit den ersten Gliedern $x_1 = 3\frac{1}{2}, x_2 = 4\frac{1}{4},$ $x_3 = 3\frac{7}{8}, x_4 = 4\frac{1}{16}, x_5 = 3\frac{31}{32}, x_6 = 4\frac{1}{64}, \ldots,$ so erhält man eine Folge von Funktionswerten, die die beiden Häufungspunkte $y = 2$ und $y = 4$ hat. Das ist an der Figur leicht zu sehen, da für $x_n > 4$ die Funktionswerte gegen $y = 4$ gehen und für $x_n < 4$ gegen $y = 2$.*

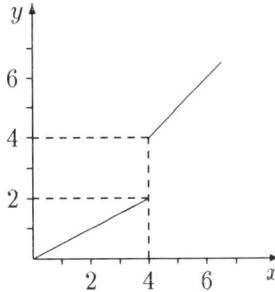

F 8.5.2 Funktion mit 2 Häufungspunkten der Funktionswerte bei $x = 4$

D 8.5.3

Grenzwert einer Funktion
Der Grenzwert y_0 einer Funktion $y = f(x)$ an der Stelle x_0 existiert, falls für jede beliebige, gegen x_0 konvergierende Folge $\{x_n\}, x_n \ne x_0$, die Folge der zugehörigen Funktionswerte $\{y_n\} = \{f(x_n)\}$ existiert und stets gegen denselben Wert y_0 konvergiert: $\lim\limits_{n \to \infty} f(x_n) = y_0$.

In B 8.5.1 existiert der Grenzwert der Funktion an der Stelle $x = 4$ nicht.

Der Begriff des Grenzwertes einer Funktion ermöglicht es, die bereits in D 6.3.27 erwähnte **Stetigkeit** einer Funktion exakt zu definieren.

D 8.5.4

> **Stetigkeit**
> Eine Funktion $y = f(x)$ heißt **stetig** an der Stelle $x = x_0$, wenn stets $\lim\limits_{x \to x_0} f(x) = f(x_0)$ existiert.

Eine Funktion ist also stetig, wenn **jede** Folge von Funktionswerten $f(x)$, deren Argumente gegen x_0 konvergieren ($x \to x_0$), gegen den Funktionswert $f(x_0)$ an der Stelle x_0 konvergiert. Ist eine Funktion an der Stelle x_0 nicht definiert und existiert der Grenzwert $\lim\limits_{x \to x_0} f(x) = y_0$, so lässt sich die Funktion **stetig ergänzen** durch $f(x_0) = y_0$.
Wichtig bei dem Begriff der Stetigkeit einer Funktion ist, dass sich die Folge der x an x_0 **beliebig** nähern kann.

B 8.5.5   *Gegeben sei* $y = f(x) = \begin{cases} x & \text{für } x \leq 2, \\ \dfrac{x^2 - 16}{2x - 8} & \text{für } x > 2;\, x \neq 4. \end{cases}$

Die Funktion besteht aus zwei Teilfunktionen (vgl. F 8.5.6). Störungen der Stetigkeit von y befinden sich daher dort, wo auch die Teilfunktionen nicht stetig sind. Außerdem muss geprüft werden, ob der Übergang von einer Teilfunktion zur anderen stetig erfolgt.
Die Teilfunktion $\dfrac{x^2 - 16}{2x - 8}$ *ist bei* $x_1 = 4$ *nicht definiert. Um den Grenzwert der Funktion für* $x \to 4$ *zu bestimmen, setzt man für x eine Folge ein, die zwar den Grenzwert 4 hat, aber ansonsten völlig beliebig ist. Man schreibt für das allgemeine Glied dieser Folge* $a_n^+ = 4 + \varepsilon(n)$ *oder* $a_n^- = 4 - \varepsilon(n)$ *und man verlangt nur, dass* $\varepsilon(n)$ *eine beliebige Nullfolge ist, für die stets gilt* $\varepsilon(n) > 0$. a_n^+ *nähert sich dem Grenzwert 4 von rechts,* a_n^- *von links an, man schreibt auch* $\lim\limits_{x \to 4^+} y$, $\lim\limits_{x \to 4^-} y$. *Es gilt für die Annäherung von rechts:*

$$\lim_{x \to 4^+} \frac{x^2 - 16}{2x - 8} = \lim_{n \to \infty} \frac{(4 + \varepsilon(n))^2 - 16}{2(4 + \varepsilon(n)) - 8} = \lim_{n \to \infty} \frac{\varepsilon(n)^2 + 8\varepsilon(n)}{2\varepsilon(n)}$$

$$= \lim_{n \to \infty} \left(\tfrac{1}{2}\varepsilon(n) + 4\right) = 4;\ \left(\lim_{n \to \infty} \varepsilon(n) = 0\right).$$

Bei Annäherung von links gilt:

$$\lim_{x \to 4^-} \frac{x^2 - 16}{2x - 8} = \lim_{n \to \infty} \frac{(4 - \varepsilon(n))^2 - 16}{2(4 - \varepsilon(n)) - 8} = \lim_{n \to \infty} \frac{\varepsilon(n)^2 - 8\varepsilon(n)}{-2\varepsilon(n)}$$

$$= \lim_{n \to \infty} \left(-\frac{1}{2}\varepsilon(n) + 4 \right) = 4.$$

Aus beiden Ergebnissen folgt: $\lim_{x \to 4} f(x) = 4$.
Definiert man als Funktionswert an der Stelle $x_1 = 4$ *den Wert*
$y = f(x_1) = 4$, *so ist die Funktion stetig ergänzt.*
Nun ist noch die Übergangsstelle $x_0 = 2$ *von einer Teilfunktion zur*
anderen zu prüfen: Der Funktionswert an der Stelle $x_0 = 2$ *ist* $f(2) = 2$.

Bei einer Annäherung von rechts gilt $y = \dfrac{x^2 - 16}{2x - 8}$. *Der Bruch kann für*

$x \neq 4$ *durch* $(x - 4)$ *gekürzt werden. Es gilt* $\lim_{x \to 2^+} y = \lim_{x \to 2^+} \dfrac{x + 4}{2} = 3$.

Damit ergibt sich $f(2) \neq \lim_{x \to 2^+} f(x)$.
Die Funktion ist an der Stelle $x_0 = 2$ *nicht stetig und nicht stetig*
ergänzbar (siehe auch F 8.5.6).

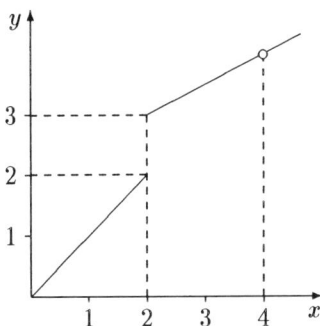

F 8.5.6 Funktion zu B 8.5.5

Ist eine Funktion an der Stelle x_0 **nicht stetig, aber stetig ergänz-bar**, so sagt man auch, sie habe eine **hebbare Unstetigkeitsstelle** (vgl. dazu auch Abschnitt 6.6 vor B 6.6.14).

Aufgaben

Ü 8.5.1 *Gegeben sei die lineare Kostenfunktion* $K = ax + b, a > 0, b > 0$.
Diskutieren Sie den Verlauf der Durchschnittskostenfunktion.

Ü 8.5.2 *Gegeben sei die logistische Funktion* $y = \dfrac{k}{1 + e^{f(x)}}$ *mit* $k > 0$. $f(x)$ *sei streng monoton fallend sowie* $\lim\limits_{x \to \infty} f(x) = -\infty$ *und* $\lim\limits_{x \to -\infty} f(x) = \infty$. *Untersuchen Sie die Funktion auf Monotonie, Beschränktheit und Konvergenzverhalten.*

8.6 Bestimmung von Abschreibungen

Die Wertminderung langlebiger Wirtschaftsgüter (meistens Maschinen und Gebäude) werden im betriebswirtschaftlichen Rechnungswesen in Form von **Abschreibungen** berücksichtigt. Die Abschreibung bzw. der abzuschreibende Betrag ist dabei der jährlich in der Buchhaltung für die Wertminderung zu berücksichtigende Betrag oder, bei den kalkulatorischen Abschreibungen, der in der Kostenrechnung zu berücksichtigende Werteverzehr. Im Folgenden werden die drei wichtigsten Ansätze bzw. Verfahren zur Bestimmung der Höhe der jährlichen Abschreibungsbeträge behandelt. Auf betriebswirtschafliche Einzelheiten kann hier nicht eingegangen werden.
Es werden bezeichnet mit
A die Anschaffungsaufwendungen,
R der Restwert am Ende der Nutzungsdauer,
T die Nutzungsdauer.

Lineare Abschreibungen
Bei linearer Abschreibung ist der jährliche Abschreibungsbetrag a konstant. Es gilt $a = \frac{A-R}{T}$.

B 8.6.1 *Eine Maschine wird für EURO 8.000 angeschafft und hat nach 5 Jahren Nutzungsdauer noch einen Restwert von EURO 1.500. Dann sind bei linearen Abschreibungen jährlich* $a = \frac{8.000 - 1.500}{5} = 1.300\ EURO$ *abzuschreiben.*

Arithmetisch-degressive Abschreibung
Bei der **degressiven Abschreibung** nehmen die jährlichen Abschreibungsbeträge für eine Anlage ab. Bei der **arithmetisch-degressiven Abschreibung** bilden die Abschreibungsbeträge die ersten Glieder einer **arithmetischen Folge**, d.h. sie nehmen von Jahr zu Jahr um denselben Betrag ab.

B 8.6.2 *Eine Anlage wird für EURO 13.000 angeschafft. Sie hat einen Restwert von 0 und eine Nutzungsdauer von 5 Jahren. Es wird arithmetisch-degressiv wie folgt abgeschrieben:*

Jahr	1	2	3	4	5
Abschreibung	4.600	3.600	2.600	1.600	600
Restbuchwert	8.400	4.800	2.200	600	0

Ein Spezialfall der arithmetisch-degressiven Abschreibung ist die **digitale Abschreibung**. Bei der digitalen Abschreibung ist der letzte Abschreibungsbetrag gleich dem Betrag, um den die Abschreibungen jährlich abnehmen. Bei einer Nutzungsdauer von T Jahren ergibt sich dieser aus:
$$a^* = \frac{A-R}{\frac{1}{2}T(T+1)}.$$
Für die Abschreibungsbeträge in den Jahren $1, 2, \ldots, T$ ergibt sich dann $Ta^*, (T-1)a^*, (T-2)a^*, \ldots, 2a^*, a^*$. Das sind die ersten T Glieder einer arithmetischen Folge mit dem Anfangsglied Ta^* und der Differenz $-a^*$.

B 8.6.3 *Eine für EURO 36.000 angeschaffte Anlage, die nach 6 Jahren noch einen Restwert von EURO 4.500 hat, soll digital abgeschrieben werden. Es ist:*
$$a^* = \frac{36.000 - 4.500}{\frac{1}{2} \cdot 6 \cdot (6+1)} = \frac{31.500}{21} = 1.500.$$

Damit ergeben sich folgende Abschreibungen:

Jahr	Abschreibungen	Restbuchwert
1	$6 \cdot 1.500 = 9.000$	27.000
2	$5 \cdot 1.500 = 7.500$	19.500
3	$4 \cdot 1.500 = 6.000$	13.500
4	$3 \cdot 1.500 = 4.500$	9.000
5	$2 \cdot 1.500 = 3.000$	6.000
6	$1 \cdot 1.500 = 1.500$	4.500

Geometrisch-degressive Abschreibung
Bei der **geometrisch-degressiven Abschreibung** bilden die **Abschreibungsbeträge** die ersten Glieder einer **geometrischen Folge**. Es wird jährlich ein gleichbleibender Prozentsatz vom Restbuchwert abgeschrieben.

B 8.6.4 *Eine Maschine wird für EURO 5.000 angeschafft und es sollen jährlich 20% vom Restbuchwert abgeschrieben werden:*

Jahr	1	2	3	4	5
Abschreibung	1.000	800	640	512	409,60
Restbuchwert	4.000	3.200	2.560	2.048	1.638,40

Die Abschreibungsbeträge bilden die ersten Glieder einer geometrischen Folge mit dem Quotienten 0,8. Ebenso sind die Restbuchwerte die ersten Glieder einer geometrischen Folge mit dem Quotienten 0,8.

An dem Beispiel und an den Eigenschaften einer geometrischen Folge wird deutlich, dass eine Anlage bei geometrisch-degressiver Abschreibung nicht bis auf den Wert Null abgeschrieben werden kann. Ist p der Abschreibungsprozentsatz und $q = 1 - \frac{p}{100}$, dann entwickelt sich der Buchwert einer Anlage mit dem Anschaffungswert A wie folgt: $A, Aq, Aq^2, Aq^3, \ldots, Aq^t, \ldots, Aq^T$. Am Ende der Nutzungsdauer verbleibt der Restwert R, es gilt also $Aq^T = R$.
Sind Anschaffungswert A, Restwert R und Nutzungsdauer T gegeben, dann kann aus dieser Gleichung der Abschreibungsprozentsatz p bestimmt werden:

$$A \left(1 - \tfrac{p}{100}\right)^T = R \Rightarrow p = \left(1 - \sqrt[T]{\tfrac{R}{A}}\,\right) 100.$$

B 8.6.5   *Es sei $A = 20.000, R = 3.000$ und $T = 6$.*
Dann ist $p = \left(1 - \sqrt[6]{\tfrac{3.000}{20.000}}\,\right) \cdot 100 = 27,11\%$.
Für die Abschreibungen und Buchwerte ergibt sich dann (auf ganze EURO gerundet):

Jahr	1	2	3	4	5	6
Abschreibung	5.422	3.952	2.881	2.100	1.530	1.116
Buchwert	14.578	10.626	7.745	5.645	4.115	2.999

Durch Rundungsdifferenzen weicht der Restbuchwert geringfügig von dem vorgegebenen Restwert ab.

Aufgaben

Ü 8.6.1   *Eine Anlage mit einem Anschaffungswert von EURO 18.000 hat nach 7 Jahren noch einen Restwert von EURO 4.000. Schreiben Sie die Anlage a) linear, b) digital, c) geometrisch-degressiv ab.*

Ü 8.6.2   *Eine Anlage wurde für EURO 35.000 angeschafft und hat nach 6 Jahren noch einen Restwert von EURO 14.000. Schreiben Sie a) linear und b) digital ab.*

Ü 8.6.3   *Welchen Restwert hat eine Anlage mit einem Anschaffungswert von EURO 100.000, die 6 Jahre mit 25% abgeschrieben wird?*

9 Finanzmathematik

9.1 Grundbegriffe

Unter Finanzmathematik versteht man Verfahren zur Behandlung von Problemen, bei denen Zahlungen bzw. Geldgrößen zu unterschiedlichen Zeitpunkten fällig werden. In diesem Kapitel werden die Grundzüge der Finanzmathematik behandelt.[1]

Zunächst erfolgt eine Zusammenstellung einschlägiger Begriffe aus der Finanzmathematik. Als Einheit für Geldbeträge wird hier EURO verwendet.

Zinsen: Entgelt für die leihweise Überlassung eines Geldbetrages, den man Kapital nennt.

Zinsfuß (p): Zinsen pro Jahr für ein Kapital von EURO 100.

Zinssatz (i): $i = \frac{p}{100}$.

Zinsfaktor (q): $q = 1 + \frac{p}{100} = 1 + i$.

Nachschüssige Zinsen: Zinsen, die jeweils am Ende einer Periode fällig werden.

Vorschüssige Zinsen: Zinsen, die jeweils am Anfang einer Periode fällig werden.

Einfache Verzinsung: Verzinsung eines Kapitals, wobei die Zinsen nicht mitverzinst werden.

Verzinsung zu Zinseszinsen: Verzinsung, bei der fällig gewordene Zinsen dem Kapital hinzugerechnet und mitverzinst werden.

Anfangskapital (K_0): Kapital am Anfang eines Betrachtungszeitraums.

Endkapital (K_n): Kapital am Ende eines Betrachtungszeitraums von n Perioden.

Rente: Regelmäßige, in gleichen Zeitabständen fällige Zahlung.

Hinweis: Auf finanzmathematische Tabellen wurde verzichtet, da sich die entsprechenden Werte mit Hilfe entsprechender Software leicht ermitteln lassen. Hinzuweisen ist insbesondere auf Tabellenkalkulationsprogramme. Diese bieten üblicherweise die einschlägigen finanzmathe-

---

[1] Vgl. zu den ersten beiden Abschnitten auch Abschnitt 7.8 aus SCHWARZE, J.: Mathematik für Wirtschaftswissenschaftler, Elementare Grundlagen für Studienanfänger, Herne/Berlin, NWB-Verlag.

matischen Formeln und erlauben auf diese Weise eine bequeme Bearbeitung von Aufgabenstellungen aus der Finanzmathematik.

9.2 Einfache Verzinsung

Bei einem Zinsfuß von p sind für ein Kapital K in einem Jahr an Zinsen $Z_1 = \frac{p}{100}K$ zu zahlen. Bei der einfachen Verzinsung werden die Zinsen **nicht** mitverzinst. In n Jahren werden dann insgesamt $Z_n = n\frac{p}{100}K$ an Zinsen fällig. Damit ergibt sich:

R 9.2.1

> **Einfache Verzinsung**
> Bei **einfacher Verzinsung** wächst ein Anfangskapital K_0 bei einem Zinsfuß von p in n Jahren auf:
> $$K_n = K_0 + \frac{p}{100}K_0 n = \left(1 + \frac{p}{100}n\right)K_0.$$

B 9.2.2 *Jemand leiht sich einen Betrag von $K_0 = 5.000$ EURO zu einem Zinsfuß von $p = 6$ bei einfacher Verzinsung für 3 Jahre. Dann zahlt er insgesamt:*
$$K_n = K_0 + K_0\frac{p}{100}n = 5000 + 5000 \cdot \frac{6}{100} \cdot 3 = 5.900 \text{ EURO zurück.}$$

Die Formel in R 9.2.1 enthält die Größen K_0, K_n, p und n. Es wird davon ausgegangen, dass K_0, p und n gegeben sind und dass K_n zu berechnen ist. Es können aber auch drei andere der vier Größen gegeben sein, aus denen dann die verbleibende zu bestimmen ist. Durch Auflösung der Formel in R 9.2.1 erhält man:

R 9.2.3

> a) $K_0 = \dfrac{K_n}{1 + \frac{p}{100}n}$;   b) $n = \left(\dfrac{K_n}{K_0} - 1\right)\dfrac{100}{p}$;
>
> c) $p = \left(\dfrac{K_n}{K_0} - 1\right)\dfrac{100}{n}$.

B 9.2.4 **a)** *EURO 200 sind bei 8% auf EURO 240 angewachsen. Bei einfacher Verzinsung sind dann $n = \left(\frac{240}{200} - 1\right) \cdot \frac{100}{p} = 0{,}2 \cdot \frac{100}{8} = 2{,}5$ Jahre Zinsen gezahlt worden.*
b) *Ein Kapital ist in 8 Jahren bei 11% einfacher Verzinsung angewachsen auf EURO 564. Daraus errechnet sich das Anfangskapital:*
$K_0 = \frac{564}{1+0{,}11\cdot 8} = \frac{564}{1{,}88} = 300.$

9.3 Zinseszinsrechnung

Werden die zu Beginn oder am Ende einer Periode fälligen Zinsen dem Kapital zugeschlagen und vom Fälligkeitszeitpunkt an mitverzinst, dann spricht man von **Zinseszinsen**. Bei nachschüssigen Zinseszinsen entwickelt sich ein Anfangskapital K_0 wie folgt:

Nach dem 1. Jahr beträgt das Kapital:

$K_1 = K_0 + K_0 \frac{p}{100} = K_0(1 + \frac{p}{100}) = K_0 q$ mit $q = 1 + \frac{p}{100}$.

Nach dem 2. Jahr hat man:

$K_2 = K_1 + K_1 \frac{p}{100} = K_1(1 + \frac{p}{100}) = K_1 q = K_0 q^2$,

nach dem 3. Jahr:

$K_3 = K_2 + K_2 \frac{p}{100} = K_2(1 + \frac{p}{100}) = K_2 q = K_0 q^3$.

In entsprechender Weise kann man das Kapital am Ende des 4., 5., 6. usw. Jahres errechnen. Die Kapitalbeträge $K_0, K_1, K_2, \ldots$ ergeben den Anfang einer geometrischen Reihe mit dem Anfangsglied K_0 und dem Quotienten q (vgl. B 8.1.7). Es ergibt sich damit allgemein:

R 9.3.1

> **Zinseszinsformel**
> Bei Berücksichtigung · **nachschüssiger Zinseszinsen** wächst ein Anfangskapital K_0 bei einem Zinsfuß von p nach n Jahren auf ein Endkapital K_n wie folgt an:
> $K_n = K_0 \left(1 + \frac{p}{100}\right)^n = K_0 q^n$.

B 9.3.2 *Der Student Paul hat von seiner Tante Olga 10.000 EURO ge-erbt. Er legt dieses Geld zu einem Zinsfuß von $p = 6$ fest für 3 Jahre bei einer Bank an. Nach drei Jahren hat er dann:*
$K_3 = 10.000(1 + \frac{6}{100})^3 = 11.910,16$ *EURO.*

Die Formel in R 9.3.1 enthält die Größen Anfangskapital K_0, Endkapital K_n, den Zinsfuß p bzw. den Zinsfaktor q und die Anzahl der Jahre n. Aus n, q und K_0 wird K_n bestimmt. Man kann nun auch drei andere der vier Größen vorgeben und die verbleibende Größe damit bestimmen, also z.B. aus Endkapital, Zinsfuß und Zeit das Anfangskapital. Das führt zu drei weiteren Aufgabenstellungen der Zinseszinsrechnung. Löst man die Formel aus R 9.3.1 nach K_0 auf, so erhält man:

R 9.3.3

> **Barwertformel der Zinseszinsrechnung**
> $K_0 = \frac{K_n}{q^n}$.

B 9.3.4 *Eine in 2 Jahren fällige Schuld von EURO 10.000 soll heute zurückgezahlt werden. Unter Berücksichtigung von 4% Zinsen sind dann:* $K_0 = \dfrac{K_n}{q^n} = \dfrac{10.000}{1,04^2} = \dfrac{10.000}{1,0816} = 9.245,56$ *EURO zu bezahlen.*

Die Bestimmung von K_0 bei gegebenem K_n, q und n bezeichnet man auch als Bestimmung des **Barwertes** einer zukünftigen Zahlung. Häufig spricht man auch von **Abzinsung** oder **Diskontierung** eines Kapitals. Das Abzinsen bzw. Diskontieren von zukünftigen Zahlungen spielt für die Wirtschaftswissenschaften eine wichtige Rolle, vor allem in den Bereichen Rechnungswesen, Finanzierung und Investition. Durch das Diskontieren werden Zahlungen, die zu unterschiedlichen Zeitpunkten und in unterschiedlicher Höhe fällig sind, vergleichbar gemacht.

B 9.3.5 *Der Student Paul kann EURO 10.000, die er von seiner Tante Elfriede geerbt hat, dazu verwenden, sich an einer Diskothek oder an einer Kneipe für 3 Jahre zu beteiligen. Er kann am Ende der Jahre mit folgenden Gewinnen rechnen:*

	1. Jahr	2. Jahr	3. Jahr	Gesamt
Diskothek	2.500	1.000	1.500	5.000
Kneipe	1.000	2.000	2.100	5.100

Bei der Kneipe ist der Gesamtgewinn größer. Da in den einzelnen Jahren die Gewinne unterschiedlich hoch sind, werden sie auf den Investitionszeitpunkt abgezinst. Bei einem Zinsfuß von $p = 8$ ergeben sich folgende Barwerte der Gewinne:

Diskothek: $G = \dfrac{2.500}{1,08} + \dfrac{1.000}{1,08^2} + \dfrac{1.500}{1,08^3} = 4.362,90$

Kneipe: $G = \dfrac{1.000}{1,08} + \dfrac{2.000}{1,08^2} + \dfrac{2.100}{1,08^3} = 4.307,65$

Damit erweist sich die Diskothek bei dem gegebenen Zinsfuß als das günstigere Investitionsobjekt.

Auf Verfahren der Investitionsrechnung wird weiter unten noch kurz eingegangen (Abschnitt 9.8).

Die Auflösung von R 9.3.1 nach p ergibt:

R 9.3.6

$$p = \left(\sqrt[n]{\frac{K_n}{K_0}} - 1 \right) \cdot 100$$

B 9.3.7 *Der Student Paul hat vor 6 Jahren EURO 500 zur Bank gebracht. Heute hat er auf seinem Konto EURO 597. Dann hat die Bank einen Zinsfuß von:*

$$p = \left(\sqrt[6]{\tfrac{597}{500}} - 1 \right) \cdot 100 = (1{,}03 - 1) \cdot 100 = 3 \; zugrundegelegt.$$

Um aus R 9.3.1 bei gegebenem K_0, K_n und q den Zeitraum n zu bestimmen, müssen Logarithmen verwendet werden. Es ist $q^n = \frac{K_n}{K_0}$ und $n \log q = \log \frac{K_n}{K_0}$. Damit folgt:

R 9.3.8
$$n = \frac{\log \frac{K_n}{K_0}}{\log q} = \frac{\log K_n - \log K_0}{\log q}$$

B 9.3.9 *Jemand bringt EURO 800 zur Bank und erhält 8% Zinseszinsen. Um das Anfangkapital auf EURO 1.100 anwachsen zu lassen, muss er das Geld* $n = \frac{\log 1.100 - \log 800}{\log 1{,}08} = \frac{3{,}0414 - 2{,}9031}{0{,}0334} = 4{,}141$ *Jahre stehen lassen.*

Aufgaben

Ü 9.3.1 *Jemand bringt EURO 100.000 zur Bank. Das Kapital wird bei einem Zinsfuß von $p = 6$ nachschüssig verzinst.*
a) *Die Zinsen lässt er sich jährlich auszahlen. Wieviel Zinsen erhält er insgesamt in 8 Jahren?*
b) *Die Zinsen werden nicht ausgezahlt, sondern vom Zeitpunkt der Fälligkeit an mitverzinst. Auf wieviel wächst das Kapital nach 8 Jahren an?*

Ü 9.3.2 *Der Student Paul will sich in 3 Jahren ein Auto für EURO 15.000 kaufen. Wieviel Geld muss er heute zur Bank bringen, um in 3 Jahren das Auto kaufen zu können, wenn die Bank ihm 5% Zinseszinsen (nachschüssig) bezahlt?*

Ü 9.3.3 *Ein Kapital von EURO 500 ist nach 6 Jahren zu nachschüssigen Zinseszinsen auf EURO 750 angewachsen. Wie hoch war der Zinsfuß?*

Ü 9.3.4 *Wie lange dauert es, bis sich ein Kapital zu*
a) *3% bzw.* **b)** *6% nachschüssigen Zinseszinsen verdoppelt?*

9.4 Unterjährige Verzinsung

Werden die Zinsen auch nach Zeitintervallen gutgeschrieben, die kleiner als ein Jahr sind, und dann mitverzinst, so spricht man von **unterjähriger Verzinsung**.

R 9.4.1
> **Unterjährige Verzinsung**
> Werden die Zinsen nach $\frac{1}{m}$ Jahr gutgeschrieben und dann mitverzinst, so wächst ein Anfangskapital K_0 nach n Jahren bei einem Zinsfuß von p auf:
> $$K_n = K_0 \left(1 + \frac{p}{m \cdot 100}\right)^{nm}.$$

B 9.4.2 *EURO 500 werden zu 8% Jahreszinsen monatlich verzinst. Nach 5 Jahren ist das Kapital angewachsen auf:*
$$K_n = 500 \cdot \left(1 + \frac{8}{12 \cdot 100}\right)^{5 \cdot 12} = 500 \cdot 1{,}4898 = 744{,}90 \ EURO.$$
Werden die Zinsen jährlich gezahlt, so ergeben sich nach 5 Jahren:
$$K_n = 500 \cdot \left(1 + \frac{8}{100}\right)^{5} = 500 \cdot 1{,}4693 = 734{,}65 \ EURO.$$

Bei unterjähriger Verzinsung ergibt sich, auf das Jahr bezogen, immer eine höhere Verzinsung als bei jährlicher Zinszahlung. Das ist leicht einzusehen, wenn man bedenkt, dass die für den ersten Zeitraum (z.B. Monat, Quartal) gezahlten Zinsen für den Rest des Jahres mitverzinst werden. Für den effektiven Jahreszinsfuß p^* erhält man:
$$p^* = \left(\left(1 + \frac{p}{m \cdot 100}\right)^{m} - 1\right) \cdot 100.$$

B 9.4.3 *Mit der angegebenen Formel erhält man bei einem Zinsfuß von $p = 8$ als effektiven Jahreszinsfuß*
bei halbjährlicher Verzinsung $(m = 2)$: $p^* = 8{,}16$;
bei vierteljährlicher Verzinsung $(m = 4)$: $p^* = 8{,}243$;
bei monatlicher Verzinsung $(m = 12)$: $p^* = 8{,}3$;
bei täglicher Verzinsung $(m = 360)$: $p^* = 8{,}328$.

Aufgaben

Ü 9.4.1 *Auf wieviel wächst ein Kapital von EURO 1.000 bei monatlicher Verzinsung zu nachschüssigen Zinseszinsen in 3 Jahren bei einem Jahrezinsfuß von $p = 4$ an?*

Ü 9.4.2 *Bei vierteljährlicher nachschüssiger Verzinsung zu $p = 8$ ist ein Kapital in 5 Jahren auf EURO 6.000 angewachsen. Wie groß war das Anfangskapital?*

9.5 Stetige Verzinsung

Lässt man bei unterjähriger Verzinsung die Anzahl m der Unterzeit-
räume immer größer werden, dann werden die Zeitintervalle immer kleiner. Im Grenzfall für $m \to \infty$ werden die Zinsen in jedem Moment dem
Kapital zugeschlagen und dann mitverzinst. Man spricht dann von einer **stetigen Verzinsung**.

Die Formel der stetigen Verzinsung erhält man aus der für die un-
terjährige Verzinsung für $m \to \infty$:

$$K_n = \lim_{m \to \infty} K_0 \left(1 + \frac{p}{m \cdot 100}\right)^{nm} = K_0 \left(\lim_{m \to \infty} \left(1 + \frac{\frac{p}{100}}{m}\right)^m\right)^n.$$

Es ist (vgl. Abschnitt 8.4, insbesondere B 8.4.5):

$$\lim_{m \to \infty} \left(1 + \frac{\frac{p}{100}}{m}\right)^m = e^{\frac{p}{100}} \text{ und somit:}$$

$$K_n = \lim_{m \to \infty} K_0 \left(1 + \frac{p}{m \cdot 100}\right)^{nm} = K_0 e^{\frac{p}{100} n}.$$

R 9.5.1

> **Stetige Verzinsung**
> Bei **stetiger Verzinsung** wächst ein Kapital K_0 bei einem
> Zinsfuß von p in n Jahren auf:
> $$K_n = K_0 e^{\frac{p}{100} n}.$$

B 9.5.2 *Bei stetiger Verzinsung wachsen EURO 500 in 5 Jahren bei
einem Zinsfuß von $p = 8$ an auf:*
$$K_n = 500 \cdot e^{0,08 \cdot 5} = 500 \cdot 1,4918 = 745,90 \; EURO.$$
Bei jährlicher Verzinsung hat man:
$$K_n = 500 \cdot 1,08^5 = 500 \cdot 1,4693 = 734,65 \; EURO.$$
(Vgl. hierzu auch B 9.4.2).

Für die stetige Verzinsung gilt R 9.5.1 und für die „normale" Verzinsung
R 9.3.1. Eine Umrechnung der stetigen Verzinsung von p in eine zum
gleichen Ergebnis führende „normale" Verzinsung zu p^* ergibt:
$$K_0 e^{\frac{p}{100} n} = K_0 \left(1 + \frac{p^*}{100}\right)^n \text{ oder } e^{\frac{p}{100}} = 1 + \frac{p^*}{100} \text{ und damit:}$$
$$p^* = \left(e^{\frac{p}{100}} - 1\right) \cdot 100.$$

B 9.5.3 *Zu $p = 8$ erhält man $p^* = \left(e^{0,08} - 1\right) \cdot 100 = 8,3287$ (vgl. auch
B 9.4.3).*

Die stetige Verzinsung spielt bei allen Wachstumsvorgängen eine Rolle,
da hier der Zuwachs in der Regel stetig erfolgt. p bzw. $\frac{p}{100}$ bezeichnet
man dann auch als **Wachstumsrate**.

Aufgaben

Ü 9.5.1   *Auf wieviel wachsen EURO 1.000 bei stetiger Verzinsung in 2 Jahren bei $p = 6{,}5$ an?*

Ü 9.5.2   *Der Holzbestand eines Waldes am 1.1.2004 beträgt 12.000 m^3. Auf wieviel wächst der Bestand in 4 Jahren bei stetigem Wachstum mit einer Wachstumsrate von 4,5% an?*

Ü 9.5.3   *Ein Wald enthält gegenwärtig 17.012 m^3 Holz. Wie groß war der Holzbestand vor 12 Jahren, wenn man von einem jährlichen Zuwachs von 3% und stetigem Wachstum ausgeht?*

9.6   Rentenrechnung

Eine regelmäßige, in gleichen Zeitabständen fällige Zahlung (oder andere Leistung) nennt man **Rente**. Die einzelnen Zahlungen, die oft die gleiche Höhe haben, nennt man Rentenrate oder **Rate** und bezeichnet sie mit r. Werden die Raten zu Beginn eines Jahres fällig, handelt es sich um eine **vorschüssige Rente**, werden sie dagegen am Jahresende fällig, hat man es mit einer **nachschüssigen Rente** zu tun.

Im Zusammenhang mit Renten interessiert vor allem der Gesamtwert, den eine Rente am Anfang und/oder Ende der Rentenzahlungen hat. Der Endwert einer Rente ist die Summe der Endwerte der einzelnen Rentenraten r am Ende des n-ten Jahres unter Berücksichtigung von Zinseszinsen. Bei einer **nachschüssigen Rente** verzinst sich die Rate am Ende des 1. Jahres für $n - 1$ Jahre, die Rate am Ende des 2. Jahres für $n - 2$ Jahre usw. Die vorletzte Rate verzinst sich für 1 Jahr und die letzte Rate bringt überhaupt keine Zinsen mehr. Die folgende Tabelle gibt eine Übersicht:

Jahr	Rate	Anzahl der Jahre, für die sich die Rate verzinst	Endwert der Rate
1	r	$n - 1$	rq^{n-1}
2	r	$n - 2$	rq^{n-2}
3	r	$n - 3$	rq^{n-3}
$\vdots$	$\vdots$	$\vdots$	$\vdots$
$n - 2$	r	2	rq^2
$n - 1$	r	1	rq
n	r	0	r

Der Endwert R_n der Rente ergibt sich durch Addition der Endwerte der einzelnen Raten:

$$R_n = r + rq + rq^2 + \ldots + rq^{n-2} + rq^{n-1} = \sum_{i=1}^{n} rq^{i-1}.$$

Dabei handelt es sich um die n-te Partialsumme einer geometrischen Reihe mit dem Anfangsglied r und dem Quotienten q (siehe dazu R 8.1.15, wobei $\frac{1-q^n}{1-q} = \frac{q^n-1}{q-1}$ beachtet werden muss).

Es ergibt sich:

R 9.6.1

Endwert einer nachschüssigen Rente
Der **Endwert R_n einer nachschüssigen Rente** (nachschüssiger Rentenendwert) mit der Rate r und dem Zinsfaktor q beträgt

$$R_n = r\frac{q^n - 1}{q - 1}.$$

B 9.6.2 *Pauls Freundin Agathe schließt mit einer Bank einen Ratensparvertrag ab. 6 Jahre zahlt sie am Ende eines jeden Jahres EURO 500 auf ein Konto ein. Der Zinsfuß beträgt 5%. Nach 6 Jahren hat sie dann auf dem Konto einen Betrag von*

$$R_n = r\frac{q^n - 1}{q - 1} = 500\frac{1{,}05^6 - 1}{1{,}05 - 1} = 500 \cdot 6{,}802 = 3401 \; EURO.$$

Löst man die Rentenendwertformel R 9.6.1 nach r auf, so kann man bestimmen, wieviel jährlich als konstante Rate zu zahlen ist, um bei einem Zinsfuß von p nach n Jahren einen vorgegebenen Endwert zu erhalten.

R 9.6.3

$$r = R_n\frac{q - 1}{q^n - 1}$$

B 9.6.4 *Der Student Paul will in 5 Jahren auf seinem Konto EURO 20.000 haben. Wenn die Bank ihm 3% Zinsen zahlt, muss er jährlich*

$$r = 20.000 \cdot \frac{1{,}03 - 1}{1{,}03^5 - 1} = 3.767{,}09 \; EURO \; einzahlen.$$

Bei der Investitionsrechnung und anderen Anwendungen der Rentenrechnung entsteht häufig die Frage nach dem gegenwärtigen Wert R_0 einer Rente, den man als **Rentenbarwert** oder **Kapitalwert** der Rente bezeichnet. Man erhält ihn durch Abzinsen des Endwertes auf den Beginn der Rentenzahlungen.

R 9.6.5

> **Barwert einer Rente**
> Der **Barwert** oder **Kapitalwert** einer nachschüssigen
> Rente beträgt
> $$R_0 = \frac{R_n}{q^n} = \frac{r}{q^n} \frac{q^n - 1}{q - 1}.$$

B 9.6.6 *Der Großvater des Studenten Paul hat Anspruch auf eine 12 Jahre nachschüssig zu zahlende Rente von jährlich EURO 3.600. Die Rente soll durch eine einmalige Zahlung abgelöst werden. Für die „Ablösungssumme", den Barwert der Rente, ergibt sich bei 6% Zinsen:*

$$R_0 = \frac{3.600}{1{,}06^{12}} \cdot \frac{1{,}06^{12} - 1}{1{,}06 - 1} = 30.181{,}84 \ EURO.$$

Für Endwert und Barwert einer **vorschüssigen Rente** gilt Folgendes: Jede Rate wird zu Beginn eines Jahres gezahlt und damit gegenüber der nachschüssigen Rente ein Jahr länger verzinst. Die Formeln unterscheiden sich von denen in R 9.6.1, 9.6.3 und 9.6.5 nur um den Faktor q bzw. $1/q$ (vgl. auch B 8.1.17).

R 9.6.7

> **Vorschüssige Rente**
> Für eine **vorschüssige Rente** mit der Rate r^*, dem Zins-
> faktor q, dem Endwert R_n^* und dem Barwert R_0^* gilt:
> $$\textbf{a) } R_n^* = r^* q \frac{q^n - 1}{q - 1}; \qquad \textbf{b) } R_0^* = \frac{r^*}{q^{n-1}} \cdot \frac{q^n - 1}{q - 1};$$
> $$\textbf{c) } r^* = \frac{R_n^*}{q} \frac{q - 1}{q^n - 1}.$$

Aufgaben

Ü 9.6.1 *Ein Sparer zahlt 10 Jahre lang am Ende eines jeden Jahres EURO 1.000 auf ein Sparkonto ein. Er bekommt 4,5% Zinseszinsen (nachschüssig). Wieviel hat er nach 10 Jahren auf dem Sparbuch?*

Ü 9.6.2 *Jemand will in 5 Jahren für EURO 50.000 ein Auto kaufen. Am Anfang des 1. Jahres zahlt er EURO 12.000 auf der Bank ein. Wie groß sind die Raten, die er am Ende des 1. bis 5. Jahres einzahlen muss, wenn er am Ende des 5. Jahres EURO 50.000 besitzen will und sein Geld mit 3,5% verzinst wird?*

Ü 9.6.3 *Ein Sparer schließt mit einer Bank einen Sparvertrag ab. Der Vertrag läuft über n Jahre bei p% Zinsen. Die Einzahlungen (zu Beginn eines Jahres) steigern sich jährlich um m%. Die Zinsen werden jährlich dem Guthaben zugeschlagen (nachschüssig bei gleichbleibendem Zinsfuß). Wie hoch ist das Guthaben nach n Jahren?*

9.7 Tilgungsrechnung

Werden Schulden nicht durch Zahlung eines Gesamtbetrages abgelöst, sondern in Teilbeträgen, so genannten **Raten**, zurückgezahlt, so spricht man von **Tilgungs- oder Amortisationsschulden**. Dabei bezeichnet man die jährlich aufzubringenden Leistungen des Schuldners als **Annuitäten**. Eine Annuität setzt sich zusammen aus den jeweils fälligen Zinsen auf die Restschuld (den noch nicht getilgten Teil der Gesamtschuld) und dem Teilbetrag der Rückzahlung (**Tilgungsrate**):

Annuität = Zinsen auf die Restschuld + Tilgungsrate.

Eine Zusammenstellung der in den einzelnen Jahren zu erbringenden Annuitäten, Zinsen und Tilgungsraten heißt **Tilgungsplan**.

Bei der **Ratenschuld** ist die Tilgungsrate über die gesamte Dauer der Tilgung konstant. Soll eine Ratenschuld K_0 in n Jahren getilgt werden, so beträgt die Tilgungsrate T:

$$T = \frac{K_0}{n}.$$

Da die zu verzinsende Restschuld und damit die zu zahlenden Zinsen von Jahr zu Jahr abnehmen, sinkt die Höhe der Annuitäten mit der Zeit.

B 9.7.1 *Eine Schuld von EURO 40.000 soll bei konstanter Tilgungsrate in 8 Jahren getilgt werden. Die Restschuld ist bei einem Zinsfuß von $p = 6$ nachschüssig zu verzinsen. Die Tilgungsrate beträgt:*

$$T = \frac{K_0}{n} = \frac{40.000}{8} = 5.000 \ EURO.$$

Es ergibt sich folgender Tilgungsplan:

Jahr	Restschuld (Jahresanfang)	Zinsen	Tilgungsrate	Annuität
1	40.000	2.400	5.000	7.400
2	35.000	2.100	5.000	7.100
3	30.000	1.800	5.000	6.800
4	25.000	1.500	5.000	6.500
5	20.000	1.200	5.000	6.200
6	15.000	900	5.000	5.900
7	10.000	600	5.000	5.600
8	5.000	300	5.000	5.300
		10.800	40.000	·50.800

Wie man in B 9.7.1 sieht, sind die Belastungen des Schuldners ungleichmäßig über die Tilgungsdauer verteilt. Deshalb wird bei der **Annuitätentilgung** von konstanten Annuitäten über den gesamten Zeitraum der Tilgung ausgegangen. Da die zu verzinsende Restschuld von Jahr zu Jahr geringer wird, sinken die jährlichen Zinsen. Der Til-

gungsbetrag wird dann, wegen der konstanten Annuität, von Jahr zu
Jahr größer.

B 9.7.2 *Eine Schuld von EURO 40.000 soll bei konstanten Annuitäten
von EURO 7.000 getilgt werden. Die Restschuld wird jeweils bei einem
Zinsfuß von p = 6 nachschüssig verzinst. Der Tilgungsplan lautet:*

Jahr	Restschuld (Jahresanfang)	Zinsen	Tilgungsrate	Annuität
1	40.000,–	2.400,–	4.600,–	7.000,–
2	35.400,–	2.124,–	4.876,–	7.000,–
3	30.524,–	1.831,44	5.168,56	7.000,–
4	25.355,44	1.521,33	5.478,67	7.000,–
5	19.876,77	1.192,61	5.807,39	7.000,–
6	14.069,38	844,16	6.155,84	7.000,–
7	7.913,54	474,81	6.525,19	7.000,–
8	1.388,35	83,30	1.388,35	1.471,65
		10.471,65	40.000,–	50.471,65

Annuitätentilgung ist vor allem bei Hypothekendarlehen üblich, die
Konditionen lauten dabei häufig „$p\%$ Zinsen und $x\%$ Tilgung". Die
Annuität beträgt dann $(x + p)\%$ der Schuld K_0.

Für den Gläubiger stellen die jährlichen vom Schuldner erbrachten An-
nuitäten eine Reihe dar, deren Barwert gleich der Anfangsschuld K_0 ist.
Somit lässt sich aus R 9.6.3 für vorgegebenen Zinsfuß und vorgegebene
Tilgungdauer die Höhe der Annuität bestimmen.

R 9.7.3

> **Annuitätentilgung**
> Um eine Schuld K_0 in n Jahren bei einem Zinsfaktor von
> q und nachschüssiger Verzinsung des Restwertes zu tilgen,
> ist eine jährliche konstante **Annuität** von
> $$A = K_0 \frac{q^n(q-1)}{q^n - 1} \text{ erforderlich.}$$

B 9.7.4 *Soll für die Angaben aus B 9.7.2 die Schuld nach genau 7 Jahren
getilgt sein, so ist dazu eine Annuität von*
$$A = 40.000 \frac{1{,}06^7(1{,}06 - 1)}{1{,}06^7 - 1} = 7.165{,}40 \ EURO \ notwendig.$$

Es ist an dieser Stelle darauf hinzuweisen, dass es sich bei allen weiteren
Fragestellungen der Finanzmathematik nur um Variationen der hier
behandelten Probleme handelt.

Aufgaben

Ü 9.7.1 *Eine Schuld von EURO 20.000 soll in 5 Jahren bei 8% nachschüssigen Zinsen mit einer konstanten Tilgungsrate zurückgezahlt werden. Stellen Sie einen Tilgungsplan auf.*

Ü 9.7.2 *Eine Hypothek von EURO 100.000 soll getilgt werden. Die Zinsen betragen 8%. Es sollen jährlich $r = 10.000$ EURO abbezahlt werden (Annuität). Nach wieviel Jahren ist die Hypothek getilgt? Wie lautet der Tilgungsplan (zeitlicher Verlauf von Zinsen und Tilgungsbetrag)?*

9.8   Finanzmathematische Verfahren der Investitionsrechnung

Wie bereits erwähnt wurde, spielen die Methoden der Finanzmathematik für die Untersuchung der Vorteilhaftigkeit oder Wirtschaftlichkeit von Investitionen eine Rolle. Allgemein versteht man unter einer **Investition** die langfristige Anlage von Kapital. Dabei kann es sich sowohl um Sachinvestitionen als auch um Finanzinvestitionen handeln. Bei den auf der Finanzmathematik aufbauenden Verfahren zur Untersuchung der Wirtschaftlichkeit von Investitionen handelt es sich um die so genannten **dynamischen Verfahren der Investitionsrechnung**. Sie sind dadurch gekennzeichnet, dass alle mit einem Investitionsobjekt verbundenen Zahlungen auf **einen** Bezugszeitpunkt diskontiert werden. Es werden folgende, auf ein Investitionsobjekt bezogene Bezeichnungen verwendet:

e_t der Ertrag in Periode $t, t = 1, \ldots, T$;

k_t die Kosten oder Aufwendungen in Periode t;

E_0 der Barwert der Erträge;

K_0 der Barwert der Kosten;

A Anschaffungsausgaben für die Investition;

T die Nutzungsdauer oder Kapitalbindungsdauer;

p der Kalkulationszinsfuß und $q = 1 + \frac{p}{100}$.

Der Kalkulationszinsfuß drückt eine gewünschte Mindestverzinsung des eingesetzten Kapitals aus. Er enthält aber üblicherweise auch einen Risikoaufschlag.
Es gilt:

$$E_0 = \frac{e_1}{q} + \frac{e_2}{q^2} + \ldots + \frac{e_T}{q^T} = \sum_{t=1}^{T} \frac{e_t}{q^t} \quad \text{und}$$

$$K_0 = \frac{k_1}{q} + \frac{k_2}{q^2} + \ldots + \frac{k_T}{q^T} = \sum_{t=1}^{T} \frac{k_t}{q^t}.$$

Sind A die **Anschaffungsausgaben** für die Investition, dann ergibt
sich der **Kapitalwert der Investition** als:

$$C_0 = E_0 - A - K_0 = \sum_{t=1}^{T} \frac{e_t}{q^t} - A - \sum_{t=1}^{T} \frac{k_t}{q^t} = -A + \sum_{t=1}^{T} \frac{(e_t - k_t)}{q^t}.$$

B 9.8.1 *Für eine Investition seien folgende Angaben vorhanden:*
$A = 12.000; \; p = 12.$

t	1	2	3	4	5
e_t	5.000	6.000	7.000	8.000	7.000
k_t	2.000	3.000	3.000	3.000	3.000
$e_t - k_t$	3.000	3.000	4.000	5.000	4.000
$\frac{e_t-k_t}{q^t}$	2.679	2.392	2.847	3.178	2.270

Es ergibt sich: $C_0 = -12.000 + 13.366 = 1.366.$

Eine Investition ist **vorteilhaft**, wenn ihr **Kapitalwert positiv** ist.
Werden mehrere Investitionen miteinander verglichen, so ist die Investition mit dem größten Kapitalwert am vorteilhaftesten.

Die Untersuchung der Wirtschaftlichkeit oder Vorteilhaftigkeit einer Investition oder mehrerer alternativer Investitionen mit Hilfe des Kapitalwertes heißt **Kapitalwertmethode**.

Dazu ist Folgendes anzumerken: Kann für ein Investitionsobjekt am Ende der Nutzungs- oder Kapitalbindungszeit noch ein Erlös erzielt werden, dann ist dieser zu den Erträgen e_T in der letzten Nutzungsperiode dazuzurechnen bzw. abgezinst zu berücksichtigen. Man spricht dabei vom **Restwert** einer Investition.

In der Formel für C_0 wird vereinfachend angenommen, dass Erträge und Kosten eines Jahres jeweils nur am Jahresende anfallen.
Die Nutzungsdauer T muss geschätzt werden und hängt z.T. von den Kosten und Erträgen ab („wirtschaftliche" Nutzungsdauer).
Zukünftige Kosten und Erträge lassen sich oft nur schwierig einem Investitionsobjekt zuordnen und können auch dann nur geschätzt werden.

Dazu kommen weitere Probleme, auf die hier nicht eingegangen werden kann. Der Leser sei dazu auf die Literatur zur Investitions- oder Wirtschaftlichkeitsrechnung verwiesen. Ein anderer Ansatz der Investitionsrechnung ist die **Methode des internen Zinsfußes**. Dabei wird der Zinsfuß gesucht, bei dem der Kapitalwert einer Investition gerade Null wird, d.h. die Gleichung

$$C_0 = -A + \sum_{t=1}^{T} \frac{(e_t - k_t)}{(1 + \frac{p}{100})^t} = 0 \text{ wird nach } p \text{ aufgelöst.}$$

Die Lösung ergibt den internen Zinsfuß p_0.

B 9.8.2   *Es sei* $C_0 = -18370 + \dfrac{7000}{1 + \frac{p}{100}} + \dfrac{7000}{(1 + \frac{p}{100})^2} + \dfrac{7000}{(1 + \frac{p}{100})^3} = 0.$

Mit $\frac{p}{100} = i$ *folgt daraus:*

$$-18370(1 + i)^3 + 7000(1 + i)^2 + 7000(1 + i) + 7000 = 0$$

oder

$$-18370i^3 - 48110i^2 - 34110i + 2630 = 0.$$

Die Auflösung dieser Gleichung ergibt: $i = 0{,}07$ *oder* $p_0 = 7\%$. *Das ist der gesuchte interne Zinsfuß der Investition.*

Der interne Zinsfuß p_0 einer Investition wird mit dem Kalkulationszinsfuß p verglichen. Gilt $p_0 > p$, ist die Investition vorteilhaft, da ihre Verzinsung größer ist als der Kalkulationszinsfuß.

Bei der **Annuitätenmethode** wird zunächst der Kapitalwert C_0 bestimmt und dieser dann mit der Formel aus R 9.7.3 in eine jährliche konstante Annuität umgerechnet.

B 9.8.3   *In B 9.8.1 war* $C_0 = 1366$. *Die Annuität ergibt:*

$$AN = 1.366 \cdot \dfrac{1{,}12^5 \cdot 0{,}12}{1{,}12^5 - 1} = 379.$$

Lässt man die Anschaffungsausgaben außer acht, so erhält man $AN^* = 3.708$ *als „konstanten" jährlichen Überschuss der Erträge über die Kosten.*

Mitunter berechnet man auch für die Erträge und für die Kosten bzw. Aufwendungen getrennt Annuitäten.

Aufgaben

Ü 9.8.1   *Zu einer Investition mit Anschaffungsausgaben von EURO 8.000 gehören in den 4 Jahren der Nutzung folgende Erträge und Kosten:*

t	1	2	3	4
e_t	7.000	6.000	7.000	7.000
k_t	5.000	4.000	4.000	4.000

Bestimmen Sie den Kapitalwert bei einem Zinsfuß von $p = 9$.

Ü 9.8.2   *Eine Investition erbringt 6 Jahre lang jährliche Überschüsse der Erträge über die Aufwendung in Höhe von EURO 4.000. Der Anschaffungswert ist EURO 23.000 und der Restwert nach 6 Jahren EURO 5.000. Lohnt sich die Investition bei einem Zinsfuß von* $p = 5$?

Anhang A1:
Lösungen der Übungsaufgaben

Lösungen zu Kapitel 2

2.9.1 **a)** 17; **b)** 27; **c)** 28; **d)** 170.

2.9.2 $b^5 + ab^4 + a^2b^3 + a^3b^2 + a^4b + a^5$.

2.9.3 **a)** 55; **b)** 156; **c)** 75; **d)** $6m + 15$.

2.9.4 $\displaystyle\sum_{i=1}^{20}(6a - 2i + 3) + \sum_{i=1}^{20}(4i - 8a - 2) + \sum_{i=1}^{20}(2a - 2i)$

$$= \sum_{i=1}^{20}(6a - 2i + 3 + 4i - 8a - 2 + 2a - 2i) = 20.$$

2.9.5 **a)** $\displaystyle\sum_{i=1}^{6} 2i$; **b)** $\displaystyle\sum_{i=1}^{7} \frac{i}{i+1}$; **c)** $\displaystyle\sum_{i=1}^{9}(3i + 1)$.

2.9.6 $\displaystyle\sum_{i=k}^{n+k-1} a_{i-k+1}$.

2.9.7 $\displaystyle\sum_{i=1}^{n} a_i \cdot \sum_{i=1}^{n} b_i = (a_1 + a_2 + \ldots + a_n)(b_1 + b_2 + \ldots + b_n)$

$= a_1b_1 + a_1b_2 + \ldots + a_2b_1 + a_2b_2 + a_2b_3 + \ldots + a_nb_n$

$\displaystyle= \sum_{i=1}^{n} a_ib_i + \sum_{i=1}^{n}\sum_{\substack{j=1 \\ i \neq j}}^{n} a_ib_j$.

Die Summen der Aufgabe können also nur gleich sein, wenn die zweite Summe 0 ist, was allgemein nicht gilt, oder für $a_i = 0$ **und** $b_i = 0$ für alle $i = 1, \ldots, n$.

2.9.8 **a)** $\displaystyle\sum_{i=1}^{n}\sum_{j=2}^{n-k} a_{ij}$; **b)** $\displaystyle\sum_{j=1}^{n}\sum_{i=k}^{n} a_{ij}$; **c)** $\displaystyle\sum_{i=1}^{n} a_{ii}$; **d)** $\displaystyle\sum_{i=1}^{n}\sum_{j=1}^{i} a_{ij}$.

2.10.1 **a)** 20160; **b)** 0; **c)** 120.

2.10.2 **a)** 20; **b)** 240.

2.10.3 a) $\prod\limits_{i=1}^{8} 2i$; **b)** $\prod\limits_{i=1}^{6} (7i+1)$.

2.11.1 32.

2.11.2 276.

2.11.3 a) $\sum\limits_{j=1}^{n} |a_j - a_i|$; **b)** $\sum\limits_{j=1}^{i-1} (a_i - a_j) + \sum\limits_{j=i+1}^{n} (a_j - a_i)$.

2.12.1 a) 99; **b)** 324; **c)** 75; **d)** 19; **e)** 199.

2.12.2 a) 10100; **b)** 110111; **c)** 1100100; **d)** 10010110; **e)** 101001101.

2.12.3 a) 11110011; **b)** 101110000.

2.12.4 a) 11110; **b)** 100111011.

2.12.5 a) 92; **b)** 170; **c)** 241; **d)** 2748.

2.12.6 a) 64; **b)** 3E8; **c)** 136; **d)** EDE.

Lösungen zu Kapitel 3

3.1.1 Aussagen: c, d, f, h, j, k, l, m.

3.1.2 wahre Aussagen: a, c, k.

3.1.3 a) $\mathbb{L} = \{2, 3, 5\}$; **b)** $\mathbb{L} = \{1, 2, 3, 4, 5, 6, 7, 8, 9, 10, 11\}$; **c)** $\mathbb{L} = \emptyset$; **d)** $\mathbb{L} = \{1, 2, 5\}$; **e)** $\mathbb{L} = \{\text{Eisen}\}$.

3.2.1 a) falsch; **b)** wahr; **c)** wahr; **d)** falsch.

3.2.2 a) Die Lösungsmenge enthält kein Element; **b)** $\{5\}$; **c)** $\{1, 2, 3, 4, 5, 6, 7, 8, 9\}$.

3.2.3

A	B	$A \wedge B$	$\overline{A \wedge B}$	$\overline{A} \vee \overline{B}$	$\overline{A}$	$\overline{B}$
w	w	w	f	f	f	f
w	f	f	w	w	f	w
f	w	f	w	w	w	f
f	f	f	w	w	w	w

3.2.4

A	B	$A \vee B$	$\overline{A \vee B}$	$\overline{A} \wedge \overline{B}$	$\overline{A}$	$\overline{B}$
w	w	w	f	f	f	f
w	f	w	f	f	f	w
f	w	w	f	f	w	f
f	f	f	w	w	w	w

3.2.5 a) falsch; **b)** wahr; **c)** wahr; **d)** wahr; **e)** wahr; **f)** wahr; **g)** wahr für alle $x \in \mathbb{N}$ und falsch für alle $x \in \mathbb{R} \setminus \mathbb{N}$.

3.2.6 $A(x) \Leftrightarrow B(x); C(x) \Rightarrow A(x); C(x) \Rightarrow B(x)$.

3.2.7

A	B	$A \Rightarrow B$	$\overline{A}$	$\overline{B}$	$\overline{B} \Rightarrow \overline{A}$	$(A \Rightarrow B) \Leftrightarrow (\overline{B} \Rightarrow \overline{A})$
w	w	w	f	f	w	w
w	f	f	f	w	f	w
f	w	w	w	f	w	w
f	f	w	w	w	w	w

3.2.8 $X \Leftrightarrow Y; X \Rightarrow Z; Y \Rightarrow Z$.

3.3.1   **a)** Direkt:

Es gelten folgende beiden Gleichungen:

$$\sum_{k=1}^{n} (k+1)^3 = \sum_{k=1}^{n} k^3 + 3\sum_{k=1}^{n} k^2 + 3\sum_{k=1}^{n} k + \sum_{k=1}^{n} 1 \ .$$

$$= \sum_{k=1}^{n} k^3 + 3\sum_{k=1}^{n} k^2 + \frac{3n(n+1)}{2} + n$$

und

$$\sum_{k=1}^{n} (k+1)^3 = \sum_{j=2}^{n+1} j^3 = \sum_{j=1}^{n} j^3 + (n+1)^3 - 1$$

Gleichsetzung der rechten Seiten ergibt nach Auflösung:

$$3\sum_{k=1}^{n} k^2 = n^3 + 3n^2 + 3n + 1 - 1 - \frac{3n(n+1)}{2} - n,$$

$$\sum_{k=1}^{n} k^2 = \frac{2n^3 + 3n^2 + n}{6} = \frac{n(n+1)(2n+1)}{6} \quad \text{q.e.d.}$$

b) Vollständige Induktion:

Induktionsanfang: $n = 1$; es ist $\sum_{k=1}^{1} k^2 = 1$ und $\frac{1(1+1)(2\cdot1+1)}{6} = 1$.

Induktionsvoraussetzung: Die Formel sei für $n \in \mathbb{N}$ richtig.
Induktionsschluss:

$$\sum_{k=1}^{n+1} k^2 = \sum_{k=1}^{n} k^2 + (n+1)^2 \ = \frac{n(n+1)(2n+1)}{6} + (n+1)^2$$

$$= \frac{n(n+1)(2n+1) + 6(n+1)(n+1)}{6} =$$

$$= \frac{(n+1)(2n^2 + n + 6n + 6)}{6}$$

$$= \frac{(n+1)(n+2)(2n+3)}{6}$$

$$= \frac{(n+1)((n+1)+1)(2(n+1)+1)}{6},$$

d.h. aus der Richtigkeit der Aussage $A(n)$ folgt die Richtigkeit von $A(n+1)$.

3.3.2 Induktionsanfang: $k = 3$, es ist $1,7 < \sqrt{3} < 1,8$,
$k + \sqrt{k} = 3 + \sqrt{3} < 3 + 1,8 = 4,8$ und $k\sqrt{k} > 3 \cdot 1,7 = 5,1$
$\Rightarrow k + \sqrt{k} < k\sqrt{k}$.
Induktionsvoraussetzung: Aussage richtig für $n = m$.
Induktionsschluss:
$$\begin{aligned}
(m+1)\sqrt{m+1} &= m\sqrt{m+1} + \sqrt{m+1} \\
&> m\sqrt{m} + \sqrt{m+1} \\
&> m + \sqrt{m} + \sqrt{m+1} \\
&> m + 1 + \sqrt{m+1}.
\end{aligned}$$

3.3.3 Jede Quadratzahl ist nichtnegativ. Also gilt für beliebige $a \in \mathbb{R}$ und $b \in \mathbb{R}$:
$(a-b)^2 \geq 0 \Rightarrow a^2 - 2ab + b^2 \geq 0 \Rightarrow a^2 + b^2 \geq 2ab$.

3.3.4 a) Direkt:
$$1 + a + a^2 + a^3 + \ldots + a^n = \frac{(1-a)(1+a+a^2+\ldots+a^n)}{1-a}$$

$$= \frac{1 + a + \ldots a^n - a - a^2 - \ldots - a^{n+1}}{1-a} = \frac{1-a^{n+1}}{1-a} < \frac{1}{1-a},$$

denn $1 - a^{n+1} < 1$ da $a^{n+1} < 1$ für $a < 1$.

b) Vollständige Induktion:
Induktionsanfang: $1 + a < \frac{1}{1-a} \Leftrightarrow 1 - a^2 < 1$.
Induktionsvoraussetzung: $1 + a + a^2 + \ldots + a^n < \frac{1}{1-a}$.

Induktionsschluss: Aus der Induktionsvoraussetzung folgt durch Multiplikation mit a: $a + a^2 + \ldots + a^{n+1} < \frac{a}{1-a}$.

Dann gilt: $1 + a + a^2 + \ldots + a^{n+1} < 1 + \frac{a}{1-a} = \frac{1-a+a}{1-a} = \frac{1}{1-a}$.

3.4.1 a) $(A \vee B) \wedge (C \vee D)$; **b)** $(A \wedge B \wedge C) \vee (D \vee E)$;
c) $(((A \wedge B) \vee C) \wedge F) \vee (D \wedge E)$.

Lösungen zu Kapitel 4

4.1.1 **a)** $A = \{a, b, c, d, e\}$;

b) $B = \{x \mid x \in W \wedge x$ hat die Übung zur Mathematik für Wirtschaftswissenschaftler belegt$\}$;

c) $C = \{x \mid (x \in \mathbb{R}) \wedge (-1 \le x \le +1) \wedge (x \ne 0)\}$;

d) $D = \{x \mid (x \in \mathbb{N}) \wedge (x < 0)\} = \emptyset$;

e) $E = \{x \mid (x \in \mathbb{N}) \wedge (8 < x < 24)\}$.

4.1.2 $\emptyset$ ist die Nullmenge oder die leere Menge, d.h. die Menge, die kein Element enthält.
$\{0\}$ ist eine Menge mit nur einem Element, nämlich der Null.
$\{\emptyset\}$ ist ebenfalls eine Menge mit nur einem Element, und zwar der Nullmenge.
0 ist **keine** Menge, sondern eine reelle Zahl.

4.2.1 $A = B \Leftrightarrow A \subset B \wedge A \supset B$.

4.2.2 **a)** falsch; **b)** falsch; **c)** falsch; **d)** wahr; **e)** wahr; **f)** falsch; **g)** wahr (die Nullmenge ist Teilmenge jeder Menge); **h)** wahr (Da die Menge A die Nullmenge als Element enthält, ist die Menge, die als einziges Element die Nullmenge enthält, Teilmenge von A.); **i)** wahr; **j)** falsch.

4.2.3 **a)** $B \not\subseteq A$; **b)** $C = \{2\}; C \subset A$; **c)** $D = \{-2, +2\}; D \not\subseteq A$; **d)** $E = \{3; 4\}; E \subset A$.

4.2.4 $\wp(A) = \{\{1\}, \{2\}, \{1, 2\}, \emptyset\}$;

$\wp(B) = \{\{x\}, \{y\}, \{z\}, \{x, y\}, \{x, z\}, \{y, z\}, \{x, y, z\}, \emptyset\}$;

$\wp(C) = \{\emptyset, \{a\}, \{b\}, \{c\}, \{d\}, \{a, b\}, \{a, c\}, \{a, d\}, \{b, c\}, \{b, d\}, \{c, d\},$
$\{a, b, c\}, \{a, b, d\}, \{a, c, d\}, \{b, c, d\}, \{a, b, c, d\}\}$.

4.2.5 Wahr sind **a)**, **c)**, **d)**, **f)**, **h)**.

4.2.6 Klasseneinteilungen von A sind die unter **b)**, **c)** und **d)** angegebenen Teilmengensysteme.

4.2.7 Zerlegungen sind **c)** und **d)**.

4.2.8 $A = \{a, b\}; A_1 = \{\{a\}, \{b\}\}; A_2 = \{\{a, b\}\} = \{A\}$.
$B = \{a, b, c\}; B_1 = \{\{a\}, \{b\}, \{c\}\}; B_2 = \{\{a, b\}, \{c\}\}$;
$B_3 = \{\{a, c\}, \{b\}\}; B_4 = \{\{b, c\}, \{a\}\}; B_5 = \{B\}$.

$C = \{1, 2, 3, 4\}$;

$C_1 = \{\{1\}, \{2\}, \{3\}, \{4\}\}$; $\quad C_2 = \{\{1\}, \{2\}, \{3, 4\}\}$;

$C_3 = \{\{1\}, \{3\}, \{2, 4\}\}$; $\quad C_4 = \{\{2\}, \{3\}, \{1, 4\}\}$;

$C_5 = \{\{1\}, \{4\}, \{2, 3\}\}$; $\quad C_6 = \{\{2\}, \{4\}, \{1, 3\}\}$;

$C_7 = \{\{3\}, \{4\}, \{1, 2\}\}$; $\quad C_8 = \{\{1, 2\}, \{3, 4\}\}$;

$C_9 = \{\{1, 3\}, \{2, 4\}\}$; $\quad C_{10} = \{\{1, 4\}, \{2, 3\}\}$;

$C_{11} = \{\{1, 2, 3\}, \{4\}\}$; $\quad C_{12} = \{\{1, 3, 4\}, \{2\}\}$;

$C_{13} = \{\{1, 2, 4\}, \{3\}\}$; $\quad C_{14} = \{\{2, 3, 4\}, \{1\}\}$;

$C_{15} = \{C\}$.

4.3.1 **a)** $A \cap B = \emptyset$; **b)** $D \backslash A = \{5, 6\}$; **c)** $B \cup D = \{x | x \in \mathbb{N} \wedge x > 2\}$;
d) $\overline{B}_{\mathbb{N}} = \{1, 2, 3, 4, 5\}$; **e)** $(A \cup B) \cap D = \{3, 4, 6\}$; **f)** $A \cap D = \{3, 4\}$.

4.3.2 **a)** A; **b)** $\emptyset$; **c)** B; **d)** C.

4.3.3 **a)** $A \cap B = B$; **b)** $A \backslash D = \{6\}$;

c) $A \cap C = \{x | x \in \mathbb{N} \wedge 2 \leq x \leq 6\} = \{2, 3, 4, 5, 6\}$;

d) $C \backslash A = \{x | x \in \mathbb{N} \wedge x > 6\}$;

e) $B \cap C = \{x | x \in \mathbb{N} \wedge 2 \leq x \leq 5\} = \{2, 3, 4, 5\}$;

f) $B \cup C = \mathbb{N}$;

g) $A \cap \mathbb{N} = \{x | x \in \mathbb{N} \wedge 1 \leq x \leq 6\} = \{1, 2, 3, 4, 5, 6\}$;

h) $\overline{A}_{\mathbb{R}} = \{x | x \in \mathbb{R} \wedge ((-\infty < x < 1) \vee (6 < x < +\infty))\}$;

i) $\overline{B}_{\mathbb{N}} = \{x | x \in \mathbb{N} \wedge x \geq 6\}$.

4.4.1

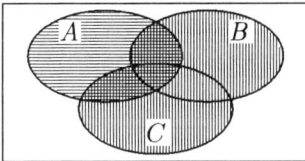

A: waagerecht schraffiert.
$B \cup C$: senkrecht schraffiert.
$A \cap (B \cup C)$: doppelt schraffiert.

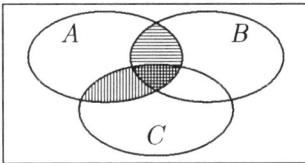

$A \cap B$: waagerecht schraffiert.
$A \cap C$: senkrecht schraffiert.
$(A \cap B) \cup (A \cap C)$: gesamte schraffierte Fläche.

Es ist also: $A \cap (B \cup C) = (A \cap B) \cup (A \cap C)$.

4.4.2 **a)** $2, 3, 4, 6, 7, 8$; **b)** 8; **c)** nicht definiert, da $B \not\subset A$; **d)** $3, 4, 6$;
e) $5, 7, 8$; **f)** $(A \cap B) \backslash D$; **g)** $A \cap B \cap D$; **h)** $A \backslash (B \cup D)$.

4.4.3

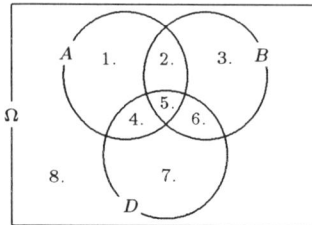

1. $A \setminus (B \cup D)$,
2. $(A \cap B) \setminus D$,
3. $B \setminus (A \cup D)$,
4. $(A \cap D) \setminus B$,
5. $A \cap B \cap D$,
6. $(B \cap D) \setminus A$,
7. $D \setminus (A \cup B)$,
8. $\Omega \setminus (A \cup B \cup D)$.

4.4.4 **a)** $A \cap B \cap C = \{a_1, a_4\}$; **b)** $A \setminus (B \cup C) = \{a_2, a_5\}$;
c) $B \setminus (A \cup C) = \emptyset$; **d)** $C \setminus (A \cup B) = \{a_8\}$;
e) $A \cup C = \{a_1, a_2, a_3, a_4, a_5, a_6, a_7, a_8\}$;
f) $B \cup C = \{a_1, a_3, a_4, a_6, a_7, a_8\}$.

4.4.5 $\overline{(\overline{A} \cap \overline{B})} \cap (\overline{A} \cap \overline{B}) = \emptyset$ (Komplementgesetz)

4.5.1 $A \times B = \{(a, 1), (a, 2), (b, 1), (b, 2), (c, 1), (c, 2)\}$;
$B \times A = \{(1, a), (1, b), (1, c), (2, a), (2, b), (2, c)\}$.

4.5.2
a)

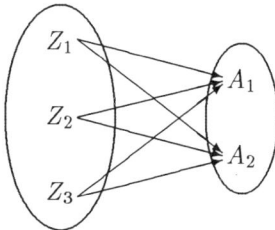

b) $(Z_1, A_1), (Z_1, A_2), (Z_2, A_1), (Z_2, A_2), (Z_3, A_1), (Z_3, A_2)$.
4.5.3 **a)** $A \times (B \cup C) = \{(1, a), (1, b), (1, c), (2, a), (2, b), (2, c)\}$.
b) $A \times B = \{(1, a), (1, b), (2, a), (2, b)\}$;
$A \times C = \{(1, b), (1, c), (2, b), (2, c)\}$;
$(A \times B) \cup (A \times C) = \{(1, a), (1, b), (2, a), (2, b), (1, c), (2, c)\} = A \times (B \cup C)$.
c) $B \cap C = \{b\}$; $A \times (B \cap C) = \{(1, b), (2, b)\}$.
d) $(A \times B) \cap (A \times C) = \{(1, b), (2, b)\} = A \times (B \cap C)$.

4.6.1 Äquivalenzrelationen: **a)**, **c)**, **d)**; Abbildungen: **b)**, **f)**.

4.6.2

$$A \xrightarrow{f} B \xrightarrow{g} C$$

$$
\begin{array}{ccc}
a & x & r \\
b & y & s \\
c & z & t
\end{array}
$$

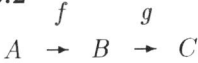

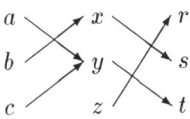

$(g \circ f)(a) = g(f(a)) = g(y) = t;$

$(g \circ f)(b) = g(f(b)) = g(x) = s;$

$(g \circ f)(c) = g(f(c)) = g(y) = t.$

4.6.3 a) Keine Abbildung: Dem Element a werden zwei Elemente (5 und 7) zugeordnet.

b) Abbildungen von-in: Jedem Urbild wird genau ein Bild zugeordnet.

c) Eineindeutige Abbildung von-in: Jedes Bild besitzt genau ein Urbild.

d) Eineindeutige Abbildung aus-in: Dem Element h wird kein Element zugeordnet.

e) Abbildung auf: Jedes Element von Y besitzt ein Urbild.

f) Bijektive Abbildung: Jedes Element von X hat genau ein Bild, jedes Element von Y hat genau ein Urbild.

4.6.4 Die Bildung der inversen Abbildung ist nur bei eineindeutigen Abbildungen möglich, also bei **c)**, **d)** und **f)**.

Die inversen Abbildungen können dadurch veranschaulicht werden, dass die Pfeilrichtungen der ursprünglichen Abbildungen umgekehrt werden.

4.6.5 Abbildungen: **b)**, **c)**, **e)**;   injektive Abbildungen: **c)**, **e)**.

4.6.6 $R = \{(4,6),(6,4),(5,5),(5,6),(6,5),(6,6)\}.$

4.6.7 a)

$$
\begin{array}{ccc}
\underline{\quad f \quad} & \underline{\quad g \quad} & \underline{\quad f \circ g \quad} \\
A \to B & C \to A & C \quad A \quad B
\end{array}
$$

$$
\begin{array}{ccc}
\begin{array}{cc} 1 & 1 \\ 2 & 2 \\ 3 & 3 \end{array} &
\begin{array}{cc} 2 \to 1 \\ 3 \to 2 \\ 3 \end{array} &
\begin{array}{ccc} 2 \to 1 & 1 \\ 3 \to 2 & 2 \\ 3 & 3 \end{array}
\end{array}
$$

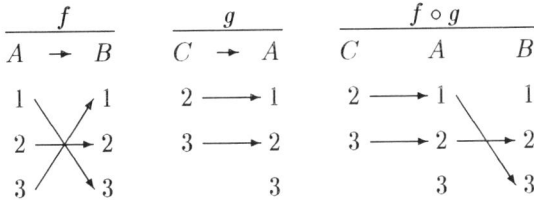

$(g \circ f)$ ist keine Abbildung, da $W(f) \neq D(g)$.

b) f ist bijektiv, g ist injektiv, $(f \circ g)$ ist injektiv.

4.6.8 a) cineindeutige Abbildung auf (bijektiv);

b) Abbildung auf (surjektiv);

c) Abbildung von-in;

d) eineindeutige Abbildung in (injektiv).

Lösungen zu Kapitel 5

5.2.1 a) $\frac{8!}{7!} = \frac{1 \cdot 2 \cdot 3 \cdot 4 \cdot 5 \cdot 6 \cdot 7 \cdot 8}{1 \cdot 2 \cdot 3 \cdot 4 \cdot 5 \cdot 6 \cdot 7} = 8$; b) $\frac{15!}{13!} = 14 \cdot 15 = 210$.

5.2.2 $50.888.617.325.509.700.000$.

5.3.1 a) 10; b) 190; c) 210; d) 13.983.816; e) 12.620.256.

5.3.2

a) $\binom{4}{2} + \binom{4}{3} = \binom{5}{3} = \frac{5 \cdot 4 \cdot 3}{1 \cdot 2 \cdot 3} = 10$ (R 5.3.4); b) $\binom{0}{0} = 1$, weil $0! = 1$;

c) $\binom{10}{4} + \binom{10}{5} = \binom{11}{5} = 462$; d) Es ist $\binom{27}{21} = \binom{27}{6}$ (R 5.3.3), also:
$\binom{27}{5} + \binom{27}{21} = \binom{27}{5} + \binom{27}{6} = \binom{28}{6} = 376.740$;

e) Mit R 5.3.5 ergibt sich: $\displaystyle\sum_{i=0}^{7} \binom{3+i}{3} = \sum_{i=0}^{10-3} \binom{3+i}{3} = \binom{11}{4} = 330$.

5.3.3 a) $\dbinom{n}{n-k} = \dfrac{n!}{(n-k)!k!} = \dbinom{n}{k}$;

b) $\dbinom{n}{k} + \dbinom{n}{k+1} = \dfrac{n!}{(n-k)!k!} + \dfrac{n!}{(n-k-1)!(k+1)!}$

$= \dfrac{n!}{(n-k)!k!} + \dfrac{n!(n-k)}{(n-k)!k!(k+1)} = \dfrac{n!}{(n-k)!k!}\left(1 + \dfrac{n-k}{k+1}\right)$

$= \dfrac{n!}{(n-k)!k!}\left(\dfrac{k+1+n-k}{k+1}\right)$

$= \dfrac{n!(n+1)}{(n-k)!k!(k+1)} = \dfrac{(n+1)!}{((n+1)-(k+1))!(k+1)!} = \dbinom{n+1}{k+1}$.

5.3.4

a) $(x+y)^4 = \displaystyle\sum_{i=0}^{4} \binom{4}{i} x^{4-i} y^i$

$= \binom{4}{0} x^4 + \binom{4}{1} x^3 y + \binom{4}{2} x^2 y^2 + \binom{4}{3} xy^3 + \binom{4}{4} y^4$

$= x^4 + 4x^3 y + 6x^2 y^2 + 4xy^3 + y^4$;

b) $(x+y)^6 = \displaystyle\sum_{i=0}^{6} \binom{6}{i} x^{6-i} y^i$; c) $(x+y)^{10} = \displaystyle\sum_{i=0}^{10} \binom{10}{i} x^{10-i} y^i$;

d) $a = 3x$; $b = 2y$; $n = 4m$; $(3x+2y)^{4m} = \displaystyle\sum_{i=0}^{4m} \binom{4m}{i} (3x)^{4m-i} (2y)^i$.

5.3.5

Mit Hilfe der beiden Regeln $\binom{n}{k} = \binom{n}{n-k}$ und $\binom{m+n}{k} = \displaystyle\sum_{i=0}^{k} \binom{m}{k-i}\binom{n}{i}$

ergibt sich: $\displaystyle\sum_{k=0}^{n} \binom{n}{k}^2 = \sum_{k=0}^{n} \binom{n}{k}\binom{n}{k} = \sum_{k=0}^{n} \binom{n}{k}\binom{n}{n-k} = \binom{2n}{n}$.

5.4.1 $\dbinom{n}{n_1}\dbinom{n-n_1}{n_2}\dbinom{n-n_1-n_2}{n_3}$

$= \dfrac{n!}{(n-n_1)!n_1!} \cdot \dfrac{(n-n_1)!}{(n-n_1-n_2)!n_2!} \cdot \dfrac{(n-n_1-n_2)!}{(n-n_1-n_2-n_3)!n_3!}$

$= \dfrac{n!}{n_1! \cdot n_2! \cdot n_3!} = \dbinom{n}{n_1, n_2, n_3}.$

5.5.1 $5! = 120.$

5.5.2 Permutationen ohne Wiederholung von 4 Elementen: $4! = 24.$

5.5.3 Anzahl der Permutationen ohne Wiederholung der 4 Ziffern: $4! = 24$. Jede Ziffer erscheint in jeder Spalte sechsmal $(24 : 4 = 6)$. Spaltensummen: $6(2 + 3 + 5 + 8) = 6 \cdot 18 = 108$. Insgesamt erhält man also als Summe (Einer-, Zehner-, Hunderter- und Tausender-Stelle): $108 + 108 \cdot 10 + 108 \cdot 100 + 108 \cdot 1000 = 119.988.$

5.5.4 a) Anzahl der Permutationen ohne Wiederholung von 20 verschiedenen Elementen: $(5+6+7+2)! = 20! = 2.432.902.008.176.640.000.$
b) Jetzt interessieren die Permutationen innerhalb eines Fachgebietes nicht; gesucht wird also lediglich die Anzahl der Permutationen von 4 verschiedenen Elementen (Fachgebieten): $4! = 24.$
c) Die 20 Bücher werden nun in 4 verschiedene Klassen (Fachgebiete) mit jeweils **gleichen** Elementen eingeteilt. Gefragt ist also nach dem Polynomialkoeffizienten: $\binom{20}{5,6,7,2} = \frac{20!}{5! \cdot 6! \cdot 7! \cdot 2!} = 2.793.510.720.$

5.5.5 a) Die Zahlengruppe 312 wird als ein Element betrachtet. Insgesamt sind also die 7 verschiedenen Elemente 312, 4, 5, 6, 7, 8, 9 zu permutieren. Die Anzahl der Permutationen beträgt daher: $7! = 5.040.$
b) In jeder der 5.040 Anordnungen können die 3 Elemente der Gruppe 123 auf $3! = 6$ Arten permutiert werden. Die Gesamtzahl der Anordnungen beträgt daher: $6 \cdot 5.040 = 30.240.$

5.5.6 $\binom{13}{3,4,6} = \frac{13!}{3!4!6!} = 60.060.$

5.5.7 3 Gruppen lassen sich auf $(3 - 1)! = 2! = 2$ verschiedene Arten anordnen. Zusätzlich lässt sich jede Gruppe in sich permutieren. Somit existieren $2! \cdot 4! \cdot 3! \cdot 5! = 34.560$ verschiedene Anordnungen.

5.5.8 a) Von den 26 (verschiedenen) Buchstaben des Alphabets werden durch den Anfang „Manuskript" 10 Buchstaben festgelegt. Die übrigen 16 Buchstaben können permutiert werden, so dass $16! = 20.922.789.888.000$ Buchstabenanordnungen mit „Manuskript" beginnen.
b) Im Wort „Statistik" kommen die Buchstaben S, T und I mehrfach vor. Daher gibt es **keine** Permutation ohne Wiederholung der 26 Buchstaben, die mit „Statistik" beginnt!

5.5.9 a) $6! = 720$ Tage; **b)** $7! = 5.040$ Tage.

5.6.1
B 5.1.1b) mit Berücksichtigung der Anordnung, ohne Wiederholung;
B 5.1.1c) ohne Berücksichtigung der Anordnung, ohne Wiederholung;
B 5.1.1d) mit Berücksichtigung der Anordnung, mit Wiederholung.

5.6.2 a) Ohne Berücksichtigung der Anordnung, mit Wiederholung;
b) mit Berücksichtigung der Anordnung, mit Wiederholung;
c) ohne Berücksichtigung der Anordnung, ohne Wiederholung.

5.7.1 $KA(55, 4) = 55 \cdot 54 \cdot 53 \cdot 52 = 8.185.320$.

5.7.2 $KAW(3, 11) = 3^{11} = 177.147$.

5.7.3 $KAW(26, 6) = 26^6 = 308.915.776$.

5.7.4 $KA(30, 5) = 30 \cdot 29 \cdot 28 \cdot 27 \cdot 26 = 17.100.720$.

5.7.5 $KAW(12, 84) = 12^{84}$.

5.7.6 Es handelt sich um eine Kombination mit Berücksichtigung der Anordnung (Variation) und mit Wiederholung von 2 Elementen (allgemeine Anzahl: 2^k). Es ist also das kleinste k gesucht, für das gilt: $2^k \geq 26$. Man erhält $k = 5$, denn $2^5 = 32$ und $2^4 = 16$. Zur Codierung von 26 Buchstaben sind also mindestens 5 Bits erforderlich.

5.8.1 $K(38, 7) = \binom{38}{7} = 12.620.256$.

5.8.2 $K(7, 4) = \binom{7}{4} = 35$.

5.8.3 $KW(10, 4) = \binom{10+4-1}{4} = \binom{13}{4} = 715$.

5.8.4 $KW(4, 10) = \binom{4+10-1}{10} = \binom{13}{10} = 286$.

5.8.5 $K(8, 4) = \binom{8}{4} = 70$.

5.8.6 $\binom{5}{2} = 10$.

5.9.1 Bei Verwendung von i Farben gibt es $K(4, i) = \binom{4}{i}$ Möglichkeiten. Da entweder 1 oder 2 oder 3 oder 4 verwendet werden, gibt es insgesamt $\sum\limits_{i=1}^{4} \binom{4}{i} = 4+6+4+1 = 15$ Möglichkeiten der Kennzeichnung.

5.9.2 a) Die Ziffer 0 darf nicht an der ersten Stelle stehen, also $6 \cdot 7^3 = 2.058$; **b)** $6 \cdot 6 \cdot 5 \cdot 4 = 720$; **c)** 6 Zahlen haben 3 Nullen, $3 \cdot 6^2$ haben 2 Nullen und $3 \cdot 6^3$ haben eine Null: $6 + 3 \cdot 6^2 + 3 \cdot 6^3 = 762$.

5.9.3 a) $4 \cdot 6 \cdot 6 \cdot 4 = 576$; **b)** $4 \cdot 6 \cdot 5 \cdot 3 = 360$.

5.9.4 a) $9 \cdot 9 \cdot 8 = 648$; **b)** ohne 0 gibt es $7 \cdot 8 \cdot 5 = 280$ und mit 0 (als 2. Ziffer!) $8 \cdot 5 = 40$ also $280 + 40 = 320$ Zahlen; **c)** $648 - 320 = 328$; **d)** $8 \cdot 8 = 64$ Zahlen enden auf 5 und $9 \cdot 8 = 72$ Zahlen enden auf 0, also $64 + 72 = 136$; **e)** $4 \cdot 9 \cdot 8 = 288$.

5.9.5 a) $KAW(26,3) \cdot KAW(10,4) = 26^3 \cdot 10^4 = 175.760.000$;
b) $KAW(26,3) \cdot KA(10,4) = 26^3 \cdot 10 \cdot 9 \cdot 8 \cdot 7 = 88.583.040$;
c) $KA(26,3) \cdot KA(10,4) = 26 \cdot 25 \cdot 24 \cdot 10 \cdot 9 \cdot 8 \cdot 7 = 78.624.000$.

5.9.6 a) Ein Streckenabschnitt verbindet 2 Orte miteinander. Das Problem beinhaltet somit die Auswahl von Zweieranordnungen aus einer Menge von 5 Elementen: $\binom{5}{2} = 10$ mögliche Streckenabschnitte.
b) Man permutiert die 5 Elemente (= Orte) und dividiert die Anzahl durch 2, da im Hinblick auf die richtungsunabhängige Streckenführung jeweils 2 Permutationen gleich sind (z.B. $1, 2, 4, 3, 5$ und $5, 3, 4, 2, 1$ oder $4, 5, 1, 3, 2$ und $2, 3, 1, 5, 4$). Bei 5 Orten sind somit $\frac{5!}{2} = 3 \cdot 4 \cdot 5 = 60$ verschiedene Streckenführungen möglich.

5.9.7 a) $K(6,4) = \binom{6}{4} = 15$; **b)** $KW(6,4) = \binom{6+4-1}{4} = 126$.

5.9.8 $KA(15,5) \cdot KA(10,5) \cdot KA(5,5) = \frac{15!}{10!} \cdot \frac{10!}{5!} \cdot \frac{5!}{0!} = 15! = P(15)$.

5.9.9 $P(4) \cdot P(5) = 4!5! = 2.880$.

5.9.10 $\binom{11}{4,3,2,2} = 69.300$.

5.9.11 a) $K(10,3) = \binom{10}{3} = 120$; **b)** $K(7,3) \cdot K(3,0) = \binom{7}{3} \cdot \binom{3}{0} = 35$;
c) $K(7,2) \cdot K(3,1) = \binom{7}{2} \cdot \binom{3}{1} = 63$; **d)** $K(7,1) \cdot K(3,2) = \binom{7}{1} \cdot \binom{3}{2} = 21$.

5.9.12 a) $6! = 720$; **b)** $\binom{6}{2,2,2} = 90$; **c)** $\binom{6}{2,2,1,1} = 180$.

5.9.13 $KA(27,25) = \frac{27!}{2!}$.

5.9.14 a) $K(6,4) = 15$; **b)** $K(6,5) = 6$; **c)** 1.

5.9.15 a) $9! = 362.880$; **b)** $\binom{14}{6,3,5} = 168.168$.

5.9.16 Anzahl der möglichen Fälle = Anzahl der möglichen Ziehungen bei „6 aus 49": $\binom{49}{6} = 13\,983\,816$ **a)** Anzahl der günstigen Fälle = 1: $W_6 = \frac{1}{13.983.816} = 0,0000000715$.
b) Anzahl der günstigen Fälle: 4 von den getippten 6 Zahlen sind richtig **und** die 2 übrigen Zahlen falsch, d.h. es gibt $\binom{6}{4} \cdot \binom{49-6}{6-4} = \binom{6}{4} \cdot \binom{43}{2} = 13.545$ Möglichkeiten:
$W_4 = \frac{13.545}{13.983.816} = 0,000969$.

c) Anzahl der günstigen Fälle: entsprechend **b)** gibt es
$\binom{6}{0} \cdot \binom{49-6}{6-0} = \binom{43}{6} = 6.096.454$ Kombinationen, deren Zahlen mit keiner
der getippten Zahlen übereinstimmen:
$W_0 = \frac{6.096.454}{13.983.816} = 0{,}436$.

Allgemeine Formel:

Es gibt $\binom{k}{p}\binom{n-k}{k-p}(1 \le k \le n, 0 \le p \le k)$ Möglichkeiten, in k Elementen,
die aus n Elementen entnommen werden, p gekennzeichnete Elemente
zu erhalten.

5.9.17 Die Anzahl aller möglichen Kombinationen von 2 Karten (Skat)
aus 32 Karten beträgt $\binom{32}{2} = 496$. Bei 4 Buben gibt es $\binom{32-4}{2} = \binom{28}{2} = $
378 Skatkombinationen, die keine Buben enthalten. Die Anzahl der
Fälle, für die mindestens 1 Bube im Skat liegt, beträgt also $496 - 378 = $
118. Hieraus folgt für die Wahrscheinlichkeit $W = \frac{118}{496} = 0{,}238$.

5.9.18 Man kann gar keine **oder** eine **oder** 2 **oder** 3 **oder** 4 **oder** sogar
alle 5 Aufgaben richtig lösen. Es gibt also $\sum_{i=0}^{5} \binom{5}{i} = 2^5 = 32$ verschiedene Arten von Aufgabenzusammenstellungen. Jede dieser Kombina-
tionen muss daraufhin untersucht werden, ob sie der Forderung genügt,
dass die erreichte Punktzahl ≥ 20 ist.
Die verschiedenen Zusammenstellungen richtig gelöster Aufgaben werden nach der Anzahl der richtigen Aufgaben getrennt untersucht.

	Anzahl der Möglichkei-
keine richtige Aufgabe	ten mit ≥ 20 Punkten
$\binom{5}{0} = 1$ Möglichkeit: 0 Punkte	0
eine richtige Aufgabe	
$\binom{5}{1} = 5$ Möglichkeiten: höchstens 10 Punkte	0
zwei richtige Aufgaben	
$\binom{5}{2} = 10$ Möglichkeiten: nur eine Möglich-	
keit liefert mindestens 20 Punkte	
(beide 10-Punkte Aufgaben)	1
drei richtige Aufgaben	
$\binom{5}{3} = 10$ Möglichkeiten: drei Möglichkeiten	
bringen weniger als 20 Punkte (nämlich	
$4, 4, 7; 4, 4, 10; 4, 4, 10$), die restlichen 7	
führen zum Bestehen der Klausur	7

vier richtige Aufgaben

$\binom{5}{4} = 5$ Möglichkeiten: in allen Fällen werden
mindestens 20 Punkte erreicht   5

fünf richtige Aufgaben

$\binom{5}{5} = 1$ Möglichkeit: 35 Punkte   1

Es gibt also 14 Zusammenstellungen richtig gelöster Aufgaben, die zum Bestehen der Klausur führen.

5.9.19 a) $KW(4,4) = \binom{7}{4} = 35$ Möglichkeiten;

b) $KW(4,4) + KW(2,2) = \binom{7}{4} + \binom{3}{2} = 35 + 3 = 38.$

Lösungen zu Kapitel 6

6.2.1

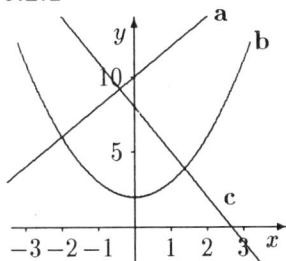

6.2.2

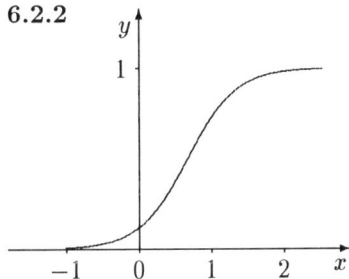

6.3.1   a) $x = \dfrac{b}{y - a}, y \neq a$; **b)** $x = \sqrt[3]{\dfrac{y - b}{a}}, a \neq 0$;

c) $x = \dfrac{-dy + b}{cy - a}, c \neq 0, y \neq \dfrac{a}{c}.$

6.3.2   a) (1) und (9); (3) und (4); (6) und (8).

b) (2): $W(f) = \{y \in \mathbb{R} \,|\, y \geq 0\}$; (3) $W(f) = \{x \in \mathbb{R} \,|\, x > 0\}$;
(4): $W(f) = \mathbb{R}$; (6): $W(f) = \mathbb{R} \setminus \{0\}$; (9) $W(f) = \{x \in \mathbb{R} \,|\, x > 0\}$.

6.3.3 Durch die Funktion $y = f(x)$ wird jedem Wert x genau ein Wert von y zugeordnet. Eine Funktion liegt daher nur vor, wenn eine beliebige Parallele zur y-Achse das Bild der Funktion nur einmal schneidet. Ist die Funktion eineindeutig, entspricht außerdem jedem y-Wert nur ein x-Wert. Daher darf das Bild einer eineindeutigen Funktion durch eine beliebige Parallele zur x-Achse nur einmal geschnitten werden.

6.3.4

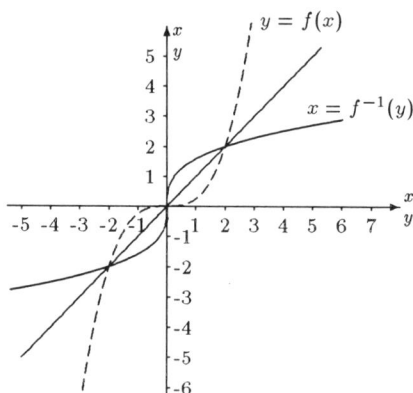

6.3.5 **a)** $x = -\dfrac{b}{a}y - \dfrac{c}{a}$, $(a \neq 0)$; $y = -\dfrac{a}{b}x - \dfrac{c}{b}$, $(b \neq 0)$;

b) $x = -\dfrac{cy + d}{by + a}$, $(by + a \neq 0)$; $y = -\dfrac{ax + d}{bx + c}$, $(bx + c \neq 0)$;

c) $(y - x)^2 \equiv 0$; $y = x$; $x = y$.

6.3.6 **a)** $y = \frac{2-3x}{1-x^2}$, $x \neq \pm 1$; Entwicklung nach x nicht möglich;

b) $y = e^{\frac{1}{x}}$; $x = \frac{1}{\ln y}$.

6.3.7 **a)** $z = cax + cb + d$; **b)** $z = ax + b$;

c) $z = ca^2x^4 + 2abcx^3 + (cb^2 + da)x^2 + dbx$.

6.3.8 **a)** $x_1 < x_2 \Rightarrow x_1^3 < x_2^3 \Rightarrow 3x_1^3 < 3x_2^3 \Rightarrow 3x_1^3 + 4 < 3x_2^3 + 4$
$\Rightarrow f(x_1) < f(x_2) \Rightarrow f$ ist streng monoton steigend.

b) $0 < x_1 < x_2 \Rightarrow x_1^2 < x_2^2$; $x_1 < x_2 < 0 \Rightarrow x_1^2 > x_2^2$;
f ist streng monoton fallend für $x < 0$ und steigend für $x > 0$.

c) $x_1 < x_2 \Rightarrow e^{x_1} < e^{x_2} \Rightarrow f(x_1) < f(x_2) \Rightarrow f$ ist streng monoton
steigend.

d) $x_1 < x_2 \Rightarrow x_1^2 < x_2^2$ oder $x_1^2 > x_2^2$ (siehe **b)**) $\Rightarrow f$ ist streng monoton
fallend für $x < 0$ und steigend für $x > 0$.

e) $x_1 < x_2 \Rightarrow x_1^3 < x_2^3 \Rightarrow x_1^3 + 2x_1 < x_2^3 + 2x_2 \Rightarrow -x_1^3 - 2x_1 > $
$-x_2^3 - 2x_2 \Rightarrow -x_1^3 - 2x_1 + 5 > -x_2^3 - 2x_2 + 5 \Rightarrow f(x_1) > f(x_2) \Rightarrow f$ ist
streng monoton fallend.

6.3.9 (1) Aus $0 < x_1 < x_2$ folgt $x_1^n < x_2^n$ für beliebiges n.

(2) Aus $x_1 < x_2 < 0$ folgt $x_1^n < x_2^n$ für ungerades n.
    Für gerades n folgt $x_1^n > x_2^n$.

(3) Aus $x_1 < 0 < x_2$ folgt $x_1^n < x_2^n$ für ungerades n. Für gerades n kann, je nach den speziellen Werten, $x_1^n < x_2^n$, $x_1^n = x_2^n$, $x_1^n > x_2^n$ folgen.

Also folgt allgemein aus $x_1 < x_2$ für ungerades n, dass $x_1^n < x_2^n$ oder $f(x_1) < f(x_2)$ gilt. Für gerades n gilt $x^n = (-x)^n$, d.h. die Funktion ist achsensymmetrisch um 0.

6.3.10 a) $|\cos x| \le 1$ für alle $x \in \mathbb{R} \Rightarrow f$ ist beschränkt;

b) $-x^2 - 4x + 2 < 6$ für alle $x \in \mathbb{R} \Rightarrow f$ ist nach oben beschränkt;

c) $e^x > 0 \Rightarrow e^x - 2 > -2$ für alle $x \in \mathbb{R} \Rightarrow f$ ist nach unten beschränkt.

6.3.11 x_1 und x_2 seien zwei beliebige x-Werte.

$f(\frac{1}{2}(x_1 + x_2)) = (\frac{1}{2}(x_1 + x_2))^2 = \frac{1}{4}x_1^2 + \frac{1}{2}x_1x_2 + \frac{1}{4}x_2^2$;

$\frac{1}{2}(f(x_1) + f(x_2)) = \frac{1}{2}(x_1^2 + x_2^2) = \frac{1}{2}x_1^2 + \frac{1}{2}x_2^2$;

$f(\frac{1}{2}(x_1 + x_2)) - \frac{1}{2}(f(x_1) + f(x_2)) = -\frac{1}{4}x_1^2 + \frac{1}{2}x_1x_2 - \frac{1}{4}x_2^2$

$= -(\frac{1}{4}x_1^2 - \frac{1}{2}x_1x_2 + \frac{1}{4}x_2^2) = -(\frac{1}{2}(x_1 + x_2))^2 \le 0$,

d.h. $f(\frac{1}{2}(x_1 + x_2)) \le \frac{1}{2}(f(x_1) + f(x_2))$.

Die gegebene Funktion ist also konvex.

6.3.12 a) $f(0-x) = (-x)^4 + (-x)^2 = x^4 + x^2 = f(0+x)$. Die Funktion ist spiegelsymmetrisch um Null.

b) $f(0-x) = (-x)^4 + (-x)^2 + 10 = x^4 + x^2 + 10 = f(0+x)$. Die Funktion ist spiegelsymmetrisch um Null.

c) $f(c-x) = e^{(c-x-c)^2} = e^{x^2} = e^{(c+x-c)^2} = f(c+x)$. Die Funktion ist spiegelsymmetrisch um c.

6.4.1 a) $x_1 = 2, x_2 = -4$; **b)** $x_1 = x_2 = 3$; **c)** $x_1 = 1, x_2 = 12$;

d) $x_1 = -1{,}5, x_2 = +6{,}4$.

6.4.2 a) $x_1 = 0$, $x_2 = -4$, $x_3 = +4$;

b) $x_1 = -2$, $x_2 = +2$, $x_3 = -4$, $x_4 = +4$;

c) $x_1 = -5$, $x_2 = +5$, $x_3 = -7$, $x_4 = +7$;

d) $x_1 = 0$, $x_2 = -6$, $x_3 = +6$.

6.4.3 a) $x_1 = 0$, $x_2 = -2$, $x_3 = +2$; **b)** $x_1 = 0$, $x_2 = -3$;

c) $x_1 = 0$, $x_2 = -5$, $x_3 = 1$; **d)** $x_1 = 0$, $x_2 = 2{,}5$.

6.4.4 a) $x = 2$; **b)** $x = -3$; **c)** $x = 1{,}42616$; **d)** $x = 2$; **e)** $x = 4$;

f) $x = -4$; **g)** $x = 2{,}06693$; **h)** $x = 0{,}38926$.

6.4.5 a) Es ergeben sich nacheinander folgende x_3- und $f(x_3)$-Werte:
(1) $x_3 = 2{,}387097$ $f(x_3) = 1{,}477084$;
(2) $x_3 = 2{,}431308$ $f(x_3) = 0{,}134838$;
(3) $x_3 = 2{,}435315$ $f(x_3) = 0{,}011931$;
(4) $x_3 = 2{,}435669$ $f(x_3) = 0{,}001063 > 0{,}001 = c$;
(5) $x_3 = 2{,}435701$ $f(x_3) = 0{,}0000806 < 0{,}001 = c$.

b) In den einzelnen Schritten ergeben sich folgende Werte:
(1) $x_3 = 2{,}5$ $f(x_3) = -2$;
(2) $x_3 = 2{,}25$ $f(x_3) = 5{,}46875$;
(3) $x_3 = 2{,}375$ $f(x_3) = 1{,}83984375$;
(4) $x_3 = 2{,}4375$ $f(x_3) = -0{,}0551757813$;
(5) $x_3 = 2{,}40625$ $f(x_3) = 0{,}8987426757$;
(6) $x_3 = 2{,}421875$ $f(x_3) = 0{,}4233627319$;
(7) $x_3 = 2{,}4296875$ $f(x_3) = 0{,}1844854355$;
(8) $x_3 = 2{,}4335937$ $f(x_3) = 0{,}0647539934$;
(9) $x_3 = 2{,}4355468$ $f(x_3) = 0{,}0048150052$;
(10) $x_3 = 2{,}4365234$ $f(x_3) = -0{,}0251743023$;
(11) $x_3 = 2{,}4360351$ $f(x_3) = -0{,}0101781264$;
(12) $x_3 = 2{,}4357909$ $f(x_3) = -0{,}0026796448$;
(13) $x_3 = 2{,}4356688$ $f(x_3) = 0{,}0010693105$;
(14) $x_3 = 2{,}4357298$ $f(x_3) = -0{,}0008036081$.

6.4.6 Es ergeben sich nacheinander folgende Werte:
(1) $x_3 = 1{,}4$ $f(x_3) = -4{,}37376$;
(2) $x_3 = 1{,}755891$ $f(x_3) = -2{,}96025$;
(3) $x_3 = 1{,}877131$ $f(x_3) = -0{,}706727$;
(4) $x_3 = 1{,}900557$ $f(x_3) = -0{,}121473$;
(5) $x_3 = 1{,}904427$ $f(x_3) = -0{,}019623$;
(6) $x_3 = 1{,}905048$ $f(x_3) = -0{,}003141$;
(7) $x_3 = 1{,}905147$ $f(x_3) = -0{,}0005095$;

6.5.1 a) $y^6 - 2x^2 y^3 + x^4 - x - 3 \equiv 0$;
b) $y^4 + 8y^3 + (24 - 2x^3)y^2 + (32 - 8x^3)y + x^6 - 8x^3 - x^2 + 16 \equiv 0$.

6.6.1 $x^3 - 2x^2 - 5x + 6$; $x_1 = 3, x_2 = -2; x_3 = 1$.

6.6.2 $(2x^3 - 6x^2 - 2x + 6) : (x - 3) = 2x^2 - 2$.

$$
\begin{array}{l}
\underline{2x^3 - 6x^2} \\
\qquad\qquad -2x + 6 \\
\qquad\qquad \underline{-2x + 6} \\
\qquad\qquad\qquad 0
\end{array}
$$

Aus $2x^2 - 2 = 0$ folgt: $x = \pm\sqrt{1}$.

Die Nullstellen des Polynoms sind also: $x_1 = 3$, $x_2 = 1$, $x_3 = -1$.

6.6.3 $(x-1)^2 = x^2 - 2x + 1$.

$(x^3 - 5x^2 + 7x - 3) : (x^2 - 2x + 1) = x - 3$.

$$\underline{x^3 - 2x^2 + x}$$
$$-3x^2 + 6x - 3$$
$$\underline{-3x^2 + 6x - 3}$$
$$0 \qquad \text{Die dritte Nullstelle liegt bei } x = 3.$$

6.6.4 Das Polynom hat außer bei $x_1 = 2$ und $x_2 = 3$ noch eine Nullstelle bei $x_3 = 0$. Damit erhält man $(x - 2)(x - 3)x = x^3 - 5x^2 + 6x$.

$(x^5 -13x^3 +36x) : (x^3 - 5x^2 + 6x) = x^2 + 5x + 6$.

$$\underline{x^5 - 5x^4 + 6x^3}$$
$$+5x^4 - 19x^3 +36x$$
$$\underline{5x^4 - 25x^3 + 30x^2}$$
$$+ 6x^3 - 30x^2 + 36x$$
$$\underline{6x^3 - 30x^2 + 36x}$$
$$0$$

$x^2 + 5x + 6 = 0 \Rightarrow x = -\frac{5}{2} \pm \sqrt{\frac{25}{4} - \frac{24}{4}} = -\frac{5}{2} \pm \frac{1}{2};$

restliche Nullstellen: $x_4 = -2, x_5 = -3$.

6.6.5 $y = \sum\limits_{i=0}^{n} a_i x^{2i}$, wegen $x^{2i} = (-x)^{2i}$ gilt:

$$f(-x) = \sum_{i=0}^{n} a_i (-x)^{2i} = \sum_{i=0}^{n} a_i x^{2i} = f(x).$$

6.6.6 a) $x_2 = -5$; b) $x_4 = 2$; c) $x_1 = x_3 = 3, f(3) = 8$.

6.6.7 a) $x_1 = 3$; b) $x_2 = -3$;

c) $x_3 = 0, f(0) = -1$ und $x_4 = 1, f(1) = -0,5$.

6.6.8 a) $y = \frac{7}{x+3} - \frac{5}{x+2} + \frac{1}{x-3}$; b) $y = \frac{1}{x-2} + \frac{2}{(x-2)^2}$;

c) $y = -\frac{1}{x} - \frac{1}{x^2} - \frac{1}{x^3} + \frac{1}{x-1}$.

6.6.9 a) $W(f) = \mathbb{R}_0^+$; b) $W(f) = \mathbb{R}$.

6.6.10 Es sei zunächst $c = 1$ und $a > 1$. Dann gilt:

Fall 1: $f(x)$ sei streng monoton fallend. Dann gilt: x_1, x_2 mit $x_1 < x_2 \Rightarrow f(x_1) > f(x_2) \Rightarrow a^{f(x_1)} > a^{f(x_2)}$. Somit ist $y = a^{f(x)}$ streng monoton fallend.

Fall 2: $f(x)$ sei streng monoton steigend. Dann gilt analog zu Fall 1:
$x_1 < x_2 \Rightarrow a^{f(x_1)} < a^{f(x_2)}$. $y = a^{f(x)}$ ist streng monoton steigend.
Die Eigenschaft der Funktion $y = a^{f(x)}$, fallend oder steigend zu sein,
ist abhängig davon, ob der Exponent $f(x)$ fallend oder steigend ist.
Das gleiche gilt für jedes $c > 0$. Für $c < 0$ und $a > 1$ ist $y = ca^{f(x)}$
streng monoton steigend (fallend), falls $f(x)$ streng monoton fallend
(steigend) ist. Für $0 < a < 1$ gilt jeweils das umgekehrte, also:

	$f(x)$ steigend		$f(x)$ fallend	
	$c > 0$	$c < 0$	$c > 0$	$c < 0$
$a > 1$	y steigend	y fallend	y fallend	y steigend
$0 < a < 1$	y fallend	y steigend	y steigend	y fallend

6.6.11 a) $x = 0{,}5\log_a y$; **b)** $x = \log_a y - 2$; **c)** $x = \ln y - \ln 4$;
d) $x = \ln(y - 4)$; **e)** $x = e^y$; **f)** $x = 2e^y$.

6.6.12 $60° : \frac{1}{3}\pi$; $270° : 1{,}5\pi$.

6.6.13 Für beide Funktionen gilt: $W(f) = \{x \in \mathbb{R} \mid -1 \le x \le 1\}$.

6.7.1 $x^* = 2x - 2 \Rightarrow x = 0{,}5x^* + 1; y^* = y + 2 \Rightarrow y = y^* - 2$;
a) $y^* = x^* + 14$; **b)** $y^* = 0{,}25x^{*2} + x^* + 5$.

6.7.2 a) $\log y = \log k + x \log a$ bzw. $y^* = K + Ax^*$ mit
$K = \log k$ und $A = \log a$;
b) $\log y = \log A + n \log x$ bzw. $y^* = a + nx^*$ mit $a = \log A$.

6.7.3 a) $y(x) = b_0 q^{x-1}; b_0 = 1.000; q = 1 + \frac{p}{100} = 1{,}1$.
b)

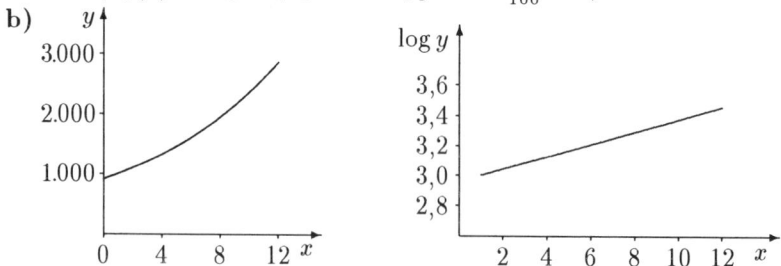

6.7.4 $x = \frac{x^* - 1}{2}$, $y = e^{y^*} + 3$,
$e^{y^*} + 3 = e^{2(\frac{x^*-1}{2})+2} + 3 = e^{x^*+1} + 3 \Rightarrow y^* = x^* + 1$.

6.7.5 $y = y^* + 4$; $x = x^* + 2$;
$y^* + 4 = (x^* + 2 - 2)^2 + x^* + 2 + 2 = x^{*2} + x^* + 4 \Rightarrow y^* = x^{*2} + x^*$.

6.7.6 $y + 1 = y^*$; $x^2 = x^*$;
$y + 1 = x^4 + x^2 \Rightarrow y = x^4 + x^2 - 1$.

6.9.1 **a)** $k = \frac{K}{x} = ax^2 + bx + c + \frac{d}{x}$;

b) $ax^2 + bx + c$ „variable" Stückkosten; $\frac{d}{x}$ „fixe" Stückkosten.

c) Die Durchschnittskosten werden durch den Tangens des Winkels angegeben, der durch den Fahrstrahl an die Gesamtkostenkurve und die x-Achse gebildet wird. Es gilt: $\tan \alpha = \frac{K}{x} = k$.

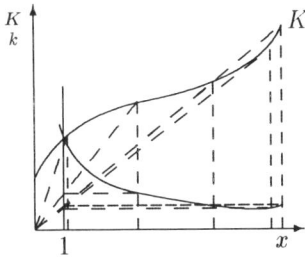

6.9.2 a)   **b)**

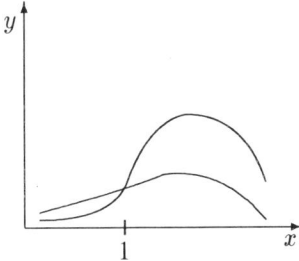 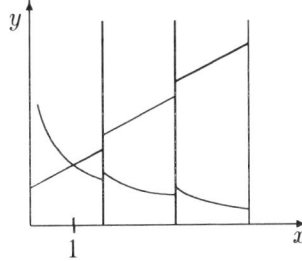

Lösungen zu Kapitel 7
7.2.1

a)

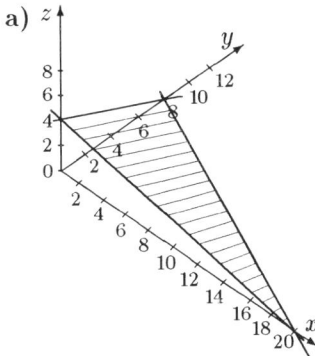

b) Schnittkurve mit der x-y-Ebene: $y = 8 - 0{,}4x$.
Schnittkurve mit der x-z-Ebene: $z = 4 - 0{,}2x$.
Schnittkurve mit der y-z-Ebene: $z = 4 - 0{,}5y$.

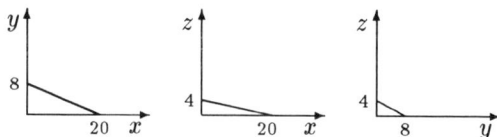

c) $z = 0$: $y = 8 - 0{,}4x$; $z = 4$: $y = -0{,}4x$
  $z = 1$: $y = 6 - 0{,}4x$; $z = 5$: $y = -2 - 0{,}4x$
  $z = 3$: $y = 2 - 0{,}4x$

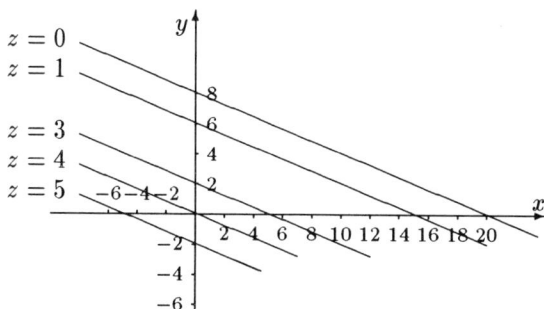

7.2.2 a)

$z = x^2 + 2y^2$

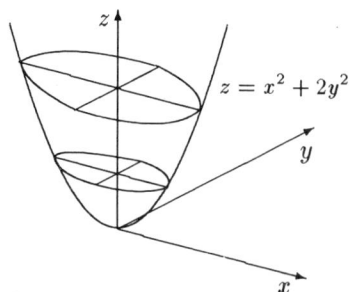

b) Schnittkurve mit der x-y-Ebene: Koordinatenursprung.
Schnittkurve mit der x-z-Ebene: $z = x^2$.
Schnittkurve mit der y-z-Ebene: $z = 2y^2$.

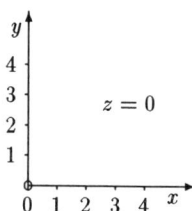

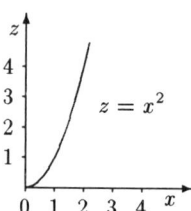

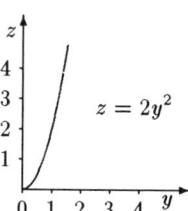

c)

$$z = 2: \quad \frac{x^2}{2} + y^2 = 1;$$

$$z = 10: \quad \frac{x^2}{10} + \frac{y^2}{5} = 1.$$

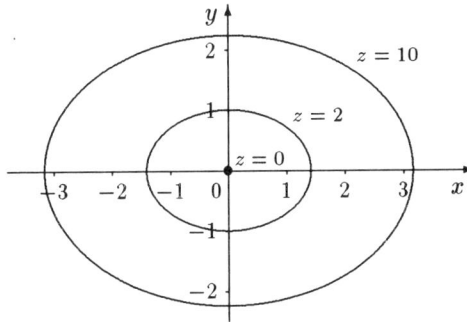

7.3.1 **a)** $r = \frac{5}{4}$; **b)** $r = 1$; **c)** $r = a + b$; **d)** $r = 0$; **e)** $r = 1$;
f) $r = 0$; **g)** nicht homogen.

7.4.1 $r = f^{-1}(x)$ sei die Umkehrfunktion zu $x = x(r)$ und p der
Faktorpreis. Damit gilt $K = pr = pf^{-1}(x)$.
Die Produktionsfunktion $x = x(r)$ wird an der 45°-Linie gespiegelt.
Man erhält die inverse Funktion $r = f^{-1}(x)$. Jeder Ordinatenwert
dieser Verbrauchsfunktion wird mit dem Preis p multipliziert. Die so
ermittelte Kostenfunktion liegt über der Verbrauchsfunktion für $p > 1$,
für $0 < p < 1$ verläuft sie unterhalb der Funktion $r = f^{-1}(x)$.

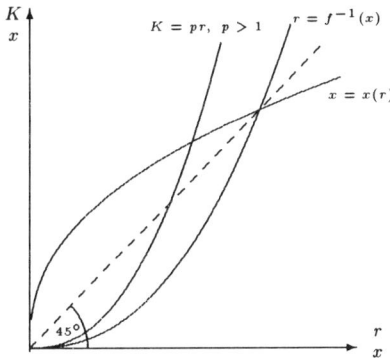

7.4.2 **a)** $x = \sqrt{r - 20}$; $r = x^2 + 20$; $K = pr = 3x^2 + 60$;
$k = \frac{K}{x} = 3x + \frac{60}{x}$, $x \neq 0$;
b) $x = (r - 20)^2$; $r = \sqrt{x} + 20$, $K = pr = 4\sqrt{x} + 80$;
$k = \frac{K}{x} = 4\frac{\sqrt{x}}{x} + \frac{80}{x} = \frac{4}{\sqrt{x}} + \frac{80}{x}$, $x \neq 0$.

7.4.3 a) und b)

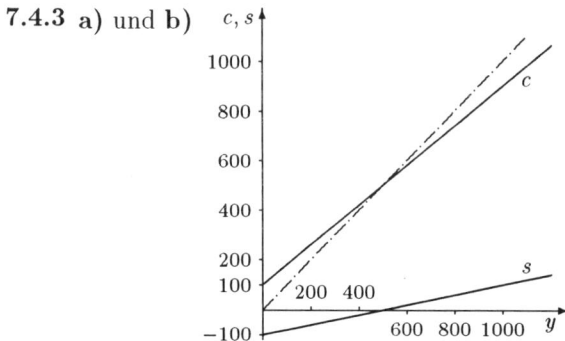

b) $s = y - c = y - 100 - 0{,}8y = -100 + 0{,}2y$;

c) Existenzminimum;

d) $s = -100 + 0{,}2y = 0 \Rightarrow y = 500$;

e) Entsparen, „Substanzverzehr".

7.4.4 Eine Isoquante ist definiert als Menge aller Kombinationen von Faktoreinsatzmengen r_1 und r_2, die zu einer bestimmten Ausbringungsmenge $x = x_0$ führen.

(1) Grafische Ermittlung der Isoquante:
Durch das von der Funktion $x = f(r_1, r_2)$ beschriebene, so genannte Ertragsgebirge wird parallel zur r_1-r_2-Ebene im Abstand $x = x_0$ eine Ebene gelegt. Die Projektion der Schnittlinie, die von dieser Ebene mit dem „Ertragsgebirge" gebildet wird, in die r_1-r_2-Ebene stellt die gesuchte Isoquante dar.

(2) Analytische Ermittlung der Isoquante:
In der Produktionsfunktion $x = f(r_1, r_2)$ setzt man $x = x_0 = \text{const.}$ und löst nach einer Variablen (r_1 oder r_2) auf. Die so gewonnene Funktion beschreibt die Isoquante:
$r_1 = g(r_2, x_0)$ bzw. $r_1 = g(r_2)$ oder $r_2 = h(r_1, x_0)$ bzw. $r_2 = h(r_1)$.

Lösungen zu Kapitel 8

8.1.1 a) $a_n = \dfrac{1}{3 \cdot 2^{n-1}}$ (geom. Folge);

b) $a_n = 24 + n(-12) = (2 - n)12$ (arithm. Folge);

c) $a_n = \frac{1}{n}$; **d)** $a_n = 2n$ (arithm. Folge); **e)** $a_n = \frac{3}{2^n}$ (geom. Folge);

f) $a_n = 2n^2 - 1$; **g)** $a_n = \frac{1}{n^2 - 3}$.

8.1.2 a) $a = 7$, $d = 4$, $a_n = 3 + 4n$, $S_{20} = 900$;

b) $a = 1$, $d = 2$, $a_n = 2n - 1$, $S_{20} = 400$;

c) $a = 4$, $d = 0{,}5$, $a_n = 3{,}5 + 0{,}5n$, $S_{20} = 175$;

d) $a = 20$, $d = -3$, $a_n = 23 - 3n$, $S_{20} = -170$.

8.1.3 a) $a = 1, q = 2, a_n = 2^{n-1}, S_{10} = 1.023$;

b) $a = 9, q = \frac{1}{3}, a_n = \frac{27}{3^n}, S_{10} = 13{,}499771$;

c) $a = 1, q = 0{,}9, a_n = 0{,}9^{n-1}, S_{10} = 6{,}5132155$.

8.1.4 $S_n = \frac{n}{2}(2a + (n-1)d) = \frac{n}{2}(2 \cdot \frac{10}{3} + (n-1)\frac{4}{3}) = 448$;

$n(\frac{20}{3} + \frac{4}{3}n - \frac{4}{3}) = 896 \Rightarrow \frac{4}{3}n^2 + \frac{16}{3}n - 896 = 0$

$\Rightarrow n^2 + 4n - 672 = 0 \Rightarrow n = -2 \pm \sqrt{4 + 672} = -2 \pm 26$.

Da die Anzahl der Reihenglieder nicht negativ werden kann, folgt:

$n = 24$. $a_n = a + (n-1)d = \frac{10}{3} + 23 \cdot \frac{4}{3} = 34$.

8.1.5 Es ist die n-te Partialsumme einer geometrischen Reihe mit $a_1 = a^{n-1}$ und $q = \frac{b}{a}$ zu bestimmen.

$$S_n = a_1 \cdot \frac{1 - q^n}{1 - q} = a^{n-1} \cdot \frac{1 - \left(\frac{b}{a}\right)^n}{1 - \frac{b}{a}} = a^{n-1} \cdot \frac{\dfrac{a^n - b^n}{a^n}}{\dfrac{a - b}{a}} = \frac{a^n - b^n}{a - b}.$$

Für $b = a$ ergibt sich: $\displaystyle\sum_{i=1}^{n} a^{n-1} = na^{n-1}$.

8.2.1 $|a_n| = \left|(-1)^n \cdot \frac{n+3}{2n}\right| = \frac{n+3}{2n} = \frac{1}{2} + \frac{3}{2n} \leq \frac{1}{2} + \frac{3}{2} = 2$.

8.2.2 Gibt man eine beliebige Zahl K vor, so braucht man nur $n_0 > \frac{K-a}{d}$ Glieder der Folge zu nehmen, um K zu überschreiten.

8.2.3 a) Es gilt $a_{n+1} - a_n = d$ für alle $n \Rightarrow a_{n+1} = a_n + d \geq a_n$ für $d \geq 0$; $a_{n+1} = a_n + d < a_n$ für $d < 0$.

b) Es gilt $\frac{a_{n+1}}{a_n} = q$ für alle $n \Rightarrow a_{n+1} = qa_n$.

(1) $q \geq 1 \Rightarrow a_{n+1} = qa_n \geq a_n$; (2) $0 < q < 1 \Rightarrow a_{n+1} = qa_n < a_n$.

8.3.1 a) $\displaystyle\lim_{n\to\infty} \frac{4n^2 + 3n - 27}{8n^2 - 24n + 108} = \lim_{n\to\infty} \frac{4 + \frac{3}{n} - \frac{27}{n^2}}{8 - \frac{24}{n} + \frac{108}{n^2}} = \frac{4}{8} = \frac{1}{2}$;

b) $\frac{2}{3}$; **c)** 0; **d)** die Folge konvergiert nicht.

8.3.2 a) $\displaystyle\lim_{n\to\infty} ((-1)^n + \frac{1}{n}) = \lim_{n\to\infty} (-1)^n + \lim_{n\to\infty} \frac{1}{n} = \lim_{n\to\infty} (-1)^n + 0$.

$(-1)^n = +1$ für gerades n und -1 für ungerades n.

Die Folge ist nicht konvergent. Es gibt zwei Häufungspunkte.

b) $\displaystyle\lim_{n\to\infty} (-1)^n \frac{1}{n} = 0$.

8.3.3 a) $1+(-1)^n = 2$ für gerades n und $1+(-1)^n = 0$ für ungerades n. Die Folge ist nicht konvergent. Sie hat zwei Häufungspunkte.

b) $\lim\limits_{n\to\infty} \dfrac{n^4 - 16}{(n+2)^2(1-2n-5n^2)} = \lim\limits_{n\to\infty} \dfrac{1 - \frac{16}{n^4}}{-5 - \frac{22}{n} - \frac{27}{n^2} - \frac{4}{n^3} + \frac{4}{n^4}} = -\dfrac{1}{5};$

c) $x_n = \sqrt{9n^2 + 15n + 7} - 3n = \sqrt{9n^2 + 15n + 7} - (3n + 2{,}5) + 2{,}5$

$\Rightarrow x_n - 2{,}5 = \dfrac{9n^2 + 15n + 7 - (3n + 2{,}5)^2}{\sqrt{9n^2 + 15n + 7} + (3n + 2{,}5)}$

$= \dfrac{0{,}75}{\sqrt{9n^2 + 15n + 7} + (3n + 2{,}5)};$

$\lim\limits_{n\to\infty} x_n = \lim\limits_{n\to\infty} \left[\dfrac{0{,}75}{\sqrt{9n^2 + 15n + 7} + (3n + 2{,}5)} + 2{,}5 \right] = 2{,}5.$

8.3.4 a) $|a_n| \le \left| \dfrac{n^2\left(3 + \frac{2}{n} - \frac{1}{n^2}\right)}{n^4\left(1 + \frac{1}{n^4}\right)} \right|$ da $|\cos n| \le 1;$ $\lim\limits_{n\to\infty} |a_n| = 0.$
Es handelt sich um eine Nullfolge.
b) $a_n = 0$ für alle $n \in \mathbb{N}$, da $\sin(\pi n) = 0$ für alle n. Daher handelt es sich um eine Nullfolge.

8.4.1 a) $a = 5, q = \frac{1}{3}, S = \frac{15}{2};$ **b)** $a = 6, q = \frac{1}{4}, S = 8.$

8.4.2 a) $a = 12 \cdot \frac{1}{4} = 3, q = \frac{1}{4}, S = 4;$
b) $a = \left(\frac{1}{4}\right)^{-1} = 4, q = \frac{1}{4}, S = \frac{16}{3};$
c) $a = 20 \cdot \left(\frac{1}{5}\right)^2 = \frac{4}{5}, q = \frac{1}{5}, S = 1;$
d) $a = \left(\frac{1}{2}\right)^{-1} = 2, q = \frac{1}{2}, S = 4;$
e) $a = \left(\frac{1}{3}\right)^{-4} = 81, q = \frac{1}{3}, S = 121{,}5.$

8.4.3 $\sum\limits_{n=0}^{\infty} (-1)^n \dfrac{1}{2^n} = \sum\limits_{k=0}^{\infty} \left(\dfrac{1}{2^{2k}} - \dfrac{1}{2^{2k+1}}\right) = \sum\limits_{k=0}^{\infty} \left(\dfrac{1}{4^k} - \dfrac{1}{2 \cdot 4^k}\right)$

$= \sum\limits_{k=0}^{\infty} \dfrac{1}{4^k}\left(1 - \dfrac{1}{2}\right) = \dfrac{1}{2} \sum\limits_{k=0}^{\infty} \dfrac{1}{4^k} = \dfrac{1}{2} \cdot \dfrac{1}{1 - \frac{1}{4}} = \dfrac{2}{3}.$

8.4.4 a) $\frac{1}{n(n+1)} = \frac{a}{n} + \frac{b}{n+1} = \frac{a(n+1)+bn}{n(n+1)}.$ Vergleich der Koeffizienten der Potenzen von n ergibt: $1 = an + a + bn = (a+b)n + a$ $\Rightarrow a = 1$ und $b = -1$. Es folgt: $\frac{1}{n(n+1)} = \frac{1}{n} - \frac{1}{n+1}$ und

$\sum\limits_{n=1}^{\infty} \frac{1}{n(n+1)} = \sum\limits_{n=1}^{\infty} \left(\frac{1}{n} - \frac{1}{n+1}\right);$

$$S_n = (1 + \tfrac{1}{2} + \tfrac{1}{3} + \tfrac{1}{4} + \ldots + \tfrac{1}{n}) - (\tfrac{1}{2} + \tfrac{1}{3} + \tfrac{1}{4} + \ldots + \tfrac{1}{n} + \tfrac{1}{n+1})$$
$$= 1 - \tfrac{1}{n+1} \Rightarrow \lim_{n \to \infty} S_n = 1.$$

In der n-ten Partialsumme heben sich alle Glieder bis auf 1 und $\frac{-1}{n+1}$ auf.

b) $\frac{2}{K(K+2)} = \frac{a}{K} + \frac{b}{K+2} = \frac{a(K+2)+bK}{K(K+2)} = \frac{(a+b)K+2a}{K(K+2)}$.

Koeffizientenvergleich ergibt: $2 = (a+b)K + 2a$. Daraus folgt:
$2 = 2a$; $a = 1$; $(a+b)K = 0$. Da $K > 0$, gilt $a + b = 0$, d.h. $b = -1$.

Also ist: $\frac{2}{K(K+2)} = \frac{1}{K} - \frac{1}{K+2}$ und $\sum\limits_{K=1}^{\infty} \frac{2}{K(K+2)} = \sum\limits_{K=1}^{\infty} (\frac{1}{K} - \frac{1}{K+2})$;

$S_n = (1 + \tfrac{1}{2} + \tfrac{1}{3} + \tfrac{1}{4} + \ldots + \tfrac{1}{n}) - (\tfrac{1}{3} + \tfrac{1}{4} + \ldots + \tfrac{1}{n+1} + \tfrac{1}{n+2})$

$= 1 + \tfrac{1}{2} - \tfrac{1}{n+1} - \tfrac{1}{n+2}$;

$\lim\limits_{n \to \infty} S_n = \lim\limits_{n \to \infty} (1 + \tfrac{1}{2} - \tfrac{1}{n+1} - \tfrac{1}{n+2}) = \tfrac{3}{2}$.

8.5.1 (1) k ist streng monoton fallend;
(2) k nähert sich für $x \to 0$ asymptotisch der k-Achse:
$\lim\limits_{x \to 0} k = \lim\limits_{x \to 0} \frac{K}{x} = \lim\limits_{x \to 0}(a + \frac{b}{x}) = a + \lim\limits_{x \to 0} \frac{b}{x} = \infty$;
(3) k nähert sich für $x \to \infty$ asymptotisch einer Parallelen zur x-Achse im Abstand a:
$\lim\limits_{x \to \infty} k = \lim\limits_{x \to \infty} \frac{K}{x} = \lim\limits_{x \to \infty}(a + \frac{b}{x}) = a + \lim\limits_{x \to \infty} \frac{b}{x} = a + 0 = a.$

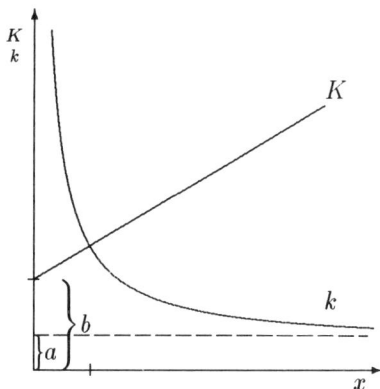

8.5.2 (1) $f(x)$ streng monoton fallend $\Leftrightarrow$ für $x_1 < x_2 \Rightarrow$
$f(x_1) > f(x_2) \Rightarrow 1 + e^{f(x_1)} > 1 + e^{f(x_2)} \Leftrightarrow \frac{k}{1+e^{f(x_1)}} < \frac{k}{1+e^{f(x_2)}}$.
Also ist $y = \frac{k}{1+e^{f(x)}}$ streng monoton steigend.

(2) Die Funktion ist nie negativ, da $e^{f(x)} > 0$ für $f(x) \in \mathbb{R}$
$\Rightarrow \frac{k}{1+e^{f(x)}} > 0$ (untere Schranke).
Ihren größten Wert nimmt die Funktion an, wenn der Nenner möglichst
klein wird. Da $1 + e^{f(x)} > 1$ für alle $f(x) \in \mathbb{R}$ folgt sofort:
$\frac{k}{1+e^{f(x)}} < k$ (obere Schranke).
(3) Die eben bestimmten Werte sind auch die Grenzwerte von y für
$x \to -\infty$ und $x \to +\infty$;
$\lim_{x \to -\infty} y = 0$; $\lim_{x \to +\infty} y = k$. k wird als Sättigungsgrenze bezeichnet.

8.6.1 a) $a = \frac{18.000-4.000}{7} = 2.000$;

Jahr	1	2	3	4	5	6	7
Abschreibung	2.000	2.000	2.000	2.000	2.000	2.000	2.000
Restbuchwert	16.000	14.000	12.000	10.000	8.000	6.000	4.000

b) $a^* = \frac{18.000-4.000}{\frac{1}{2} \cdot 7 \cdot (7+1)} = \frac{14.000}{28} = 500$;

Jahr	1	2	3	4	5	6	7
Abschreibung	3.500	3.000	2.500	2.000	1.500	1.000	500
Restbuchwert	14.500	11.500	9.000	7.000	5.500	4.500	4.000

c) $p = \left(1 - \sqrt[7]{\frac{4.000}{18.000}}\right) \cdot 100 = 19{,}335\%$;

Jahr	1	2	3	4	5	6	7
Abschreibung	3.480	2.807	2.265	1.827	1.474	1.189	959
Restbuchwert	14.520	11.713	9.448	7.621	6.147	4.958	3.999

8.6.2 a) $a^* = \frac{35.000-14.000}{6} = 3.500$;

Jahr	1	2	3	4	5	6
Abschreibung	3.500	3.500	3.500	3.500	3.500	3.500
Restbuchwert	31.500	28.000	24.500	21.000	17.500	14.000

b) $a^* = \frac{35.000-14.000}{\frac{1}{2} \cdot 6 \cdot (6+1)} = 1.000$;

Jahr	1	2	3	4	5	6
Abschreibung	6.000	5.000	4.000	3.000	2.000	1.000
Restbuchwert	29.000	24.000	20.000	17.000	15.000	14.000

8.6.3 $R = 10.000 \cdot 0{,}75^6 = 17.797{,}85$

Lösungen zu Kapitel 9

9.3.1 a) $Z_n = K_0 \cdot \frac{p}{100} \cdot n = 100.000 \cdot \frac{6}{100} \cdot 8 = 48.000$;
b) $K_n = K_0 q^n = 100.000 \cdot 1{,}06^8 = 159.384{,}81$.

9.3.2 $K_0 = \frac{K_n}{q^n} = \frac{15.000}{1{,}05^3} = 12.957{,}56$.

9.3.3 $p = (\sqrt[n]{\frac{K_n}{K_0}} - 1)100 = (\sqrt[6]{\frac{750}{500}} - 1)100 = 7\%$.

9.3.4 $\frac{K_n}{K_0} = 2$; $n = \frac{\log \frac{K_n}{K_0}}{\log q}$;
a) $p = 3\%$; $q = 1{,}03$; $n = \frac{\log 2}{\log 1{,}03} = \frac{0{,}3010}{0{,}0128} = 23{,}52$;
b) $p = 6\%$; $q = 1{,}06$; $n = \frac{\log 2}{\log 1{,}06} = \frac{0{,}3010}{0{,}0253} = 11{,}9$.

9.4.1 $K_n = K_0(1 + \frac{p}{m \cdot 100})^{nm} = 1.000(1 + \frac{4}{12 \cdot 100})^{3 \cdot 12} = 1.127{,}27$.

9.4.2 $K_0 = \frac{K_n}{(1 + \frac{p}{m \cdot 100})^{nm}} = \frac{6.000}{1{,}02^{20}} = 4.037{,}83$.

9.5.1 $K_n = 1000 \cdot e^{0{,}065 \cdot 2} = 1.138{,}83$.

9.5.2 $p = 4{,}5\%$; $K_0 = 12.000$; $n = 4$;
$K_n = K_0 e^{\frac{p}{100}n} = 12.000 \cdot e^{0{,}045 \cdot 4} = 14.366{,}61$ m³.

9.5.3 $K_0 = \frac{K_n}{e^{\frac{p}{100} \cdot n}} = \frac{17.012}{e^{0{,}03 \cdot 12}} = 11.868{,}87$ m³.

9.6.1 $p = 4{,}5$; $q = 1{,}045$; $r = 1.000$; $n = 10$
$R_n = r\frac{q^n - 1}{q - 1} = 1.000 \cdot \frac{1{,}045^{10} - 1}{1{,}045 - 1} = 12.288{,}21$.

9.6.2 Zum Anfangskapital $K_0 = 12.000$ EURO wird eine jährliche Rate r gezahlt (nachschüssig, d.h. jeweils am Ende eines Jahres).
$K_n = K_0 q^n + r \cdot \frac{q^n - 1}{q - 1}$;
$K_5 = 50.000 = 12.000 \cdot 1{,}035^5 + r\frac{1{,}035^5 - 1}{1{,}035 - 1} = 14.252{,}24 + r \cdot 5{,}362466$
Jährliche Rate: $r = \frac{50.000 - 14.252{,}24}{5{,}362466} = 6.666{,}29$ EURO

9.6.3 Jahr   Guthaben
0. $s_0 = b_0$;
1. $s_1 = b_0 q$;
2. $s_2 = b_0 q^2 + b_0 v^1 q$;
3. $s_3 = b_0 q^3 + b_0 v^1 q^2 + b_0 v^2 q$;
...
n. $s_n = b_0 v^0 q^n + b_0 v^1 q^{n-1} + \ldots + b_0 v^{n-2} q^2 + b_0 v^{n-1} q$.

wobei $q = \left(1 + \frac{p}{100}\right)$; $v = \left(1 + \frac{m}{100}\right)$.

Geometrische Reihe mit dem Anfangsglied $b_0 q^n$ und dem Quotienten $\frac{v}{q}$. Damit ergibt sich $S_n = b_0 q^n \cdot \dfrac{1 - \left(\frac{v}{q}\right)^n}{1 - \frac{v}{q}} = b_0 q \cdot \dfrac{q^n - v^n}{q - v}$.

9.7.1

Jahr	Restschuld	Tilgungsrate	Zinsen	Annuität
1	20.000	4.000	1.600	5.600
2	16.000	4.000	1.280	5.280
3	12.000	4.000	960	4.960
4	8.000	4.000	640	4.640
5	4.000	4.000	320	4.320

9.7.2

Jahr	Restschuld am Anfang des Jahres	Zinsen	Tilgungsrate
1	100.000,00	8.000,00	2.000,00
2	98.000,00	7.840,00	2.160,00
3	95.840,00	7.667,20	2.332,80
4	93.507,20	7.480,58	2.519,42
5	90.987,78	7.279,02	2.720,98
6	88.266,80	7.061,34	2.938,66
7	85.328,14	6.826,25	3.173,75
8	82.154,39	6.572,35	3.427,65
9	78.726,74	6.298,14	3.701,86
10	75.024,88	6.001,99	3.998,01
11	71.026,87	5.682,15	4.317,85
12	66.709,02	5.336,72	4.663,28
13	62.045,74	4.963,66	5.036,34
14	57.009,40	4.560,75	5.439,25
15	51.570,15	4.125,61	5.874,39
16	45.695,76	3.655,66	6.344,34
17	39.351,42	3.148,11	6.851,89
18	32.499,53	2.599,96	7.400,04
19	25.099,49	2.007,96	7.992,04
20	17.107,45	1.368,60	8.631,40
21	8.476,05	678,08	8.476,05*

* Die letzte Rate beträgt nur 9.154,13 EURO.

9.8.1 $C_0 = -8000 + 7960,05 = -39,95$.

9.8.2 $C_0 = 1034$. Da $C_0 > 0$ ist, lohnt sich die Investition.

Anhang A2:
Literaturhinweise

Allgemeine Literatur

ALLEN, R.G.D.: Mathematik für Volks- und Betriebswirte. Berlin, 4. Auflage 1972 (Duncker & Humblot).

DÜCK,W., KÖRTH, H., RUNGE, W. (HRSG.): Mathematik für Ökonomen. Band 1. Thun/Frankfurt, M., 3. Auflage 1989 (Verlag Harri Deutsch).

KREUL, H.: Mathematik leicht gemacht. Frankfurt/Main, 5. Auflage 2002 (Verlag Harri Deutsch).

MANGOLDT, H.v., KNOPP, K.: Einführung in die höhere Mathematik. Band 1. Stuttgart, 17. Auflage 1989 (Hirzel Verlag).

MANGOLDT, H.v., KNOPP, K.: Einführung in die höhere Mathematik. Band 2. Stuttgart, 16. Auflage 1989 (Hirzel Verlag).

MANGOLDT, H.v., KNOPP, K.: Einführung in die höhere Mathematik. Band 3. Stuttgart, 15. Auflage 1989 (Hirzel Verlag).

SMIRNOW, W.J.: Lehrgang der höheren Mathematik. Teil 1. Berlin, 16. Auflage 1990 (Verlag Harri Deutsch).

Formelsammlungen und Nachschlagewerke

BARTSCH, H.-J.: Kleine Formelsammlung Mathematik. München, 2. Auflage 2001 (Hanser Verlag) (auch als CD-ROM erhältlich).

BRONSTEIN, I.N., SEMENDJAJEW, K.A., MUSIOL, G.: Taschenbuch der Mathematik. Frankfurt/Main, 5. Auflage 2000 (Verlag Harri Deutsch).

DÜCK, W.: Taschenbuch der Wirtschaftsmathematik, Formeln – Tabellen – Zusammenstellungen. Frankfurt/Main, 2. Auflage 1988 (Verlag Harri Deutsch).

RADE, L.; WESTERGREN, B.: Springers Mathematísche Formeln. Berlin, 2. Auflage 1997 (Springer).

RADKE, M.: Die große betriebswirtschaftliche Formelsammlung. München/Wien, 11. Auflage 2001 (Verlag moderne industrie).

ROTTMANN, K. (HRSG.): Mathematische Formelsammlung. Mannheim/Wien/Zürich, 4. Auflage 1991 (Spektrum Akademischer Verlag).

Zu Kapitel 2 (Elementare Grundlagen)

SCHWARZE, J.: Mathematik für Wirtschaftswissenschaftler. Elementare Grundlagen für Studienanfänger. Herne/Berlin, 7. Auflage 2003 (NWB-Verlag).

Zu Kapitel 3, 4 und 5 (Logik, Mengenlehre, Kombinatorik)

BUCHER, T.G.: Einführung in die angewandte Logik. Berlin, 2. Auflage 1998 (de Gruyter).

KUSCH, L.: Grundbegriffe der Mengenlehre. Essen, 4. Auflage 1972 (Verlag W. Girardet).

LIPSCHUTZ, S.: Theory and Problems of Set Theory and Related Topics. New York/St. Louis, 1964 (McGraw-Hill).

Zu Kapitel 6 und 7 (Funktionen)

ABRAMOWITZ, M., STEGUN, I.A. (EDS.): Pocketbook of Mathematical Functions. Frankfurt/Main 1984 (Verlag Harri Deutsch).

Zu Kapitel 8 (Folgen, Reihen, Grenzwerte)

MESCHKOWSKI, H.: Unendliche Reihen. Mannheim, 2. Auflage 1982 (Bibliografisches Institut).

Zu Kapitel 9 (Finanzmathematik)

CAPRANO, E., WIMMER, K.: Finanzmathematik. München, 6. Auflage 1999 (Verlag Franz Vahlen).

KOBELT, H., SCHULTE, P.: Finanzmathematik. Methoden, betriebswirtschaftliche Anwendungen und Aufgaben mit Lösungen. Herne/Berlin, 7. Auflage 1999 (NWB-Verlag).

KRUSCHWITZ, L.: Finanzmathematik. München, 3. Auflage 2001 (Vahlen).

Anhang A3:
Symbolverzeichnis und griechisches Alphabet

$\mathbb{N}$	Menge der natürlichen Zahlen, S. 18
$\mathbb{Z}$	Menge der ganzen Zahlen, S. 18
$\mathbb{Z}^+$	Menge der positiven ganzen Zahlen, S. 18
$\mathbb{Z}^-$	Menge der negativen ganzen Zahlen, S. 18
$\mathbb{Z}_0^+$	Menge der nichtnegativen ganzen Zahlen ($\mathbb{Z}^+ \cup \{0\}$), S. 18
$\mathbb{Q}$	Menge der rationalen Zahlen, S. 18
$\mathbb{Q}^+$	Menge der positiven rationalen Zahlen, S. 18
$\mathbb{Q}^-$	Menge der negativen rationalen Zahlen, S. 18
$\mathbb{Q}_0^+$	Menge der nichtnegativen rationalen Zahlen ($\mathbb{Q}^+ \cup \{0\}$), S. 18
$\mathbb{R}$	Menge der reellen Zahlen, S. 18
$\mathbb{R}^+$	Menge der positiven reellen Zahlen, S. 18
$\mathbb{R}^-$	Menge der negativen reellen Zahlen, S. 18
$\mathbb{R}_0^+$	Menge der nichtnegativen reellen Zahlen ($\mathbb{R}^+ \cup \{0\}$), S. 18
$\mathbb{R}^n$	Raum der reellen n-Tupel, S. 65
$\mathbb{L}$	Lösungsmenge, S. 25
a^n	n-te Potenz von a, S. 19
$\sqrt[n]{a}$	n-te Wurzel aus a, S. 19
$a < b$	a kleiner als b
$a = b$	a gleich b
$a \leq b$	a kleiner gleich b
$a \geq b$	a größer gleich b
$\log_a$	Logarithmus zur Basis a, S. 20
ln	natürlicher Logarithmus (Basis e), S. 20
log	dekadischer Logarithmus (Basis 10), S. 20
cos	cosinus, S. 26
cot	cotangens, S. 26

sin	sinus, S. 26
tan	tangens, S. 26
$\sum\limits_{i=k}^{n} a_i$	Summenzeichen, "Summe aller a_i für i von k bis n", S. 27
$\prod\limits_{i=k}^{n} a_i$	Produktzeichen, "Produkt aller a_i für i von k bis n", S. 32
$|a|$	Betrag a, absoluter Betrag von a, S. 33
(a, b)	abgeschlossenes Intervall, $a \leq x \leq b$, S. 24
$)a, b($	offenes Intervall, $a < x < b$, S. 24
$(a, b($	rechts halboffenes Intervall, $a \leq x < b$, S. 24
$)a, b)$	links halboffenes Intervall, $a < x \leq b$, S. 24
$\overline{A}$	Negation einer Aussage A, "nicht A", S. 39
$A(x)$	Aussageform mit der Variablen x, S. 40
$\wedge$	logisches und, Konjunktion, S. 41
$\vee$	logisches oder, Disjunktion, S. 41
$\Rightarrow$	Implikation, S. 42
$\Leftrightarrow$	Äquivalenz, S. 43
$a \in A$	a Element A, S. 52
$b \notin A$	b nicht Element A, S. 53
$\{x | x$ hat die Eigenschaft $E\}$	
	Menge aller x, welche die Eigenschaft E haben, S. 53
$\{\}, \emptyset$	leere Menge, S. 54
$n(A)$	Anzahl der Elemente in der Menge A (Mächtigkeit), S. 54
$A \subset B$	A ist Teilmenge von B, S. 55
$A \not\subset B$	A ist nicht Teilmenge von B, S. 55
$A \subseteq B$	A ist enthalten in oder gleich B, S. 56
$\wp(A)$	Potenzmenge der Menge A, S. 56
$A \cap B$	Durchschnitt der Mengen A und B, S. 58
$\bigcap\limits_{i=1}^{n} A_i$	Durchschnitt der Mengen A_i ($i = 1, 2, \ldots, n$), S. 58
$A \cup B$	Vereinigung der Mengen A und B, S. 59
$\bigcup\limits_{i=1}^{n} A_i$	Vereinigung der Mengen A_i ($i = 1, \ldots, n$), S. 59
$B \setminus A$	Differenz der Mengen B und A, S. 60

$\overline{A} = \mathcal{C}_\Omega A$ Komplement von A in bezug auf eine Obermenge Ω, S. 60

$A \times B$ kartesisches Produkt der Mengen A und B, S. 65

$\displaystyle\mathop{\times}_{i=1}^{n} A_i$ kartesisches Produkt der Mengen A_i $(i = 1, \ldots, n)$, S. 65

$\left.\begin{array}{l} f: X \to Y \\ X \xrightarrow{f} Y \end{array}\right\}$ Abbildung f der Menge X in die Menge Y, S. 69, 98

f^{-1} Umkehrabbildung, S. 70

$f \circ g$ Zusammengesetzte Abbildung, S. 71

$n!$ n Fakultät, S. 75

$\binom{n}{k}$ Binomialkoeffizient, S. 76

$\binom{n}{k_1, k_2, \ldots, k_r}$ Polynomialkoeffizient, S. 79

$P(n)$ Permutationen ohne Wiederholung, S. 81, 92

$PW(n, r)$ Permutationen mit Wiederholung, S. 83, 92

$K(n, k)$ Kombinationen ohne Wiederholung und ohne Berücksichtigung der Anordnung, S. 85, 89, 92

$KA(n, k)$ Kombinationen ohne Wiederholung und mit Berücksichtigung der Anordnung, S. 85, 87, 92

$KW(n, k)$ Kombinationen mit Wiederholung und ohne Berücksichtigung der Anordnung, S. 85, 91, 92

$KAW(n, k)$ Kombinationen mit Wiederholung und mit Berücksichtigung der Anordnung, S. 85, 88, 92

$D(f)$ Definitionsbereich der Funktion f, S. 100

$W(f)$ Wertebereich der Funktion f, S. 100

$\equiv$ identisch gleich, S. 108

$\exp[f(x)]$ $:= e^{f(x)}$, S. 133

$\displaystyle\lim_{n \to \infty}$ Grenzwert, wenn n gegen ∞ geht, S. 173

Griechisches Alphabet

A	α	Alpha	I	ι	Jota	P	ρ	Rho
B	β	Beta	K	κ	Kappa	Σ	σ	Sigma
Γ	γ	Gamma	Λ	λ	Lambda	T	τ	Tau
Δ	δ	Delta	M	μ	My	Y	υ	Ypsilon
E	ϵ	Epsilon	N	ν	Ny	Φ	ϕ	Phi
Z	ζ	Zeta	Ξ	ξ	Xi	X	χ	Chi
H	η	Eta	O	o	Omikron	Ψ	ψ	Psi
Θ	θ	Theta	Π	π	Pi	Ω	ω	Omega

Stichwortverzeichnis